U0611903

联合国集体安全制度
改革问题研究

LIANHEGUO JITI ANQUAN ZHIDU
GAIGE WENTI YANJIU

戴 轶◎著

中国社会科学出版社

图书在版编目（CIP）数据

联合国集体安全制度改革问题研究／戴轶著 . —北京：
中国社会科学出版社，2014.1
ISBN 978 - 7 - 5161 - 2446 - 8

Ⅰ.①联…　Ⅱ.①戴…　Ⅲ.①联合国 - 集体安全体系 -
改革 - 研究　Ⅳ.①D813.2

中国版本图书馆 CIP 数据核字（2013）第 071654 号

出 版 人　赵剑英
责任编辑　任　明
特约编辑　乔继堂
责任校对　李　莉
责任印制　李　建

出　　　版　中国社会科学出版社
社　　　址　北京鼓楼西大街甲 158 号（邮编100720）
网　　　址　http：//www. csspw. cn
　　　　　　中文域名：中国社科网　　010 - 64070619
发 行 部　010 - 84083685
门 市 部　010 - 84029450
经　　　销　新华书店及其他书店

印刷装订　北京市兴怀印刷厂
版　　　次　2014 年 1 月第 1 版
印　　　次　2014 年 1 月第 1 次印刷

开　　　本　710×1000　1/16
印　　　张　12.5
插　　　页　2
字　　　数　209 千字
定　　　价　55.00 元

凡购买中国社会科学出版社图书，如有质量问题请与本社联系调换
电话：010 - 64009791
版权所有　侵权必究

目　　录

导　论

一　集体安全制度的思想理论

集体安全制度（collective security system），又称"集体安全体制"、"集体安全保障制度"，是一种从整体角度防止或控制战争的国际制度，更确切地说，是一种在由主权国家组成之国际社会中，用以控制使用武力、保障和平的组织化措施。这一制度的法律性质主要表现在各国共同约定，以暴力改变现状为非法并将受到外交、经济甚至军事等方面的集体制裁。[1] 在这种体制中，各成员国根据条约，同意联合起来反对任何国家所发动的任何侵略行为或其他非法使用武力行为。这种体制的目的在于避免国际武装冲突的发生。[2] 1986 年联合国裁军事务部向秘书长提交的《安全概念》报告认为，集体安全在安全不可分割的思想观念下，采用集体的方式为国家利益和主权提供保护，努力通过制度化的措施来增进所有国家的安全，要求国家在全球范围内为国际和平与安全承诺法律义务。[3] 根据集体安全的概念，集体安全制度的主要内容应包括：（1）关于维持国际和平及安全的一般原则；（2）关于集体安全义务的规则，包括使用武力的法律规则；（3）关于制止威胁和平、破坏和平及侵略行为的规则和程序；（4）关于集体安全组织的组织、职权及运作机制的规则。[4]

---

① 梁西：《国际组织法（总论）》（修订第五版），武汉大学出版社 2001 年版，第 179 页。

② Jost Delbruck, Collective Security, in Rudolf Bernhardt, ed., Encyclopedia of Public International Law, North-Holland Publishing Company, Vol. 1, 1992, p. 647.

③ Concepts of Security, Department for Disarmament Affairs Report to the Secretary-General, The United Nations, 1986, p. 9.

④ 黄惠康：《联合国宪章下的集体安全保障》，《中国国际法年刊》1996 年，法律出版社 1997 年版，第 67 页。

集体安全思想的萌芽可以追溯到古希腊城邦时期。集体安全的概念则出现在欧洲中世纪晚期，当时的人们认为，如果所有国家同意联合起来用压倒性的优势反对侵略，则肆虐欧洲的战事就会消失。第一个完整意义上的集体安全建议是 1306 年通过的《圣地的恢复》（The Recovery of the Holy Land），倡议神圣罗马帝国的天主教国家联合起来反对任何武力进犯。①其后，集体安全思想一直存在于欧洲的国际关系中，即使在均势理论占据统治地位的 18—19 世纪也从未断绝。1805 年，英国首相皮特建议，所有欧洲国家共同维持新的现状，反对任何扰乱普遍稳定的企图，②其中即包含着集体安全的思想。著名的"铁血宰相"俾斯麦也曾经提出过建立欧洲范围内的集体安全制度。

集体安全是无政府社会特定发展阶段的产物。在国际社会，由于没有一个凌驾于主权国家之上的政治权威来保障每个国际社会成员的权益，安全便成为每个国家的首要关切。现实主义理论认为，自助（self-help）是获得安全的唯一途径，强调以实力谋求安全，即国家凭借自身力量或联合友邦来防御其他国家进攻，达到维护国家安全的目的，这是一种与集体安全相对而言的单独安全。然而，实力安全政策增强了国家相互之间的戒备心理、恶性竞争和军备竞赛，甚至酿成国际战争，是其必然的逻辑性结果。近现代国家关系史反复证明，实力安全政策的结局总是与初衷相违背的国际冲突，这就是国际政治理论所说的"安全困境"（security dilemma）。显然，国际安全问题的彻底解决在于建立一个世界政府，对国际政治进行集中系统的管理，但这是根本不可能实现的，于是，理想主义理论提出了一个退而求其次的解决方案：建立一个普遍性的合作安全机制，以集体的力量威慑、制止内部出现的侵略行为，以此摆脱实力安全造成的困境。可见，集体安全是国际无政府状态和世界政府之间的中途站（halfway house）——既然无政府状态无法改变，世界政府又在可预见的未来难以到来，集体安全就成为两难之间的权宜选择。③

集体安全期望以压倒性的优势力量构成对侵略者的威慑和反击，并通

---

① Joseph Lorenz, Peace, Power, and the United Nations: A Security System for the Twenty-first Century, Westview Press, 1999, p. 9.

② Inis L. Claude, Jr., Power and International Relations, Random House, 1962, p. 107.

③ Inis L. Claude, Jr., Swords into Plowshares: The Problems and Progress of International Organization, McGraw-Hill, Inc., 1984, p. 246.

过把联合反对侵略行为的思想制度化，创建合作型的国际安全机制。① 其中包含着威慑（deterrence）和普遍性（universality）两个原则。威慑原则指的是，试图使用武力者将立即遭到一个反侵略国际联盟的反击；普遍性原则指的是，所有国家对侵略行为的认识一致并反对之，都有义务以适当的方式加入到反侵略的行动之中。② 这两个原则是集体安全能够实现的关键。从中可以看出，集体安全以一个假定为前提：所有国家在任何时候、任何情形都在安全问题上有共同利益、共同认识，并愿意采取共同行动。这种互助体系要求国家不计较自身利益的多寡，将集体利益放到首要位置。③ 这实质上是把集体安全当作所有国家共同信仰并愿意为之牺牲的意识形态。④ 在一个无政府的国际社会里，一个国家的利益不可能完全由集体安全来界定，自助世界体系中的国家首先考虑的总是自我的核心利益，任何一个国家不可能在不考虑自己利益的情况下参与反侵略的行动，这是集体安全在理想与现实之间始终难以摆脱的一个困境。所以，集体安全更多的只能体现为一种理想追求，20世纪的国际关系史也证明了集体安全的理想目标并未能得以实现。⑤ 正是因为这个症结，使集体安全的思想无法实施，单独安全由此在历史上一直占据着主导地位，直至今日仍然为世界各国所奉行。

虽然如此，集体安全是通过国际安全求得国家安全的思想创新，是通过国际组织实现国际和平与安全的里程碑。⑥ 与单独安全相比，集体安全具有更高的价值。第一，提供了更为有效的反侵略手段，使侵略者面临更强大的压力；第二，缓解安全困境，提高国家安全关系的透明度，减少不确定性，增强信任，缓解军备压力；第三，促进国际合作，建立更为友善、和谐的国家安全环境。所以，国际社会一直将之作为一种崇高的追

---

① Kennth Thompson, Collective Security Re-Examined, American Political Science Review, Vol. 47, No. 3, Sept. 1953, pp. 753—772.

② Thomas Cusack and Richard Stoll, Collective Security and State Survival in the International System, International Studies Quarterly, Vol. 38, No. 1, March 1994, p. 36.

③ John Mearsheimer, The False promise of International Institutions, International Security, Vol. 19, No. 3, Winter 1994/1995.

④ Robert Jervis, Security Regimes, International Organization, Vol. 36, 1982, pp. 176—178. ,

⑤ Inis L. Claude, Jr., Swords into Plowshares: The Problems and Progress of International Organization, McGraw-Hill, Inc., 1984, p. 283.

⑥ Ibid., p. 284.

求，世界各国的政治精英也努力将之付诸实践。

首次实践集体安全理论的普遍性国际组织是国际联盟。第一次世界大战使欧洲联盟体系完全丧失信誉，集体安全成为各国的共同愿望，美国总统伍德罗·威尔逊借助美国高涨的实力提出《十四点计划》（Fourteen Points），倡议建立了以集体安全为核心的国际联盟。此举不但标志着理想主义学派的诞生，而且建立了人类历史上的第一个集体安全保障制度。理想主义范式提出，通过国际法和国际组织，规范国家行为，制止侵略，实现国际和平，所以《国际联盟盟约》中虽然没有出现集体安全的字样，但却确立了集体安全制度的基本要素，是国家从单独安全迈向集体安全的重大步骤。在国际联盟的集体安全制度下，各国发动战争或保持中立的自由受到了限制或否定，结盟的自由受到限制和控制，同时要求进行裁军。国联把集体安全、裁军和通过国际仲裁和平解决争端联系起来，以达到安全的目的。[①] 但国际联盟的集体安全制度缺陷是明显的：（1）《国际联盟盟约》并没有绝对禁止战争权力的使用，只规定了在一定的争端解决程序结束后三个月内，当事国不得诉诸战争；（2）行政院在军事措施方面仅有"建议权"，只起调节作用，不能"强制"各国行事；（3）国际联盟本身没有可以直接指挥的武装力量，无法采取有效的制裁措施。这些先天不足再加上国际形势的急剧变化，国际联盟的集体安全制度在实践中基本上没有发挥作用。面对第二次世界大战的爆发，国际联盟无能为力，遂告覆亡。人类首次实践集体安全受挫，但集体安全思想并没有因此泯灭，其价值仍为世界各国所追求的共同目标，集体安全理论和制度在继之而来的联合国体制中得到修正提高。

二 联合国集体安全制度的法律体系

联合国集体安全制度是第二次世界大战反轴心国联盟中的核心国家在战时合作的基础上建立、发展起来。从奠定政策基础意义上来讲，可以追溯到大战期间反轴心同盟国家阐明战争目的、构建战后秩序的一系列政策性宣言，其中包括1941年的《大西洋宪章》、1942年的《联合国家宣言》、1944年的《莫斯科普遍安全宣言》等，至1945年10月24

---

① 何笑冰：《集体安全保障》，载王铁崖主编《中华法学大词典（国际法学卷）》，中国检察出版社1996年版，第293页。

日《联合国宪章》生效，联合国成立，联合国集体安全制度正式宣告诞生。

联合国集体安全制度是以《联合国宪章》这个普遍性的国际条约为法律基础，以联合国为组织依托，在继承国际联盟集体安全制度的基础上有了进一步的发展，提高了集体安全体制的运作能力，[①] 主要表现在：（1）通过禁止使用武力或武力威胁原则，实现了对国际关系中武力使用的法律管制；（2）改进了集体安全制度的决策机制，将权力集中到安全理事会；（3）提高了集体安全制度的执行能力，强化了以强制手段维持或恢复国际和平与安全的职能；（4）由于联合国会员国的广泛性，集体安全体系的普遍性也相应的增强了。

《联合国宪章》第一（1）条提出了联合国集体安全体制的设想，规定联合国的首要宗旨为："维持国际和平及安全；并为此目的：采取有效集体办法，以防止且消除对于和平之威胁，制止侵略行为或其他和平之破坏；并以和平方法且依正义及国际法之原则，调整或解决足以破坏和平之国际争端或情势。"这表明联合国主要是一个多边主义的集体安全组织。联合国集体安全的机制安排是：和平解决国际争端，使国家无可战之事；集体安全，抗击侵略，使国家无可战之敌人；裁减军备，解除武装，使国家无可战之器；区域办法，协助维和，使冲突无蔓延之势。[②] 内容分散规定在《联合国宪章》各有关条款中，这些条款构成一个完整的法律体系，其中第七章是核心，名为"对于和平之威胁和平之破坏及侵略行为之应付办法"，这便是人们通称的"集体安全制度"。集体安全制度是集体安全机制的核心组成部分，广义上的联合国集体安全机制则还包括裁军等其他方面的内容。

1. 基本原则

《联合国宪章》第二（4）条规定在国际关系中普遍禁止使用武力或武力威胁，除了联合国所采取的执行行动或根据第五十一条规定的自卫情况外，其他任何形式的武力包括武装干涉、武装进攻或占领的行为，均在被禁止之列。联合国集体安全制度的核心是对国际关系中的武

---

① 关于联合国的集体安全制度与国联的集体安全制度之比较，可参阅黄惠康著《国际法上的集体安全体制》，武汉大学出版社 1990 年版，第 122—125 页。

② 门洪华：《和平的纬度：联合国集体安全机制研究》，上海人民出版社 2002 年版，第 188 页。

力使用实行法律管制，《联合国宪章》对于国家从事战争和武力的使用，已经从《国际联盟盟约》的有条件的限制发展成为一般性的禁止，禁止的范围已经从正式的战争发展成为使用武力或武力威胁。禁止使用武力或武力威胁原则已经成为现代国际法的基本原则，具有国际强行法的性质。

作为禁止使用武力或武力威胁原则之逻辑的必然结果，《联合国宪章》第二（3）条规定了联合国会员国应遵守的另一项基本原则——和平解决国际争端原则。[①] 如果说，禁止使用武力或武力威胁原则是各会员国的一项消极义务，那么，和平解决国际争端原则是各会员国的一项积极义务，这两项义务紧密相连而不可分割。禁止使用武力或武力威胁与和平解决国际争端两项原则，是维护国际和平与安全这一联合国的首要宗旨和最高目标的前提，为联合国集体安全制度提供了基础。

《联合国宪章》所规定的其他基本原则也是与联合国集体安全制度密切相关的。联合国是一个由主权国家组成的国家间组织，《联合国宪章》第二（7）条规定："本宪章不得认为授权联合国干涉在本质上属于任何国家国内管辖之事项，且不要求会员国将该事项依本宪章提请解决。"因此，集体安全行动不得涉足国家内部事务，此即是国家主权原则、不干涉内政原则和民族自决原则的体现。作为一个国际组织，联合国本身并不具备任何实质性的物质力量，集体安全行动必须依靠会员国集体协助来实现，因此，国际合作原则在集体安全制度中也得到了充分的体现。

2. 机构设置

《联合国宪章》第十条赋予大会一般性的讨论与建议权，即大会可以讨论"本宪章范围内的任何问题或事项"。据此，大会有权讨论一切有关维持国际和平与安全的问题。而且，根据《宪章》第十一条，大会有权处理维持国际和平与安全及裁军等问题。不过，依据《宪章》第十二条，一旦安理会采取执行行动的时候，大会所享有的对国际和平与安全的讨论和建议权应即停止。

宪章第二十四（1）条将维持国际和平及安全的主要责任授予安理会，由安理会代表各会员国。第二十五条规定安理会对维持或恢复国际和

---

① Leland M. Goodrich, Edvard Hambro and Anne Patricia Simons: Charter of the United Nations: Commentary and Documents, 3rd Edition., Columbia University Press, 1969, p. 41.

平与安全可以做出对全体会员国有法律拘束力的决定。根据该条和第四十八条的规定，在联合国内，只有安理会才有权采取有法律拘束力的强制措施。这些条款的规定将联合国维持国际和平的职权主要集中在安理会，在制度上保证联合国能够迅速和有效地采取行动。

宪章第十四章规定了国际法院的职权，《国际法院规约》作为附件构成宪章的组成部分。国际法院是联合国的主要司法机关，享有诉讼管辖权（lawsuit jurisdiction）和咨询管辖权（advisory jurisdiction），国际法院可以受理当事国的诉讼请求，可以应大会和安理会的请求就法律问题发表咨询意见。

宪章第十五章规定了秘书长的职权。秘书长享有参与联合国政治活动的权力，有权把他认为可能威胁国际和平与安全的任何事项提请安理会注意或讨论，并享有在安理会的建议权。

3. 会员国义务

依据宪章第二（5）条的规定，各会员国对于联合国依照《联合国宪章》采取的行动，应尽力予以协助；对于正在被安理会采取防止或执行行动的国家，会员国不得给予协助。前项是作为的义务，泛指联合国依宪章采取的任何行动；后项是不作为的义务，只限于宪章第七章范围内所采取的集体制裁行动。[①] 根据第二十四（1）条、第二十五条的规定，在不作为的义务中，宪章限制各会员国依照国际法所享有的中立权，在联合国与正在受到联合国集体制裁的国家之间，会员国无中立可言，应通力合作，彼此协助，执行安理会所决定采取的办法。

对于联合国非会员国，宪章第二（6）条特别规定："本组织在维持国际和平及安全之必要范围内，应保证非联合国会员国遵行上述原则。"可见，在国际和平与安全领域，联合国非会员国负有和会员国同样的义务，此规定保证了联合国集体安全制度的普遍性。联合国在成立的初期，多次援引该条款通过针对非成员国的决议，并有大会决议要求"所有国家"遵守国际法的一般原则。现在联合国会员国已经非常普遍，该条款的作用已经有限，但对于最大限度地发挥联合国集体安全制度的作用仍然具有积极意义。[②]

---

① 梁西：《现代国际组织》，武汉大学出版社1984年版，第52页。

② 许光建主编：《联合国宪章诠释》，山西教育出版社1999年版，第53—55页。

4. 实施方式

宪章第六章以专章形式规定了"争端之和平解决"，宪章第三十三条规定了解决国际争端的各种和平方法，包括外交方法和法律方法，主要包括谈判、调查、调停、和解、公断、司法解决、区域机关或区域办法的利用以及各国自行选择的其他和平方法。可见，和平解决国际争端既是一项基本的国际法原则，也是一种具体的法律规则。

宪章第七章集中规定了强制措施的基本条款，对违反禁止使用武力或武力威胁原则的行为规定了集体制裁方式：首先，授权安理会断定是否存在威胁或破坏国际和平与安全的情势，并赋予安理会采取相关措施的权力（第三十九条）。其次，安理会为阻止事态的恶化，可以采取必要的临时性措施（第四十条）。再次，安理会为执行它所通过的有强制性的决议，有权对侵略国采取有拘束力的非军事制裁措施（第四十一条）。最后，倘若上述办法被证明不足以维持或恢复国际和平与安全，则安理会有权对侵略国采取军事强制措施，包括空海陆军示威、封锁及其他军事举动（第四十二条）。值得注意的是，宪章并没有要求安理会在启动第三十九条后，必须按照上述措施顺序依次进行，实践中安理会可以根据具体安全情势需要，采取它所认为必要的任何措施，甚至可以径直采用武力手段。

第八章规定了联合国集体安全制度的"区域办法"。宪章第五十二条规定，在将地区性质的争端提交安理会以前，应优先利用区域组织和平解决争端。根据第五十三条的规定，在适当的情况下，安理会应利用区域组织实施执行行动；区域组织若要采取执行行动必须得到安理会的授权。第五十四条规定，如果区域组织采取强制措施，应向安理会做出充分的报告。

此外，还有法律性质上颇有争议的联合国维持和平行动（United Nations Peace-Keeping Operation）。在冷战时期，美苏对抗使"大国一致原则"无法实现，《联合国宪章》所设计的集体安全制度无从发挥功效，[1]维持和平行动因此成为联合国集体安全机制的替代形式。[2] 一些学者将其

---

① Raul F. Diehl, The Conditions for Success in Peacekeeping Operations, in Paul Diehl (ed.), The Politics of Global Governance: International Organization in an Interdependent World, Boulder: Lynne Rienner Publishers, 1997, p. 159.

② William Durch, Building on Sand: UN Peacekeeping in the Western Sahara, International Security, Vol. 17, No. 4, 1993, p. 151.

称为"集体安全机制的适度表现形式"，① 是"集体行动机制的次要工具"②。联合国维持和平行动现在已经是联合国在国际和平与安全领域最大的行动，是联合国解决国际冲突最有效的手段③。虽然严格地说，维持和平行动与集体安全制度有着一定的区别，④ 但是，今天在讨论联合国集体安全制度的时候，事实上已经不可能绕开联合国维持和平行动。

三　联合国集体安全制度的困境

联合国集体安全制度虽然在国际联盟的基础上有所更新发展，但由于集体安全的实现所需要的条件与无政府国际社会的冲突，只可能是理想主义和现实主义相结合的产物。在当时的历史条件下，联合国集体安全制度的设计不可能满足集体安全的所有条件和要求，以今天的眼光来看，留下了大量的缺憾。而且，联合国集体安全制度从一开始就是着眼于战后的国际安全秩序安排，而不是如国际联盟为了保持过去的军事胜利。这种面向未来的制度构建，在经过半个多世纪的安全情势变迁后，很多规定已经"不合时宜"，这使联合国集体安全制度"沉疴"未去，又添"新疾"。

1. 联合国集体安全制度的固有缺陷

第一，联合国集体安全体系的政治基础不稳定。联合国集体安全体系是第二次世界大战反轴心国联盟中占核心地位的大国，在战时合作的基础上建立起来的。由于第二次世界大战这一特殊的历史背景，"大国一致原则"从一开始就被设想为联合国集体安全制度建立和有效运作的基础，⑤《联合国宪章》把该原则具体化、法律化、永久化了，联合国

① John G. Ruggie, The False Promise of Realism, International Security, Vol. 20, No. 1, Summer 1995, pp. 62—70.

② John mackinlay and Jarat Chopra, Second Generation Multinational Operations, Washington Quarterly, Vol. 15, No. 3, 1992, pp. 113—131.

③ Paul Diehl, et al, United Nations Intervention and Recurring Conflict, International Organization, Vol. 50, 1997, p. 686.

④ 两者的区别在于：第一，集体安全措施是为了击败侵略者，维持和平行动是为了防止情势恶化；第二，虽然两者都部署部队，但维持和平行动的武力只能用于自卫；第三，维持和平行动应征得冲突各方的同意，集体安全行动则无需这个程序；第四，两者的最根本区别在于"有无敌人"，集体安全制度对付的是体系内以暴力改变现状者，而维持和平行动面对的是不同的派别（no enemies, only parties）。

⑤ ［苏］克里洛夫：《联合国史料》第 1 卷，中国人民大学出版社 1955 年版，第 63 页。

集体安全制度能否有效运作取决于中国、美国、英国、法国、俄罗斯五大安理会常任理事国在多大程度上取得一致。在冷战时期，美、苏对抗堵塞了安理会通道；冷战后，大国利益的分歧也不是时时能够在安理会达成一致，强制措施难以实施。否决权成了在实现联合国集体安全思想过程中几乎无法解决的障碍。

第二，许多重要条款缺乏权威性的统一解释。《联合国宪章》的多数条款都规定得很抽象，而又未对其解释问题作出规定。实践中各国在禁止使用武力或武力威胁原则的确切含义及适用范围、侵略的法律定义、行使自卫权的条件、使用武力的合法例外等一系列集体安全义务的基本问题上存在严重分歧。[①] 从而为一些非法使用武力的国家在宪章中寻找所谓的合法依据留下空间。各国总是从自己的立场、政策和利益出发，对这些有争议的条款做出有利于自己的解释，严重影响了集体安全措施的实施，削弱了集体安全制度的作用。

第三，宪章第四十三条长期"停摆"。联合国集体安全体制最为强硬的措施是依宪章第四十二条采取的强制军事行动，而要实施这一军事行动，必须依赖第四十三条所组建的联合国部队。因此，关于维持国际和平与安全所需之军队的组成、程序、指挥及便利和协助的提供的规定，构成了联合国集体安全体制的一个重要组成部分。它主要包含在宪章的第四十三条至四十七条中。然而，由于大国之间的分歧，联合国集体强制军事行动所需的军队无法建立。维持和恢复国际和平与安全的集体武力强制行动至今仍然只能是纸上谈兵，严重削弱了联合国集体安全体制的实际功效。

第四，联合国维持和平行动缺乏应有的法律规范。在特殊历史条件下，联合国维持和平行动起到了填补宪章空白的作用，为维护国际和平与安全作出了巨大贡献。但是，由于维持和平行动是在实践中发展起来的，《联合国宪章》没有提供相关的规制性的具体条款，维持和平行动基本处于无法可依的状态，既没有一个正式的、统一的定义，又没有一套见诸于法律文书的行为准则，维持和平行动的指导原则、组织原则模糊不清，指挥、运行机制较为混乱，法律规范很不完善，因而在实践中出现了很多不尽如人意的情况。特别是在从冷战向后冷战时代的过渡时期，维持和平行

---

①　朱晓青主编：《国际法》，社会科学文献出版社 2005 年版，第 397—398 页。

动几乎陷入了混乱之中。

2. 联合国集体安全制度在新安全情势下的不足①

首先，充分性不足。当前的国际安全情势出现了两种既相区别又相联系的安全关切（security concern）：一种是以国家之间的主权纷争和领土冲突为主的传统安全关切，另外一种则是全球化带来的更大范围的威胁整个人类的安全关切。现行的联合国集体安全制度在宗旨、原则、机构和制度设计方面主要是应对第一种安全关切，致使许多新的安全问题无法在联合国的框架内得到充分解决。虽然，在联合国建立以来的 60 年里，特别是 20 世纪 90 年代以来，国际法取得了长足的发展，在一定程度上满足了国际社会在不同安全领域的需要，但是，在不同领域发展起来的国际法并没有构成一个有机的功能体系，不同的规范与制度之间没有构成相互适应和相互促进的关系，反而常常相互制约甚至互为对立，从而损害了国际法的确定性和可预见性，不足以应对新的安全威胁。

其次，合法性不足。充分性不足带来的直接矛盾是，现行国际安全法律规范难以满足国际安全情势发展的需要，使联合国采取行动时面临着合法性不足的尴尬境地，当前在"国际干预"和"武力反恐"两个问题上，表现得尤为突出。而且，现行的联合国集体安全制度基本上是第二次世界大战后，在以美国为首的西方国家主导下确立起来的，很大程度上反映了西方的价值观念和权力分配结果。随着大批新兴独立国家的产生，这种规范和"游戏规则"已缺乏应有的代表性，它们的合法性毫无疑问会受到"处于被强制和被压制的边缘地带"② 的广大弱势国家的质疑。

最后，有效性不足。现行的联合国集体安全体制对安全问题的解决和管理缺乏能力，致使一些地区冲突迟迟得不到解决，加剧了一些国家之间的安全困境；一些国内暴力不能得到及时制止，出现了严重的人道主义灾难；国际社会在解决诸如贫穷、疾病和环境退化等发展问题方面的行动迟缓、收效甚微，拉大了发达国家与发展中国家之间的不平等和贫富差距。

---

① 秦亚青：《制度霸权与合作治理》，《现代国际关系》2002 年第 7 期；陈东晓等著：《联合国：新议程和新挑战》，时事出版社 2004 年版，第 30—33 页；古祖雪：《联合国改革与国际法的发展》，《武大国际法评论》第五卷，武汉大学出版社 2006 年版，第 13—14 页。

② ［美］罗伯特·基欧汉：《霸权之后》（中译本）中译者序，上海人民出版社 2001 年版，第 15 页。

"联合国创造了人类安全这一概念，但却缺乏能力提供此种安全。"① 所有这一切，都涉及主权国家与现行国际法律秩序之间的关系，反映了国际干涉加强趋势与国家主权平等原则、不干涉内政原则之间的紧张状态。更为重要的是，联合国无法有效约束体制内霸权国家的单边武力，致使国际社会对集体安全制度的有效性失去信心，面临着被"边缘化"的危险。

四　联合国集体安全制度的改革

改革与联合国的诞生同步，伴随着联合国的风雨历程。早在 1947 年，就出现了修改集体安全制度有关条款的提议和行动。然而，当时的安全情势并未对改革提出迫切要求，并且，联合国集体安全制度在实践中的变通，使之自动适应了冷战的格局。这些变通如维持和平行动、安理会的弃权制度等，实际上构成了对集体安全制度的改革，但并未对其构成根本性的变革。至 2003 年美国发动伊拉克战争，联合国集体安全制度的缺陷，与现实安全情势的矛盾，集中爆发出来，使其经受着严峻的挑战，一度陷于危机之中，国际社会由此认识到改革的必要性和迫切性。

在国际法的发展史上，每一次大战都是"破"字当头，"立"在其中，即：破坏了现行国际法建立的国际体制和秩序，同时又在此基础上建立新的国际法律秩序或完善现行的国际法体制。② 伊拉克战争为联合国集体安全制度的发展提供了契机，在联合国成立 60 周年之际，以《一个更安全的世界：我们的共同责任》（《威胁、挑战和改革高级别小组的报告》）、《大自由：实现人人共享的发展、安全和人权》（秘书长报告）及《2005 年 9 月大会高级别全体会议成果文件》（《成果文件》）为代表的三大联合国文件，对联合国的实践进行了广泛而深入的探讨，表述对《联合国宪章》及其确立的集体安全体制的价值和信念的确认，提出完善集体安全体制的必要性和紧迫性，不仅总结了经验教训，而且提出了改进、加强与完善集体安全体制的各种建议。然而，这些建议仅仅只是停留在政治宣言的形式上，并未形成法律决议，国际社会所期望的《联合国宪章》的修改也没有启动。随着力主改革的秘书长科菲尔·安南的卸任，改革又

---

① 《威胁、挑战和改革高级别小组的报告》第 12 段。

② 曾令良：《论伊拉克战争的合法性问题与国际法的困惑》，《珞珈法学论坛》第四卷，武汉大学出版社 2005 年版，第 237—238 页。

一次进入了沉寂期。

联合国改革的艰难历程说明了它只能是一个渐进的过程，"一揽子"的改革计划在利益分歧无处不在的国际社会是不可能实现的。然而，改革是联合国的永恒主题，这是联合国的使命决定的，否则它就无从适应不断变化的国际形势。集体安全从思想到实践，一直处于不断的发展之中，实际上，理想中的集体安全制度还远远没有形成。如果说联合国集体安全制度是对国际联盟集体安全制度的继承和发展，那么，联合国改革则是对现行集体安全制度的再一次继承与发展。改革必将适时重启，并将贯穿联合国的始终。在现阶段，改革的重大问题集中在以下几个方面：①

第一，改革应该对集体安全制度的原则和规则进行充实、规范、调整，使之更具有适应性和可操作性。

第二，改革必须满足新安全形势的需要，使集体安全制度对 21 世纪的武力攻击或安全威胁的新形势、新途径采取新的有效的集体行动。

第三，改革应该尽最大努力用尽《联合国宪章》为集体安全体制所提供的强制行动的授权，重点在要完善安理会授权强制行动的模式上。

第四，改革应该对集体安全体制的核心机构——安理会的组成、权限、职责、运作方式等进行改造。

研究联合国集体安全制度的改革必须把国际法与国际政治结合起来考量。国际关系中的国际组织虽然类型、涉及的问题领域各不相同，但都必须通过国家间的政治合作才能达成。国际组织是一种政治联合，法律在其中扮演着把这种政治联合制度化的工具性作用。法律是政治的载体，政治是法律的目标。法律与政治保持一致性、平衡性，是国际组织组建和运作的最基本方式和最重要特性。法律一经制定则具有相当大的稳定性，是静态的，而政治却总是处于不断的发展变化之中，是动态的；当政治发展达到一定的程度，法律的滞后性就会显露，法律与政治的一致性、平衡性就会被打破，这个时候修改乃至重新制定法律制度，以适应政治发展的需要就成为必要，其目的在于在政治和法律之间制造一种新的一致和平衡，以维持和推动国际组织的运作和发展。联合国是二战结束之际建立的政治联合体，全球最大的国际条约《联合国宪章》把成员国的政治合作制度化、

---

① 曾令良：《论伊拉克战争的合法性问题与国际法的困惑》，《珞珈法学论坛》第四卷，武汉大学出版社 2005 年版，第 234—237 页。

法律化，联合国集体安全制度的改革是法律与政治两者都必须兼顾而不可偏废的综合性工程。

从国际政治的角度来说，联合国是一个平衡现实主义权力的同盟，① 是一个基于大国协调的集体安全组织。② 《联合国宪章》不是以道德和法律的理论而是以力量平衡为基础的，③ 一方面反映并维护了集体安全的理想，另一方面立足传统的均势思想，把大国之间的势力均衡作为现实基础。现实主义是安理会的指导思想，"大国一致原则"是国际关系均势理论的再度应用，大国协调安排世界在《联合国宪章》中得到了充分的体现，与国际关系史上大国主宰国际事务的做法并无二致。④

联合国集体安全制度以反法西斯同盟的战胜国为基础形成，从二战结束到后来的一段时期，基本上反映了国际政治权力结构的格局，实现了政治与法律的相对平衡。但是，随着国际关系的发展，美、苏之外出现了多个权力中心，这些新的权力中心开始在联合国体制中挑战传统的大国地位，要求在其中享有与其权力地位相一致的权益。政治与法律开始失衡。就当前的国际政治现实而言，苏联崩溃，俄罗斯复兴还需时日，美国成为唯一的超级大国，多个新兴的工业化国家崛起，国际格局出现"一超多强"的局面，在单极世界中呈现出多极化的发展趋势，这些变化是联合国的缔造者们当初所未能预料到的。而且，全球化的发展，使安全威胁多元化，且各种威胁形式交织在一起。这些变化使联合国所处的国际政治环境已经不同于二战结束之际，集体安全制度的滞后性因此暴露无遗，其必然性的结果就是在国际政治（安全）秩序中，政治因素凸现，法律因素凋敝，各国为了自己的利益，不愿意遵从滞后的法律规则，强国甚至会突破法律限制，将法律制度置于十分尴尬的境地。欲使政治原则遵从法律规则，出路只能是进行法律改革。

---

① Nigel D. White, On the Brink of Lawlessness: The State of Collective Security Law, 13nd, Int'l and Comp. L. Rev. p. 237.

② Warren Kimball, The Juggler: Franklin Roosevelt as Wartime State-man, Princeton University Press, 1991, p. 106.

③ ［法］让－巴蒂斯特·迪塞罗尔：《外交史1919—1984》（下），上海译文出版社1992年版，第12页。

④ 王绳祖主编：《国际关系史》（第七卷：1945—1949年），世界知识出版社1995年版，第10页。

　　从国际法的角度来说，联合国集体安全制度的改革是适应国际形势需要的发展，是对国际安全法律制度的完善，这种发展和完善是法律必须适应社会变革需要的基本原理的体现和应用，是集体安全法律体系的法律规范、法律价值和法律行为日益上升与进步的过程。综合考量，联合国集体安全制度的改革可以从多个法律层面上来理解：

　　第一，在一般国际法层面上，联合国集体安全制度的改革必须在现行的国际法体系内进行。在可以预见的将来，民族国家仍然是组成国际社会的基本单位，国际法的社会基础不会发生根本性的改变，联合国的权威和集体安全行动的合法性只能够来自于主权国家授权，其效力主要来自于各主权国家的自愿遵从。因此，改革的深度和广度都取决于世界各国能够在多大范围和程度上取得一致。改革必须以《联合国宪章》所规定的现行国际法的各项基本原则为基础，实现继承与发展；改革必须实现安全法律价值的优化，使之更多反映国际社会的共同利益，并将这些优化的价值用以创新法律规范。

　　第二，在国际组织法层面上，联合国的改革是联合国组织"用以调整国际组织内部及其对外关系的各种法律规范"① 的改革，涉及原则、规则和制度多个方面。也可以视为国际组织法律秩序② 的改革，包括静态的机构法、程序法和动态的法律关系、操作规则、实施机制。其中，组织机构及其职权、程序规则（会议制度、决策程序、表决制度、监督执行机制）是改革的重点。实现集体安全是联合国最为主要的目标，集体安全制度改革则是联合国组织改革的重要方面。

　　第三，在国际条约法层面上，创建联合国组织的基本文件《联合国宪章》是一个多边国际条约，联合国集体安全制度法律体系是这个多边国际条约最为核心的内容，其改革是对相关法律条款的效力、适用范围、执行等问题进行修订、重新解释的过程。《联合国宪章》自生效之日起，

---

　　① 参见梁西先生给"国际组织法"所下的定义。梁西：《国际组织法（总论）》（修订第五版），武汉大学出版社 2001 年版，第 3 页。

　　② 饶戈平主编：《国际组织法》，北京大学出版社 2000 年版，第 250—253 页。曾令良、饶戈平主编：《国际法》，法律出版社 2005 年版，第 316—319 页。See H. Schermers and N. Blokker, International Law, 3rd, Martinus Nijhoff Publishers, The Hague, 1995, pp. 707—827. C. F. Amerasinghe, Principles of the Institutional Law of International Organization, 1996, pp. 19—21。

就没有对那些抽象性的条款的解释问题作出具体的规定，对于解释的原则、主体、方法、适用等重要问题，我们都只能依据条约法的基本原理来进行分析。结果，许多重要条款和机构的职权都处于争议状态。这是《联合国宪章》的"先天不足"，改革必须弥补这一缺憾。

综上所述，联合国集体安全制度改革是以法律形式表现出来的政治改革，而改革又会落实到一定的法律形式上，学理上的研究必须把两方面结合起来。单纯的政治研究，虽然能够揭示国际政治中安全矛盾问题，但却无法找到解决矛盾的方案；单纯的法律研究，虽然可以从法律方式、法律技术、法律形式等方面提出解决方案，但营造的很可能是脱离国际政治现实的空中楼阁。唯有在深刻理解国际政治现实和发展趋势的基础上，才能揭示出联合国集体安全制度的弊端，进而提出切实可行的发展方案。

联合国集体安全制度的改革是全球化背景下国际关系的深刻变化所致，这种变化折射出了现行国际安全法律秩序的缺陷和不足。改革必须增强联合国在国际事务中的作用，而不是把联合国边缘化，因为，在一个高度分权的国际社会里，联合国是国际合作的最有效的法律形式，其地位和作用是任何一个国家或国家集团都无法取代的。改革将触动以联合国为主导的国际法律秩序和联合国的基本结构，是联合国改革历史上的一个崭新阶段。国际社会能否就联合国的改革及国际法律秩序等问题达成妥协，化解国际法的危机，使联合国重新恢复活力并为改善和加强国际法律秩序发挥其无可替代的作用，这将是对联合国和人类意志的一次严峻考验。①

通过普遍性国家间组织实现集体安全，是人类社会的共同愿望，这种愿望不会因一时的挫折而被放弃。正如第二次世界大战只能颠覆国际联盟，而不能摧毁人们对集体安全的信念一样，大国的单边主义政策也不可能毁灭集体安全制度。相反，大国的霸权主义提高了国际社会改进、提高集体安全制度的普遍性共识，有利于改革的进行。当前，国际社会联系日益紧密，国际关系日益复杂化，世界各国的共同利益越来越多，面临的威胁和挑战也越来越具有共性，而一个拥有普遍性、广泛性特征的联合国提供了一个功能性框架，能够组织和协调国际合作，应对新老威胁和挑战。实践也证明，即使是体系内的最强国，也无法完全脱离联合国而单独行动，如在巴尔干和伊拉克，"超级大国使出浑身解数要踢开联合国，但都

---

① 梁西：《国际法的危机》，《法学评论》2004 年第 1 期，第 8 页。

证明它不可或缺"。① 因此，世界各主要力量都强调联合国的重要性，如欧盟于 2003 年底推出的《欧盟安全战略》强调，致力于促进国际制度的有效性，推进建立在法治基础上的国际秩序，特别是以联合国为中心的国际秩序。② 国际社会对多边主义的需要是联合国改革的根本性动力。

但是，由于国家利益的分歧和冲突，联合国集体安全制度的改革将是一个十分艰难的、缓慢的过程。修改《联合国宪章》的程序规定是苛刻的，要求启动第一百零八、一百零九条等相关条款，而各国分歧的存在，使修宪很难在一时实现。在改革的实施上，一步到位的思想已经证明不可取，由易到难，逐步推进才是积极稳妥的可行性方案。目前，联合国可就国际社会已经达成一致的方面，先行形成具体的制度，其余留待时日，逐项解决，以量变的积累完成质变，最终实现对集体安全制度的指导原则、基本内容、组织机构等法律规范的全面修订。

---

① Remarks of Jim Paul, executive director of Global Policy Forum and chair of the UN NGO Working Group on the Security Council, in an interview with Mondial. UN Reform? Not Anytime Soon, Publicatin of the World Federalists of Canada, October 1999.

② EU, A Secure Europe in A Better World, European Security Strategy, Brussels, 12nd, December, 2003.

第一章

情势断定的改革

《联合国宪章》第三十九条规定："安全理事会应断定任何和平之威胁、和平之破坏或侵略行为之是否存在，并应作成建议或抉择依第四十一条及第四十二条规定之办法，以维持或恢复国际和平及安全。"是为情势断定（determine the situation）。从此规定可以判知，情势断定是强制措施的起点，安理会则享有情势断定的专有权力。某一情势，一旦安理会对之适用了第三十九条，即可启动宪章第七章规定的相关措施。可见，情势断定即是安理会决策，是安理会对国际争端认知、分析、判断和作出决议的系列过程。其中存在的关键问题是，安理会依何种标准断定一种情势已经发展成为危及国际和平与安全的争端而对之适用第三十九条？即安理会断定安全情势的法律依据是什么？

第一节　情势断定的法律困境

一　第三十九条的不足

第三十九条是《联合国宪章》第七章的第一条，在实体上和程序上都规定了启动强制措施的必备条件，因而是联合国集体安全制度的"基础条款"（basis article）。按照第三十九条的规定，只有存在着"和平之威胁、和平之破坏或侵略"三种安全情势，安理会才可以建议或决定实施维持或恢复国际和平与安全的行动，对争端当事国家采取强制性措施。可见，三种安全情势的存在是安理会采取行动的法律前提，第三十九条是联合国集体安全制度发生作用的关键条款。[1] 从直观上来认识，第三十九

---

① ［韩］柳炳华：《国际法》（下卷），中国政法大学出版社1997年版，第376页。

条必定是安理会采取强制措施的法律依据。然而情况未必如此，"严格地讲，第三十九条只是一种框架性规定，是安理会在采取执行和平行动时所应遵循的必要程序，而并未对什么是和平与安全以及以何标准断定某一局势是否对和平与安全构成威胁或破坏详加阐释。事实上，后者才是安理会赖以采取行动的法律依据"。①

安理会要通过断定安全情势的决议，第三十九条的适用不可或缺。但是，作为一种笼统的、抽象的规定，第三十九条的含义显然没有具备法律条款所需要的确定性特征，对于安理会断定国际安全情势只能够起到一种指导性作用。强制措施的前提难以确定，执行也就无从得到有效实施。在国际政治的现实中，"安理会在对某一情势作出断定时，往往由于有关事件是否属于国际问题或者是否已经发展到侵略的程度而引起各种尖锐和激烈的争论"。②

第三十九条是联合国集体安全制度的一个巨大漏洞，影响了集体安全措施的实施和效力。为解决这一问题，联合国进行了长期的努力，最终在1974 年12 月的大会上以第 3314 号决议的形式通过了由八项条文构成的《侵略定义》。

《侵略定义》的订立填补了国际社会惩治侵略罪法律文件的空白，但作为联合国大会的决议，却并不具备法律效力，仅仅只能为安理会依据第三十九条断定侵略行为的发生提供参考。而且，《侵略定义》是在当时历史条件下不同政治力量之间相互妥协的产物，不足之处是显而易见的：

第一，《侵略定义》的第一条规定："侵略是指一个国家使用武力侵犯另一个国家的主权、领土完整或政治独立，或以本《定义》所宣示的与《联合国宪章》不符的任何其他方式使用武力。"把侵略仅限于使用武力的行为，而没有提及武力威胁问题，这与宪章相比是一种倒退。

第二，《侵略定义》在第三条规定了 7 种行为为侵略行为之后，于第四条进一步规定：以上列举的行为并非详尽无遗，安理会断定的某些其他行为也构成宪章规定下的侵略。该条目的是为了将其他形式的侵略行为也包含在定义之内，看似对第三条起了补充和完善作用，但实际上却是循环

---

① 张军：《联合国安理会采取执行行动的依据和方式问题》，《中国国际法年刊》（1997），第 305 页。

② 梁西：《国际组织法（总论）》（修订第五版），武汉大学出版社 2001 年版，第 183 页。

回到宪章第三十九条——将侵略行为存在与否仍旧交由安理会自由裁决。

第三，《侵略定义》仅仅只是界定侵略行为，对于宪章第三十九条的"和平之威胁、和平之破坏"之措辞没有予以解释，而这两类情势是现代国际关系中最常见的安全威胁。在此种情况下，安理会应依何标准来断定"继续存在足以危及国际和平与安全之维持的争端和情势"的问题仍然没有得到解决。

总之，《侵略定义》并未解决安理会断定情势的法律依据问题，"所提出的公式在实际运用及解释中，仍难适应各种复杂的矛盾"。① 而在现代国际法体系中，其他相关能够适用的成文法律、法规也是屈指可数。《国际刑事法院规约》规定对侵略罪具有管辖权，但同样也没有对侵略进行法律定义，因此对侵略罪只能在界定其定义之后再行使管辖权。"不管是《宪章》的宗旨、原则，还是国际法基本原则及具有法律拘束力的国际文书，在实践中对安理会的决策并无实质性的影响作用，并不是安理会采取执行行动的根本依据。"② 因此，安理会采取集体安全强制措施的法律依据一直处于不完善的状态，第三十九条的不足是联合国集体安全法律制度的先天性缺陷。

二 安理会对第三十九条的扩大适用

安理会活动的目的是为了维持或恢复国际和平与安全，然何谓"国际和平与安全"（international peace and security）？这个概念虽然没有明确的解释，但是我们可以做一个基本的界定。在当时的历史条件下，"联合国的创建者所关心的是国家安全，当他们谈及建立一个新的集体安全体制时，他们遵循的是传统的军事思路"。③ 即主权安全、国家间的冲突才是安理会的职责所在，也是其职权所限。但是，考察联合国的历史，特别是冷战后安理会对一系列国际安全情势的断定，可以看出，随着国际安全情势变迁，安理会对传统安全之外的诸多领域适用了第三十九条。安理会的行为不但超出了第三十九条的立法本意，而且超出了《联合国宪章》的

---

① R. Drming, Man and the World: International Law at Work, 1974, p. 137. 转引自梁西《国际组织法（总论）》（修订第五版），武汉大学出版社 2001 年版，第 183 页。

② 张军：《联合国安理会采取执行行动的依据和方式问题》，《中国国际法年刊》（1997），第 306 页。

③ 《威胁、挑战和改革高级别小组的报告》第一部分提要。

适用范围。"实践表明，安理会通过其决议已经扩大了对国际和平与安全的解释，并通过自己的实践逐渐改变着宪章。"① 在安理会断定国际安全情势的决议中，越来越多的非战争因素，如恐怖主义、人权危机、国内政治危机等，已经成为安理会采取强制行动的主导性因素。

1. 断定国际恐怖主义构成对国际和平与安全的威胁

在传统的法律规范中，恐怖主义只是一个刑事问题。因此，从联合国成立到20世纪60年代末，尽管这期间威胁国际民用航空安全的恐怖事件曾一度增加，并导致了二战结束以来第一个反劫机公约的诞生，但安理会从未专门审议过恐怖主义问题。

从70年代初到80年代末，安理会逐渐对劫机、劫持和绑架人质等特定类型的恐怖主义行为作出适度反应，指出恐怖主义行为对国际和平与安全的特定方面存在着影响。1989年的第635号决议首次"意识到恐怖主义行为对国际安全的影响"，谴责恐怖主义行径，呼吁国际社会加强反恐合作。

进入90年代，以处理利比亚涉嫌参与制造洛克比空难事件为转折点，安理会对恐怖主义的审议进入到新的阶段。在1992年的第748号决议中，安理会首次断定一国（利比亚）对恐怖主义行为的支持构成对国际和平与安全的威胁。基于该判断，安理会援引宪章第七章，对利比亚实施了制裁。此后10年间，安理会在涉及恐怖主义的决议中不断重申上述判断，②还多次认定苏丹和塔利班政权对恐怖主义行为的庇护、纵容和支持构成对国际和平与安全的威胁，并对其根据宪章第七章实施了制裁。但在20世纪90年代，安理会只是认定某国或某政权对恐怖主义行为的某种形式的支持构成安全威胁，从未直接判定恐怖主义行为本身构成对国际和平与安全的威胁。因此，安理会只对上述国家或政权采取了强制措施，而从未针对恐怖主义行为本身采取行动。

"9·11"事件使安理会对恐怖主义与国际和平与安全关系的认识和态度出现突破性的转变。在事件发生次日通过的第1368（2001）号决议中，安理会首次明确断定任何恐怖主义行为本身即构成对国际和平与安全

———————————

① 李红云：《人道主义干涉的发展与联合国》，《北大国际法与比较法评论》第1卷，第23页。

② 主要决议有第 1044（1996）、1054（1996）、1070（1996）、1076（1996）、1189（1998）、1214（1998）、1267（1999）、1269（1999）、1333（2000）、1363（2000）号等。

的威胁。认定"9·11"事件是恐怖主义袭击，示意美国可援引《联合国宪章》第五十一条对此种袭击进行自卫。随后的第1373（2001）号决议，进一步决定针对恐怖主义行为采取宪章第七章的非武力强制措施，要求各国采取措施遏制恐怖主义。这是安理会首次针对恐怖主义行为本身决定采取宪章第七章的行动。2001年11月12日的第1377（2001）号决议所附安理会声明又进一步指出，恐怖主义行为构成21世纪对国际和平与安全的最严重威胁之一。

可见，安理会对国际恐怖主义性质的断定是一个逐步升级的过程，随着恐怖主义的发展，安理会对其对国际安全影响的认定逐步深入，最终将之明确断定为严重威胁、破坏国际和平与安全的罪行，对其采取的措施也逐步升级，直至同意使用武力。

2. 断定一国内部危机构成对国际和平与安全的威胁

发挥联合国在国际事务中的作用与尊重成员国主权、不干涉其内部事务始终是一对矛盾。在联合国成立后的相当长一个时期内，能够对国际和平与安全造成威胁或破坏的主要是国家之间的争端与冲突，因此安理会在实践中处理的各种冲突和争端多发生在国家之间，与一国内部管辖权没有大的冲突。但自90年代以来，这一情况发生了改变，安理会开始对一主权国家内部问题适用第三十九条，这种变化集中体现在联合国维持和平行动中。冷战后的第二代维持和平行动突破了传统的同意、中立、非武力三原则，在诸多事项上不同程度地介入一国内政。总的来说，有以下三种情形：

第一，干涉国内人权危机。1991年安理会通过688号决议，在没有征得伊拉克同意的情况下，即在其境内建立保护库尔德人的安全区；1992年索马里的强制维和"在联合国宪章的历史上，人道主义的需要第一次压倒了宪章中不得干涉一国内部事务的条款"。[1] 此后，安理会在萨尔瓦多、安哥拉、莫桑比克、利比里亚、海地、卢旺达、布隆迪、塞拉里昂、刚果（金）、前南斯拉夫、东帝汶、利比亚等众多国家或地区进行了"人道主义干涉"，这些实践事实上将人权问题纳入了联合国集体安全体制的范畴。

---

[1] Machenie Lewis, Military Ralities of UN Peacekeeping Operations, International Relations, Vol. 138, No. 1, February 1993, p. 23.

　　第二，干涉国内政治危机。冷战后的联合国维持和平行动越来越多地用于处理一国之内的民族、宗教等内政问题。1994 年关于海地问题的第940 号决议，"授权各会员国组成一支统一指挥和控制的多国部队，在此框架内使用一切必要手段"，促使海地摆脱军事统治，迅速回归合法选举的政府。海地的政权危机在本质上纯属一国内政，且对外部造成的影响极为有限，安理会此举受到国际社会的激烈批评。

　　第三，参与一国内部重建。冷战后的联合国维持和平行动开始执行缔造和平的任务，其职权扩展到监督选举、调查违反人权状况、运送救援物资、培训当地民事警察、排除地雷乃至临时接管国家的部分权力等。[①] 出现了介于传统维和与第七章规定的强制行动之间的新形式，如监督非正规军队的停火，协助维持法治与秩序，保护人道主义援助的送达，确保通行权等。[②] 其中，争议最大的则是接管部分国家权力甚至参与国家政权的重组。[③]

三　安理会扩大适用第三十九条的法律困境

　　安理会是否有权对三十九条进行扩大性解释？从第三十九条的文字表述来看，安理会对何为"和平之威胁、和平之破坏或侵略"享有自由裁量权。但是，安理会作为联合国系统内的一个组织机构，像其他联合国机构一样，为《联合国宪章》和其他国际法律规范规定的原则、规则和标准所约束。因此，安理会所享有的自由裁断权并非绝对，其扩大性解释很容易被批评、指责为适用法律不正确。然而，在问题的另一面，我们应该认识到，由于冷战后安全情势的变化，确有对新的安全威胁采取集体行动的必要。于是，现行的联合国集体安全法律制度与国际安全情势变迁之间形成了一种紧张关系，使集体安全行动处于一种进退两难的法律困境之中。

---

① 陈鲁直：《全球化与主权国家的国际体制》，《战略与管理》2000 年第 5 期。

② John Mackinlay and Jarat Chopra, Second Generation Multinational Operations, Washington Quarterly, Vol. 15, No. 3, 1992, pp. 113—131.

③ 在柬埔寨维和行动中，有监督停火、接管行政管理、帮助安排难民、促进人权改善、监督选举等，为有史以来最复杂的维和行动。其中，联合国接管了柬埔寨的外交、防务、财政、公安和新闻部门的权力。

1. 安全威胁的多元化与集体安全制度"容量"之间的矛盾

虽然，《联合国宪章》和其他相关资料没有明确地对第三十九条的"和平之威胁、和平之破坏或侵略"的内涵进行界定，但是，运用历史解释方法，结合联合国的宗旨和原则，我们对此仍然可以作出一个大致的概括：在联合国建立时期的政治、经济、科技条件下，和平与安全即是指没有战争或战争威胁，安全问题主要是指国家的领土安全问题，其内涵相当于我们今天所使用的"传统安全"这一概念。因此，宪章第三十九条的"情势"是指国家之间的争端和冲突，"威胁"或"破坏"的对象是国家安全，"威胁"或"破坏"的来源则是国家行为体本身。在此范围内，安理会采取的集体安全行动具有《联合国宪章》赋予的合法性。[①]

但是，在联合国集体安全制度建立半个多世纪以后的今天，国际安全的威胁已经不仅仅是国家发动的侵略战争了，诸多新的安全威胁形式，诸如贫穷、传染病和环境退化，国家内部的战争和暴力，核武器、放射性武器、化学武器和生物武器的扩散和可能被使用，国际恐怖主义以及跨国有组织犯罪，等等，已经成为危及国际和平与安全的主要威胁。威胁的主体不仅有国家，也有非国家行为体；威胁的对象不仅有国家安全，也有人类安全；威胁的性质不仅有传统安全，也有非传统安全。[②]

一个有效的集体安全制度必须充分地、准确地反应这些变化，使安全机关能够合法地对之采取行动。但在现行的国际法体系和《联合国宪章》下，非传统安全问题更多的是经济、社会问题，不属于安理会的职权范畴。安理会将其认定为对国际和平与安全的威胁，并采取强制措施，必然引起国际社会对其合法性的怀疑，更何况安理会的诸多行动并未取得国际社会所期望的效果。所以，在当前的集体安全行动中，一方面，随着人类社会的发展和国际关系的变化，"联合国缔造和平、稳定和安全的努力必须涵盖军事威胁以外的事项"。[③] 另一方面，集体安全制度的"容量"则限制、约束着这种"努力"。

2. 集体安全行动与不干涉内政之间的矛盾

安理会是否有权介入主权国家的内部事务？答案显然是否定的。在当

---

① 古祖雪：《联合国改革与国际法的发展》，《武大国际法评论》第五卷，武汉大学出版社2006年版，第18页。

② 《威胁、挑战和改革高级别小组的报告》第一部分提要。

③ 加利：《和平纲领》，联合国新闻部编，1992年中文版，第7页。

前的国际关系中，任何一个政府间国际组织都是国家之间的组织，而不是国家之上的组织，其权力都来源于成员国的授予，联合国也不例外。正如前联合国秘书长德奎利亚尔所言："联合国并不是凌驾于国家之上的机构，而是一个由一些独立的主权国家组成的组织，它没有自己的主权。它的职责是协调、促进和倡导。"① 正因为如此，《联合国宪章》在宗旨及原则中规定："本宪章不得认为授权联合国干涉在本质上属于各国国内管辖之事项，且不要求会员国将该事项依本宪章提请解决。"不干涉内政原则也成为国际法的基本原则之一。虽然，宪章第二（7）条也声明："此项原则不妨碍第七章内执行办法之适用"，但是，作为联合国的机构之一，安理会亦应在此原则的指导下，妥善处理好维护国际和平与安全同尊重成员国主权、不干涉其内部事务的关系。

但是，在冷战后的安全形势中，国内冲突此起彼伏，种族及民族矛盾，政局的不稳定，都极易引起冲突与战争，国内冲突取代国际冲突成为最主要的安全威胁。实践证明，对于国内冲突确有干涉的必要，"倘若安全理事会在90年代初在阿富汗认真地致力于巩固和平，那么更多的生命可以得到拯救，塔利班也许根本不会夺取政权，基地组织可能会被剥夺其最为重要的藏身之地"。② 并且，在全球化的条件下，国内冲突极易"溢出"国界，威胁国际和平与安全，这更使国际社会有对之采取集体行动的必要。

在现行的国际法秩序中，国内冲突仍然是国家主权范围内的管辖事项。现行的联合国集体安全体制是为维护国家主权独立和领土完整而设计的，对一国内部冲突，安理会不得授权对其采取强制行动。因此安理会近些年来处理的很多国内问题，均超出了其职权范围，有干涉主权国家内政之嫌。但相应的问题是，在新的安全情势下，安理会如果墨守成规，则无法完成其历史使命；如向前跨越一步则又有着越权之嫌。联合国集体安全行动是应防患于未然，预先介入国内冲突，还是应等到其"溢出"国界之后再采取行动？如果是预先干涉，如何在集体行动与尊重国家主权之间保持必要的平衡？显然，这些问题都需要在法律层面上做出回答。

3. 人权的国际保护与国家主权之间的矛盾

虽然人权的保护越来越国际化，但是，在现行的国际法体系下，人权

① 《联合国手册》，1987年中文版第10版，前言。

② 《威胁、挑战和改革高级别小组的报告》第86段。

问题仍然主要是国家国内管辖之事项，人权保护并没有被纳入联合国集体安全范围。虽然《联合国宪章》也宣布，创建联合国是为了"重申对基本人权之信念"，并"促成大自由中之社会进步及较善之民生"，但对基本人权的保障却被规定为经社理事会而不是安理会的职能，人类安全被排除在联合国集体安全体制之外。也就是说，"人道主义干涉是《联合国宪章》中没有的概念，也从未成为国际法所确立的概念"。① 因此，在联合国所进行的历次人道主义干预中，虽然在程序上由于获得了安理会的授权而具有合法性，但在实体上却在宪章中找不到合法性的依据，于是，往往就受到当事国的抵制和国际社会的质疑。②

但是，冷战后频发的国内战争所造成的人道主义灾难、有意识的种族灭绝和种族屠杀，证明国际社会确有对此进行干涉的必要。如在卢旺达的种族屠杀等事件中，"联合国在国内暴力方面的最大失误就是未能阻止种族清洗和种族灭绝"。③ 而且，由于安理会对人道主义干涉合法性的顾虑，阻碍了联合国的集体安全行动，致使一些大国及其控制的区域组织以人道主义干涉为借口，在国际社会中行使单边武力，形成对联合国权威的挑战和威胁。如 1999 年"在科索沃，安全理事会陷入瘫痪，从而使北大西洋公约组织绕过联合国采取行动"，④ 严重损害了联合国的权威。

事实证明，联合国集体安全制度是能够为国际人权提供保护作用的，2002 年至 2005 年的联合国东帝汶支助团，"同国家政府和区域性行为者合作，迅速而协调地施加压力，制止了大规模屠杀"。⑤ 但是，集体安全体制与人权保护体制在联合国系统内是互不相干、彼此独立的两种制度安排。即使一国内部发生了严重的人道主义灾难，安理会也不得授权对主权国家采取强制行动，这在实践上给联合国的集体安全体制带来了两个方面的困境：面对巨大的人道主义灾难，要么因为制度设计上的"画地为牢"而行动迟缓，致使灾难扩大；要么迫于西方大国的压力，对灾难发生国进

---

① 李红云：《人道主义干涉的发展与联合国》，《北大国际法与比较法评论》第 1 卷，北京大学出版社 2002 年版，第 23 页。

② 古祖雪：《联合国改革与国际法的发展》，《武大国际法评论》第五卷，武汉大学出版社2006 年版，第 18 页。

③ 《威胁、挑战和改革高级别小组的报告》第 87 段。

④ 同上。

⑤ 同上。

行人道主义干预，结果其合法性受到广泛质疑。①

第二节 情势断定的法律规制

一 规制情势断定的必要性

如果我们把联合国集体安全行动的相关程序视作一个链条，则情势断定毫无疑问是整个链条的第一个环节，它对于安理会实施的实质性行动起着基础性作用，情势断定的准确性、合法性、规范性直接决定了安理会执行行动的性质和效力。因此，联合国集体安全制度的改革，首当其冲的就是要为国际安全情势认定建立一个相对完善的法律标准，使安理会在对国际安全情势适用宪章第三十九条时有法可依，在决策中加强规则取向，减少政治因素的干扰。

1. 规制情势断定是加强集体安全行动的需要

在当前的国际法律秩序中，国际法的遵守与执行都依赖于主权国家的善意和支持。联合国集体安全制度作为国际政治（安全）法律秩序的集中体现，其实施必须依赖于联合国成员国乃至非成员国的"集体协助"，脱离"集体协助"便没有集体安全制度可言。而要通过"集体协助"来实施集体行动，前提条件是国际社会普遍性地认可、接受安理会的决议，使决议产生普遍性的法律效力。反之，如安理会决议受到国际社会的抵制，"集体协助"便成为镜花水月。可见，安理会情势认定的合法性、公正性、准确性至为重要。

然而，情势断定法律依据的不完善和滞后性，使国家利益和政治倾向左右了安理会对国际安全情势的断定，更何况西方大国在安理会的决策中占据了主导地位，情势断定常常是倾向于西方世界的观念和利益，例如，安理会越来越多地对主权国家内部问题适用第三十九条，即与冷战后西方国家主张的"相对主权论"、"主权过时论"、"人道主义干涉论"有着密切的关系。加利就曾经说："要承认主权的存在形式不止一种，行使主权的方式也不止一种，这种观念或许有助于解决许多国内和国际问题。个人和民族的权利是普遍主权的一个方面，而普遍主权植根于全人类并使各民

---

① 古祖雪：《从伊拉克战争看国际法面临的冲击与命运》，《法律科学》2004 年第 3 期。

族依法有权参与处理影响整个世界的问题。在国际法的发展中，这一点表现得尤为明显。"① 显然，西方国家的价值观念在联合国占据了主导地位，左右着至少是主导着安理会的决策。

实践中，安理会对国际安全情势的断定，大多确实是在西方大国的推动下作出的，如对索马里问题、海地问题的干涉即是在美国的操纵下决策与实施的。安理会在情势断定中的偏向性，不可避免地引起发展中国家的不满，甚至引起了抵制，削弱了安理会决议的法律效力。解决这一问题的出路在于建立一个为国际社会所普遍接受的情势断定法律依据，使安理会的决策更具有合法性、公正性和准确性。否则，联合国很难在预防和消除安全威胁上采取有效的联合行动。

2. 规制情势断定是限制安理会权力的需要

《联合国宪章》赋予安理会的权力是巨大的，这不仅体现在宪章条款的明示授权上，而且还体现在安理会在实践中的暗含权力上。在情势断定的问题上，《联合国宪章》把争端（dispute）与情势（situation）② 分为两类：一类是一般争端和情势，另一类是其"继续存在足以危及国际和平与安全之维持"的争端和情势。对于前者，宪章规定当事国自行选择和平的方法予以解决，安理会只在必要时行使调查权、促请权。而后一类则是宪章所特别规定须由安理会加以处理的，一旦安理会对之适用第三十九条，即可启动宪章第七章规定的相关措施。可见，安理会只关注那些性质严重的争端，③ 而不是一般性的情势。但是，第三十九条赋予了安理会自由裁量权，"安理会在决定处理某一事项时，可以采用比法庭所用'争端'含义更广的概念，管辖权可以扩展至本质上会产生国际性后果的一切事项"。④ 实践中，安理会常常会将第三十九条的适用从争端扩展到情

---

① Boutros-Ghali, Empowering the United Nations, Foreign Affairs, Winter 1992—1993, p. 99.

② 争端与情势是两个不同的概念，争端比情势严重，情势有可能恶化为争端。换而言之，情势的范围比争端要广，有争端必有情势，但有情势不一定有争端。See Nikolai K. Tarassov, Introduction to Peaceful Settlement of Disputes, in Mohammed Bedjaoui ed.: International Law, Martinus Nijhoff Publishing, 1991, p. 503. ; Yehuda Z. Blum, Eroding of the UN Charter, Martinus Nijhoff Publishing, 1993, p. 200。

③ Bowett. D. V., The Law of International Institutions, London, Stevens and Sons, Ltd., Forth Edition, 1982, p. 34.

④ Merrills, J. G., International Dispute Settlement, London: Sweet & Maxwell, 1984, pp. 142—143.

势，从而扩大了自己的职权范围。这种不断扩张的权力使安理会在一些大国的操纵下恣意行使，成为霸权主义的合法外衣，引起了很多国家的愤怒、抗议和抵制。建立情势断定的法律依据，使安理会"依法行政"，这是限制安理会权力，加强决策公正性的有效途径。

在对国际法实施与发展的层面上，安理会依据第三十九条对情势的断定是有法律约束力的，可以将之视为一种"即时"（instant）国际法，它直接为情势与争端的当事国乃至第三方创设了权利和义务。虽然安理会作为联合国的一个机构并没有立法权，但这种即时国际法因其拘束力和联合国成员国的普遍性，却在事实上为国际社会普遍立法。可以说，安理会大量关于各种不同的国际和平与安全情势的决议，事实上具有国际公约的效力。例如关于反恐的系列决议，像第 1373 号决议一下子就作出了 12 项决定，其内容相当于一个小型的国际公约。以至于有学者将安理会的这种权力称之为"第二等级立法"（secongdary legislation）。① 安理会的权力对国际法产生了重大影响：

第一，对国际法的性质产生重大影响。国际法是国家间"平行"的法律，在国家之上没有一个权威的立法、司法和执法机构。而安理会的决议是 15 个国家为国际社会立法，且具有强制实施的效力，这既可以视为国际强行法，也可以视为国内法性质的上级对下级的命令。可见，在国际和平与安全领域，安理会凌驾于国家之上，集立法者与执行者于一身，使该领域的国际法的性质在很大的程度上由"横向"向"纵向"发展。

第二，对国际法的渊源产生重大影响。国际组织的决议不是独立的国际法渊源，但可以导致法律确信的产生，从而为新的习惯的形成提供指南。② 而安理会的决议不仅提出了应有法（lex ferenda），而且创造了现有法（lex lata），其效力甚至在一定程度上具有相对于条约和习惯的优势。虽然安理会的单次行为不能形成新的国际法规则，但其关于同一问题的系列决议对于该领域的国际法发展的作用不容忽视。

随着安理会决议涉及的领域越来越宽，数量越来越多，它对于国际法

---

① Thomas M. Franch, Faiza Patel, UN Police Action in lieu of War: The Old Order Changeth, American Journal of International Law, 1991, p. 85.

② 曾令良、饶戈平主编：《国际法》，法律出版社 2005 年版，第 68—70 页。

的影响也就越来越大。如前所述，由于安理会决议在合法性、公正性、准确性方面的不足，其对国际法律秩序产生的负面影响不可小视。比如，安理会所采取的强制性执行行动，本身即是一种战争或战争威胁，只有在不得已的情况下方可使用，而安理会针对非传统安全问题和主权国家的内政问题，授权会员国"采取一切必要措施"进行制裁，有滥用武力之嫌疑，直接或间接地损害甚至破坏和平解决国际争端原则和禁止使用武力相威胁或使用武力原则。

在当前的联合国体系中，除宪章第十五条规定大会对安理会的常年报告享有一般性审查权力外，没有任何一个机构享有对安理会具体决议进行合法性审查的权力，也就是说，安理会的权力在很大程度上是"超然"的。实践证明，不能有效地控制安理会的权力，就不能使之真正有效地履行维护国际和平与安全的职责。建立一个国际社会成员共同接受的情势认定的法律标准，是使安理会依法行事，并对其权力实行法律控制的有效办法。

二 建立情势断定的法律依据

安理会的职责是维护国际和平与安全，职权是对危害国际和平与安全的国际情势作出判断并采取行动，因此，建立情势断定的法律依据实质就是界定"国际和平与安全"概念的内涵。

虽然"国际和平与安全"概念是国际关系中最常见的术语，但却从来没有一个权威机构和文件对这个概念进行具体化和直观化。在传统的观念里，和平与安全是指没有战争或战争威胁。然而，在当今全球化的历史条件下，这种传统观念已经不足以反映国际和平与安全的现实，我们必须从更大的范畴和更深的层次上来理解和平与安全的含义。总的来说，威胁国际社会和平与安全的来源、主体、形式、范畴毫无疑问都已经大大超越了联合国集体安全制度最初设计的容量，情势断定法律依据必须充分反映安全情势的变化，全面涵盖新型的威胁形式，建立能够为国际社会所普遍认可、接受的"国际和平与安全"的定义。唯有如此，联合国才能够"筑成一个新的全面集体安全体制。通过这一体制，所有国家都承诺共同行动，以应对范围广泛的各种威胁"。①

---

① 《威胁、挑战和改革高级别小组的报告》第 24—28 段。

第一，视野必须从地缘安全扩展至全球安全。在传统安全观念中，地缘冲突是其最为主要的着眼点，消除地缘威胁即能够达到维护国家安全的目的。但全球化已经把世界紧密化、一体化，"结果，系统效应日益重要，发生在某一地方的小小紊乱就有可能波及整个系统。"① 而且，在现存的科学技术条件下，大规模杀伤性武器、洲际导弹的出现，已经使地缘在战争中的屏障作用大为降低，地区内部的威胁便足以威胁全球。因此，"对国际安全的各种威胁不分国界，对一国的威胁便是对所有国家的威胁。全球化意味着，任何一种威胁都是对世界各国的共同威胁"。② 新型的情势断定法律依据必须超越地缘安全、区域性安全、国家单独安全的观念，从人类整体性安全的需要出发，以全球视角考察各种安全威胁。

第二，内容必须从传统安全兼顾到非传统安全。政治问题经济化、社会化，经济和社会问题政治化是当前国际关系发展的重要特征，由此使传统安全问题与非传统安全问题交织在一起。高级政治领域的安全问题，往往源于低级政治的经济、社会问题；而低级政治领域的问题常常会加剧高级政治的安全问题。各种安全威胁有着内在的复杂联系，相互影响，相互交织，相互转换，孤立的、片面的观点只能使集体安全行动顾此失彼、应接不暇。因此，新型的情势认定法律依据必须对当今世界所面临的安全形势有一种比较全面而深刻的体察，必须把各种安全威胁作为一项系统工程加以综合考虑，统筹兼顾。

第三，关注对象必须从国家安全延伸至人类安全（human security）。传统国际法以国家为本，国家安全问题是其最为主要的关注对象，联合国建立的初衷及其制度设计，即主要应对的是国家之间的权力纷争和领土冲突。但在当前的国际现实中，以主权侵犯人权、种族灭绝和其他严重违反国际人道主义法的行为时有发生，需要国际社会提供集体保护。与国际政治的"人本化"趋势相适应，人权的国际保护是20世纪后半叶以来，国际法发展最为突出的特征之一，国际法的关注对象由国家转向了构成人类社会基本单位的个人。由此，国际社会越来越普遍地接受："一国内部冲突的大规模侵犯人权或违反人类生命的行为也构成世界和平之威胁，可成

---

① Robert Jervis, System Effects: Complexity in Political and Social Life, Princeton: Princeton University Press, 1997, p. 86.

② 《威胁、挑战和改革高级别小组的报告》第17—19段。

为安理会采取行动的理由。"① 新型的情势断定法律依据必须符合人类社会的发展趋势，在制度设计和内容构成上满足以集体行动保护人权的需要。

总之，新型的情势认定法律依据是建立在"综合安全观"基础之上的，它把联合国集体安全制度发展成为"广义的集体安全体制"，② 与当初《联合国宪章》的起草者所设计的集体安全体制相比，不但容量已经增加，职能也相应扩大。在"综合安全观"之中，"情势"不但是指国家之间的争端和冲突，而且也包括一国内部的冲突；"威胁"或"破坏"的来源不但有传统安全，还有非传统安全；"威胁"或"破坏"的主体不但有国家行为体，还有非国家行为体；"威胁"或"破坏"的对象不仅是国家安全，还包括人类安全。以此来界定联合国集体安全行动的范围，将能够解决当前存在的一些法律争议。③

三　规制情势断定的政治与法律问题

在当前的国际法体制下，建立情势断定的法律依据需要国际社会成员对"国际和平与安全"的概念达成共识，"如果对威胁没有共同认识，便没有集体安全可言。结果将是各自为政，互不信任，长期互利合作将无从谈起"。④ 因此，形成一个为国际社会所普遍接受的情势断定的法律依据，"最需要的是在松散了的同盟之间，富国与穷国之间，在远隔显然是不断扩大的文化深渊而深深陷入相互猜疑的人民之间，达成一种新的共识"。⑤ 就当前的情况而言，达成安全共识主要是一个如何看待综合安全观的问题，这需要从政治和法律两个方面来着手解决：

在政治上，首先，需要改造国际政治、经济旧秩序，实现世界的共同发展和繁荣；其次，既需要发展中国家更新安全观念，也需要发达国家顾及发展中国家的利益，双方相互妥协才有达成一致的可能。

---

① ［德］马蒂亚斯·海尔德根：《联合国与国际法的未来》，《世界经济与政治》2004 年第5 期。

② 《威胁、挑战和改革高级别小组的报告》第 184 段。

③ 古祖雪：《联合国改革与国际法的发展》，《武大国际法评论》第五卷，武汉大学出版社2006 年版，第 17—18 页。

④ 《威胁、挑战和改革高级别小组的报告》第一部分提要。

⑤ 同上。

在法律上，面对安全认识分歧联合国不是不能有所作为，在秘书长和联合国各机构加强外交攻势、弥合分歧的同时，联合国应就已经达成共识的部分安全问题先行立法，形成具体的制度，逐步推进，直至建立一个完整的情势认定法律依据。

1. 建立情势断定法律依据的政治分歧

从传统安全走向综合安全一直是联合国致力的目标。冷战结束之后，联合国许多关于安全和发展问题的文献都积极倡导之。1993年联合国开发计划署特别顾问即对新安全观的内容进行了概括，指出安全"不仅是国土的安全，而且是人民的安全；不仅是通过武力来实现的安全，而且是通过发展来实现的安全；不仅是国家的安全，而且是个人在家中和工作岗位上的安全；不仅是防御国家之间的冲突，而且是防御人与人之间的冲突"。[①] 1994年，联合国开发计划署的《人类发展报告》提出了"人类安全"概念；同年，时任联合国秘书长的加利发表了《和平纲领》，也阐述了他的"安全新概念"。以《人类发展报告》和《和平纲领》为标志，联合国的新安全观实际上已开始形成。[②] 2005年，《威胁、挑战和改革高级别小组的报告》也倡议将安全威胁的定义重新界定为："任何事件或进程，倘若造成大规模死亡或缩短生命机会，损坏国家这个国际体系中基本单位的存在，那就是对国际安全的威胁。"[③]

但是，"综合安全"并没有获得国际社会的一致认同，对于《威胁、挑战和改革高级别小组的报告》（以下简称《高级别小组报告》）总结出的6种安全威胁形式，"很多人将认为，其中的一项或多项对国际和平与安全并不真正构成威胁，一些人认为，艾滋病毒/艾滋病是一种可怕的疾病，但却不是一种安全上的威胁。或认为，恐怖主义对于一些国家来说是威胁，但并不对所有国家构成威胁。或认为，非洲的内战是人道主义悲剧，但绝不是国际安全问题。抑或认为，贫穷是发展问题，而不是安全问题"。[④]

---

① ［巴基斯坦］马赫布卜·乌尔·哈克：《发展合作的新架构》，《联合国纪事》（中文版）1993年第4期第10卷，第42页。

② 李东燕：《联合国的安全观与非传统安全》，《世界经济与政治》2004年第8期，第51—52页。

③ 《威胁、挑战和改革高级别小组的报告》第二部分提要。

④ 《威胁、挑战和改革高级别小组的报告》第一部分提要。

造成这些分歧的原因是联合国各会员国不同的发展水平、不同的立场和需要。对于广大的发展中国家来说，发展问题是其面临的首要问题，长期存在且至今没有得到纠正的国际政治、经济旧秩序使发展中国家一直承受着发达国家的盘剥，致使其在加速发展的全球化进程中，拉大了与发达国家的差距。因此，发展中国家强烈要求发达国家作出让步，帮助发展中国家实现经济腾飞，而不是一味去关注"新安全"。对于发达国家来说，传统的安全威胁并没有解除，全球化却又带来了各种新型的安全威胁，使其面临着一系列的新挑战，旧病新疾交织在一起，需要动员世界各国和各种政治力量采取共同行动，以对付新老威胁。

不同的国内现实产生不同的需要，从而也就产生不同的政治立场，对安全威胁的认识自然也就有很大的差异，因此，达成安全共识，界定国际和平与安全概念的内涵，建立为国际社会所普遍接受的情势断定法律依据，还需时日。目前，一个可喜的变化是，各国首脑已经认识到，应"紧急就主要的威胁和挑战达成共识"。①

2. 建立情势断定法律依据的法律问题

鉴于当前乃至未来相当长时期的国际政治现实，一个新型的情势断定法律依据不是没有"边界"的，仍然必须在尊重现行国际法律秩序的前提下来制定，因此，以下两个方面的问题必须予以着重考虑：

第一，必须在扩大适用范围与把握尺度之间保持平衡

一方面，随着国际安全情势的变迁，必须对宪章第三十九条做出扩大性解释，将集体安全制度的适用范围从传统安全扩大到非传统安全，以使安理会采取的扩大性集体行动具有毫无争议的合法性。使联合国可以针对威胁国际和平与安全的任何情势，都可以采取包括军事行动在内的任何行动，而不受国际社会的质疑和当事国的抵制。

另一方面，必须避免安全概念的泛化。《高级别小组报告》归纳出6种安全威胁：（1）经济和社会威胁，包括贫穷、传染病及环境退化；（2）国家间冲突；（3）国内冲突，包括内战、种族灭绝和其他大规模暴行；（4）核武器、放射形武器、化学和生物武器；（5）恐怖主义；（6）跨国有组织犯罪。② 这其中提到的非传统安全是不是都应该成为安理

---

① 《成果文件》第2段。

② 同上。

会关注的对象，值得商榷。毕竟在安理会之外，联合国还有经社理事会和其他机构承担着经济、社会事务的职责。将人类面临的所有社会、经济、政治等问题都加上"安全"一词，可能导致政策重点不突出、力量使用分散、疲于应付的局面。① 反而使集体安全制度起不到应有的作用，难以取得预想的效果。

第二，必须实现集体干涉与尊重国家主权的统一

一方面，新型的情势认定法律依据要通过对"国际和平与安全"概念的扩展，为联合国实施集体干涉寻求实体法依据，使一国内部冲突可以成为安理会采取行动的理由。特别是对于国内人权危机，由于"人们逐渐接受保护个人权利也可以作为一种国际规范"②，改革必须通过强调主权在国际法上"保护本国人民"的责任内涵，提出一种新的规范，即当一个主权国家没有意愿或者没有能力"履行其保护本国人民和避免伤害自己邻国的责任"的时候，"集体安全原则则意味着上述责任的某些部分应当由国际社会予以承担，依照《联合国宪章》和《世界人权宣言》采取行动，根据情况建立必要的能力或提供必要的保护"，③ 从而，使依《联合国宪章》建立起来的集体安全体制在作为保护国家主权（"国家安全"）体制的同时，也成为一种保护基本人权（"人类安全"）的体制，使调整国家之间关系的国际法同时也具有协调国家权力与人民权利的宪法功能。④

另一方面，建立新型的情势认定法律依据不能以削弱主权为代价。"要达成一种新的安全共识，首先必须认识到，在对付我们面前的所有新老挑战时，站在前沿的行为者依然是单一的主权国家，对于这些国家的作用和责任以及应当予以尊重的权利，《联合国宪章》都予以充分承认。"⑤ 改革联合国集体安全制度是为了更好地保护主权国家，提高国家"保护本国人民"的能力，而不是将主权"收缴"到安理会。"主权原则是联合

---

① 李东燕：《联合国的安全观与非传统安全》，《国际政治》2005 年第 1 期。

② Mandelbaum Michael, The Reluctance to Intervene, Foreign Policy, Number 95, Summer 1994, p. 14.

③ 《威胁、挑战和改革高级别小组的报告》第 29 段。

④ 古祖雪：《联合国改革与国际法的发展》，《武大国际法评论》第五卷，武汉大学出版社 2006 年版，第 19 页。

⑤ 《威胁、挑战和改革高级别小组的报告》第一部分提要。

国的基本原则，违反这一原则就意味着和平的终结、联合国的终结。"①
而且，国际法的有效性并不依赖于制裁，而必须以各国的善意为基础，毁
弃这个基础就毁弃了国际法本身。② 集体安全制度的效力是以主权国家积
极、有效的参与为前提的。因此，集体安全制度的改革必须以增强国家负
责任地行使主权的能力为重要目标。

---

① Baily Sydney D. , Intervention：Article 2. 7 versus Articles 55—56, International Relations,
Vol. XIII, Number 2, August 1994, 5.

② ［奥］菲德罗斯等著，李浩培译：《国际法》，商务印书馆 1981 年版，第 777—780 页。

第二章

决策机制的改革

联合国形成以安理会为核心的集体安全制度决策机制，是基于国际联盟的历史教训而设置的，是集体安全思想实践的一个重大发展。然而，半个多世纪的历史证明，这种决策机制虽然发挥了一定作用，但其效果还远未达到国际社会的期望值，因而一直备受诟病。冷战结束后，国际冲突的重点发生转移，大国之间发生战争的可能性降低，民族、领土、宗教、国内等冲突成为热点，非传统安全问题也凸显出来，客观上要求联合国对此作出迅速有效的反应。但是，集体安全制度的决策机制显然未能适应这种变化，加之超级大国单边主义政策对安理会权威的挑战，使得改造决策机制，特别是改革安理会，成为国际社会的普遍呼声。集体安全制度决策机制的改革实质是一个在新的安全形势下该如何改进提高的问题，具体来说，是如何在决策中增强合法性、提高有效性且保持效率原则的问题，其中，安理会的改革毫无疑问是核心和重点。

第一节　决策机制改革的政治与法律分析

一　决策机构职权的划分

从宽泛的意义上来讲，联合国的六大机构都与维持国际和平与安全有关联，但国际法院、经济与社会理事会、托管理事会主要处理各自领域的事务，对于国际和平与安全的维护而言，它们的贡献主要来自各自工作所具有的潜在的和平价值，即消除某些可能对国际和平与安全构成威胁的潜在因素，从而有助于确立国际和平与安全的坚实基础。[1]真正与国际和平

① 门洪华：《和平的纬度：联合国集体安全机制研究》，上海人民出版社 2002 年版，第 212 页。

与安全的维护有直接关联的是安全理事会、大会和秘书长，根据《联合国宪章》的规定，这三者对于国际和平与安全情势都有各自的职权，它们共同构成联合国集体安全制度的决策机构体系。

1. 安全理事会享有的职权

安理会的主要职能是维护国际和平与安全，《联合国宪章》第二十四条规定："各会员国将维持国际和平与安全的主要责任授予安全理事会，并同意安全理事会履行此项责任下之职务，代表各会员国履行此方面的职能。"对于国际安全情势，安理会具有下列职权：

（1）促请权。《联合国宪章》第三十三条规定：当出现足以危及国家和平与安全的维持之争端时，安全理事会有权促请各当事国以和平方法解决争端。《联合国宪章》第四十条又规定："为防止情势之恶化，安全理事会在依第三十九条规定作成建议或决定办法以前，得促请关系当事国遵行安全理事会所认为必要或合宜之临时办法。"

（2）调查权。《联合国宪章》第三十四条规定："安全理事会有权调查任何争端或可能引起国际摩擦或惹起争端之任何情势，以断定该项争端或情势之继续存在是否足以危及国际和平与安全之维持。"为完成本条规定的调查任务，安全理事会有权设立辅助性机构，但此种机构与第二十九条规定的辅助机关不同，因为第二十九条规定的是程序性事项，而第三十四条规定的是非程序性事项，安全理事会对争端进行调查和作出决定只有征得五个常任理事国的同意才得以进行。在这个问题上各方早在旧金山会议上就达成了一致。①

（3）建议权。《联合国宪章》第三十六条规定，属于第三十三条所指之性质之争端或相似之情势，安全理事会在任何阶段都有权建议适当程序或调整方法。此种建议权贯穿于《联合国宪章》的第六至七章的第三十七条、第三十八条、第三十九条和第四十条。

（4）判断权。《联合国宪章》第三十九条规定，安全理事会有权断定任何和平之威胁、和平之破坏或侵略行为是否存在。

（5）执行权。《联合国宪章》第四十一条、第四十二条规定，安全理

---

① Bowett D. W., The law of International Institutions, London: Stevens and Sons, Ltd., Fourth Edition, 1982, p. 35.

事会对争端当事国有权决定并采取包括和平性制裁和非和平性的武力行动，以维持或恢复国际和平及安全。

2. 大会享有的职权

联合国大会作为由全体联合国会员国组成的机关，拥有广泛的职权，举凡政治、经济、社会、非自治领土、托管、法律与行政及财务等问题都可以过问。对于国际和平与安全情势，大会具有下列职权：

（1）审议权。根据宪章第十一条，大会可以审议"关于维持国际和平与安全之合作之普通原则，包括军缩及军备管制之原则"。

（2）建议权。《联合国宪章》第十一条规定："大会对于足以危及国际和平与安全之情势，得提请安全理事注意。"并可以向会员国或安全理事会或兼向两者提出关于此等问题或事项的建议。但是这项建议权是受到限制的，《联合国宪章》第十二（1）条规定："当安全理事会对于任何争端或情势，正在执行本宪章所授予该会之职务时，大会非经安全理事会请求，对于该项争端或情势，不得提出任何建议。"

（3）监督权。宪章第十五条规定，大会负责接受并审议安理会的报告；而第二十四条则要求安理会应将常年报告，并于必要时将特别报告提送大会审查。

3. 秘书长享有的职权

根据《联合国宪章》第九十七条的规定："秘书长为本组织之行政首长。"对于国际安全情势享有下列职权：

《联合国宪章》第九十九条规定："秘书长得将其所认为可能威胁国际和平及安全等任何事件，提请安全理事会注意。"该项权利通常被称为"提请权"。值得注意的是，《联合国宪章》使用的是一个宽泛意义上的措辞"事项"（matter），而不是"情势"或"争端"。第九十九条赋予了秘书长权利（rights）、责任（responsibility）和自由处置权（discretion），[①]被认为是秘书长履行"政治职权"的主要法律依据。根据该条，秘书长有权将他认为可能威胁国际和平与安全的任何情势提请安理会注意和讨论，并有权参与安理会的讨论，在安理会上发表自己的意见。有一种观点认为，第九十九条赋予了联合国秘书长"远远超过了以往给予一个国际

---

① Peter Baehr, Leon Gordenker, The United Nations at the end of the 1990s, 3rd Edition, London：MAcMillian Press Limited，1999，p. 24.

组织首长的任何权利的、非常特殊的权利"。①

秘书长的政治职权还来自其他机构的授予。大会和安理会的决议常常授予秘书长广泛的自由裁量权，以执行决议，行使解决争端的职能。得到委托后，秘书长或其代表可以尽情广泛地开展斡旋、调查、调停和调解活动。

援引《联合国宪章》第九十八条和《大会议事规则》的规定，秘书长可以在国际法院之外的联合国主要机构，将某一事项或问题列入临时议程，发表声明，提出决议草案或其他草案的修正案。这样，秘书长可以在这些机构讨论政治性问题，阐述自己的观点。此外，秘书长还可以向大会提交年度工作报告，这也是其发挥政治影响力、影响国际和平与安全问题解决的方式之一。因此，一些学者认为，秘书长的政治主动性并不局限于第九十九条的提请权，"宪章第九十八条实际上赋予了秘书长更大的回旋余地和自由裁量权"。②

政治主动性实际上使秘书长对国际安全情势享有的职权具有很大的伸缩余地。在实践中，秘书长常常绕过安理会单独采取行动，有时是应争端当事国的请求，有时是秘书长主动介入。所以秘书长在国际和平与安全维护中的作用，"实际上要看其本人的性格、态度、政治信仰与手腕而定"。③

二 决策模式的弊端

从集体安全制度决策机制的设置和职权划分来看，安理会实际上是决策的中枢。对于国际安全情势，"第三十九条赋予安全理事会的权能是巨大的，按宪章可对之采取强制办法的那种不法事实只是含糊地予以规定的，该条赋予安全理事会以断定三种情况是否存在的权能，而并未详细说明这些事实。特别是前两个概念很不明确，安全理事会予以断定时享有广

① ［美］古德里奇、汉布罗：《联合国宪章——评论与文件》，1969 年版，第 589 页，转引自《中国国际法年刊》(1985)，第 49 页。

② 刘大群：《论联合国秘书长的政治主动性》，载袁士槟、钱文荣主编《联合国机制与改革》，北京语言学院出版社 1995 年版，第 253 页。

③ ［美］陈世材：《国际组织——联合国体系研究》，中国友谊出版公司 1986 年版，第 89 页。

大范围的自由裁量权"。① 根据第二十四条的规定，安全理事会也是联合国组织体系中唯一有权采取行动来维持国际和平与安全的机关，② 其决定或决议是具有普遍法律约束力的。因此，在维持国际和平与安全方面，安全理事会的职权是"实在的执行权"，安理会是实际上的联合国权力中心，是联合国"中央一级的""第一级机构"。③

联合国大会所作出的政治决议，作为世界舆论的表达，具有巨大影响力，④ 能够形成强大的社会压力。但它们属于建议性质，很难说具有法律上的直接拘束力。⑤ 英国学者博威特认为，造成这种局面的原因有二：一些国家反对多数约束少数；大会决议绕过了有些国家宪法规定要求批准的程序。⑥ 因此，联合国大会的决议的作用在于表达了国际舆论对"现行法律"（lex lata）的态度，并进而间接地成为国际法的证据。虽然大会职权极其广泛，但从本质上讲，它是一个审议机关，而非执行机关。除了大会决议对各会员国缺乏拘束力之外，大会每年只召开一届常会，只有经秘书长或大多数会员国的请求才召开特别会议。这一点也与执行机关安全理事会常务办公以确保连续行使职权有所不同。由于特殊的政治、历史原因所致，联合国大会曾两次行使了维持和平方面的执行权，招致不少国家对其合法性的质疑。

在实践中，联合国集体安全制度的基本决策模式是：大会进行讨论，由安理会常任理事国先进行非正式性磋商，而后再从安理会、常任理事国和秘书长之间的磋商中得出某种结论。实际上，大会往往起不到实际作用，最终的决策权往往被五大常任理事国甚至其中的某些乃至某个国家所掌握。在这种决策机制中，联合国大会提出建议而安理会做出决定的模式，使安理会具有在重大政治意义的问题上可以间接控制大会的职能，⑦

---

① ［奥］菲德罗斯等著，李浩培译：《国际法》，商务印书馆1981年版，第767页。

② 梁西：《国际组织法》，武汉大学出版社1993年版，第106页。

③ 同上书，第77页。

④ Bowett, D. W., The law of International Institutions, London：Stevens and Sons, Ltd., Fourth Edition, 1982, p. 46.

⑤ 梁西：《国际组织法》，武汉大学出版社1993年版，第109页。

⑥ Bowett, D. W., The law of International Institutions, London：Stevens and Sons, Ltd., Fourth Edition, 1982, p. 47.

⑦ ［美］汉斯·摩根索：《国际纵横策论——争强权，求和平》，上海译文出版社1995年版，第589页。

大会因此常常被架空。实际运行中，这种决策模式的弊端很大：

首先，《联合国宪章》的有关规定仅仅抽象地确定了安理会作为联合国中枢机构的权力和职能，而如何行使这些职能，在很大程度上取决于安理会成员国的利益和意志。

其次，作为枢纽和中心的安理会，几乎垄断了决策权，致使大会形同虚设，秘书长的中立地位和独立作用在实践中也受到太多的政治因素的干扰，集体安全制度的决策机构之间缺乏协调与合作。

这种决策机制及其决策模式自联合国创建以来，一直没有发生根本性的变化。冷战时期，东西方集团的对抗对联合国安理会的改革产生了制约，虽然 1963 年第 18 届联大决定将安理会非常任理事国席位从 6 个增加到 10 个，但没有改变安理会的组成格局和决策程序。决策机构的改革，首要的问题毫无疑问是改造安理会并规范、提高其运作能力。安理会是当时历史背景下的产物，是战后各大国妥协的结果，性质和构成都具有历史的局限性和特殊性。在联合国的创建过程中，常任理事国地位、安理会代表性、否决权等问题，一开始就遭到众多中小国家的反对。随着联合国会员国的变化和国际力量对比的变化，这种历史性和特殊性使安理会在法理上和实践上不断受到质疑和挑战，也是许多国家一直强烈要求改革安理会的依据。次之的问题则是如何增进大会、秘书长及其他机构的辅助作用，使之成为安理会的有力补充。

三　改革安理会的内部动因

检讨当前的集体安全制度决策机制，我们不得不承认，该机制形成于二战结束之际，演变于冷战时期，并不能完全适应当前国际安全形势的变化。冷战结束后，美、苏在安理会的对抗也趋于终结，为联合国在国际事务中发挥更大作用提供了机遇，安理会也显示出极大的积极性，试图在维持和平与安全方面发挥更大作用，但其痼疾并没有随着冷战的终结而得以根治，在决策中仍然存在着大量的问题：

第一，政治色彩浓厚。安理会是一个政治机构，不是类似于国际法院的司法机构。《联合国宪章》没有明确地要求它必须按照法律规则来行事，无论是大会还是国际法院都没有原始的或充分的管辖权来审查安理会的决定，这为安理会将政治因素纳入决策过程留下了借口和余地。在实践中，政治因素是影响安理会确定威胁和平局势是否存在的主要因素，法律因素退居到次要地位。国家利益的权衡与考虑是常任理事国对国际安全情势作为或不作为的主要标准，大量的安理会决议是大国之间讨价还价、相互妥协的结果。"由于受到政治因素的影响和缺乏法律标准的制约，安理会在一些重大问题上的决策往往具有很大的摇摆性和随意性，不能以统一的标准处理所有的问题，导致人们对有关决策的合法性产生怀疑。"①

第二，实行双重标准。一个普遍的现象是，西方集团或与西方大国关系密切的国家，即便是有威胁、破坏国际和平与安全的违法行为，也从未受到强制措施的真正制裁。而那些与西方国家素有不睦、特别是被其视为"罪恶之源"的国家，则时时刻刻处于安理会的严密监视之下。最为典型的是中东问题，以色列对周边国家采取一系列军事行动，长期占领巴勒斯坦和其他阿拉伯国家的土地，并且大规模侵犯被占领土的巴勒斯坦人的人权，但从未被断定为对国际和平与安全构成威胁，联合国仅仅是通过一些谴责以色列的决议，却没有对以色列实施制裁行动。据有关方面统计，自1967 年以来，美国在安理会共动用了 40 多次否决权，否决安理会对以色列的谴责。与此同时，联合国却在美国的压力下对伊拉克进行旷日持久的制裁。在对伊拉克长达 10 年多的制裁中，即使伊拉克做出了遵守安理会决议的努力，美国仍视而不见，不断加码，推动安理会对伊拉克采取新的制裁措施。

第三，采取歧视性政策。安理会在应对 2001 年的"9·11"事件和1994 年的卢旺达种族灭绝事件中，所做出的不同反应，表明联合国集体安全制度对不同的成员国是有所歧视的。《高级别小组报告》批评说："联合国对'9·11'事件反应迅速，但对更为严重的卢旺达'种族灭绝'发生后两个星期，安理会撤出了在卢旺达的大部分维和人员。联合国官员在将近一个月之后才将之称为'种族灭绝'，而某些安全理事会成员国则拖了更久。种族灭绝开始后 6 个星期，终于授权向卢旺达派驻一个新的特派团，但此时却没有几个国家提出派遣部队。特派团得以部署时，种族灭绝已经结束。"② 歧视性政策不能使每一个成员国公平地享受集体安全制度带来的安全措施，将使联合国失去国际社会的信任。因此，《高

---

①　张军：《联合国安理会采取执行行动的依据和方式问题》，《中国国际法年刊》（1997），第 307 页。

②　《威胁、挑战和改革高级别小组的报告》第 41 段。

级别小组报告》强调:"我们的集体安全机构不应仅仅声称对一国的威胁便是对所有国家的威胁,在行动上也应照此行事。"①

第四,效力不足。安理会无法约束体系内的大国绕开联合国的单边主义行动,1998年,美国和英国由于得不到安理会对伊拉克空中打击的授权,不顾联合国大多数会员国的反对,对伊拉克实行了空袭,国际社会出现了对安理会的批评意见;1999年北约无视《联合国宪章》和国际法准则对南斯拉夫公然入侵,安理会对整个入侵行为表现得无能为力,引起广大爱好和平的国家和人民的强烈不满;2003年,美国和英国绕开安理会,对伊拉克进行了全面的军事打击,推翻了萨达姆政权,安理会再一次束手无策。此举沉重地打击了联合国集体安全制度,普遍性地引起了国际社会对多边安全体制的怀疑,动摇了人们对集体安全制度法律效力的信心。一时间,单边主义回潮,联合国的声誉降落到最低点。

四　改革安理会的外部动因

国际形势的发展变化对安理会提出了更高的要求,但安理会的现实情况使之不能公正、合理、有效地处理国际和平与安全问题。而且,冷战后,安理会通过决议的数量、实施强制措施的次数远远超过了过去,安理会的决策和行动越来越涉及更多国家的切身利益,成员国因此也更加关注安理会的决策和行动。不难想象,强烈要求改变西方国家在安理会占据统治地位的不平衡状况、扩大发展中国家的代表席位、增加安理会决策过程中的民主和透明度、取消或限制常任理事国的否决权等方面的改革已是人心所向。

在国际组织中,权利的划分实质上是权力的配置,权力格局以权利的形式表现出来。《联合国宪章》赋予安理会常任理事国的权利,在法律上表现为权利,在政治上则表现为权力。毫无疑问,今天安理会的权利划分是第二次世界大战结束之际国际权力格局的体现。经过半个多世纪的发展,国际权力结构已经发生了极大的变化,这种变化并未得到安理会权利的确认,因此成为安理会改革的外部推动力量。

第一,第二次世界大战战败国家德国、日本在百孔千疮的废墟上发展成为新兴的世界经济大国,成为国际舞台上的重要力量,已不满足于自己

---

① 《威胁、挑战和改革高级别小组的报告》第43段。

在国际事务中的政治地位。为摆脱与其国际经济地位不相称的国际政治地位，两国企盼跻身安理会常任理事国行列，增强在国际事务中的话语权，以确立在世界格局中政治大国的地位。为此，德、日两国采取了种种措施，包括修订国内法律，摒除在派军队参加联合国维和行动等方面的法律障碍，加大对联合国维和行动、人道主义援助等方面的投资，等等，为实现目标铺垫道路，毫不讳言其欲成为常任理事国的迫切心态。

第二，一些中等发达国家在财力、物力和人力方面为联合国作出了重大贡献，像意大利、加拿大、澳大利亚及北欧等国，它们在交纳会费、维持和平费用及自愿捐助方面都名列前茅。它们认为安理会的构成和决策缺乏民主和透明，它们对联合国的贡献和对决策的参与不成正比，因此要求改革安理会。

第三，印度、巴基斯坦、印度尼西亚、尼日利亚、埃及、巴西等发展中大国在世界多极化趋势下，其国力与国际地位进一步提高。这些国家不仅在区域性事务中发挥着举足轻重的作用，而且在国际政治舞台上较为活跃。他们已不满足于仅作为联合国普通会员国或安理会非常任理事国，也强烈要求调整安理会权力结构，通过改革确立自身世界大国的地位，成为安理会常任理事国。

第四，冷战结束后，一大批中小国家从东西方两大集团的禁锢中解脱出来，虽然这些国家的实力有限，但从数量上看，这些中小国家占联合国会员国绝对多数，而他们在安理会的代表席位却明显偏少，特别是在近20年联合国会员国数目急剧增加的情况下，中小国家进入安理会的机会进一步减少，以马来西亚、哥伦比亚、古巴等广大不结盟国家为主的中小国家对此情况极为不满，强烈要求改变现状，扩大安理会的组成，根据地区公匀分配原则，增加发展中国家在安理会的代表席位，加大参与决策的机会。

第五，民间社会和非政府组织也是推动安理会改革的重要力量。二十世纪下半叶以来，国家关系中的非国家行为体剧增，对国际事务的影响力越来越大，极大地改造了国际政治和国际法。当前，非政府组织对联合国的影响不断扩大，它们也积极参与到安理会的改革之中，例如，它们成立了关于安理会改革的小组，并提出了它们的改革方案，督促安理会更加向非政府组织和民间社会开放，扩大它们的参与。

第二节　决策机制改造的政治与法律问题

一　扩大安理会的组成

随着国际社会成员规模的扩大和国际权力结构的变化，安理会的"组成必须在权力、责任、能力、地域等方面具有广泛的代表性，否则，它的强制行动就很难得到联合国会员国的广泛支持，或者很难得到政治、军事和经济上具有能力和更强能力的会员国的支持。久而久之，安理会的威信必然受损，其维护国际和平与安全的首要职责必然难以有效履行，最终导致集体安全体制失信于国际社会。"① 扩大安理会的成员国，显然，是为了增强安理会的代表性和合法性基础的需要，以此加强安理会决策的民主性和权威性。

从联合国创立开始，作为核心机构的安理会的席位设置、分配等问题，即成为广大会员国关注的焦点。20 世纪 60 年代初，非殖民化进程的深入使联合国成员国从最初的 51 个发展到 112 个，促成了《联合国宪章》的修改和安理会的第一次扩大。1963 年 12 月，联合国大会通过决议，将安理会理事国席位从 11 个扩大到现在的 15 个，在保持原 5 个常任理事国不变的基础上，增加了 4 个非常任理事国席位，同时对宪章第二十三条和第二十七条进行了修正。该决议于 1965年生效，一直维持至今。

应一些发展中国家的要求，联合国大会在 1979 年将安理会改革问题列入议程，随后每届联大都对这一问题进行审议。进入 20 世纪 90 年代后，改革安理会的呼声越来越高，也越来越迫切。1993 年 12 月 3 日，第48 届联大采纳了 48/26 号决议，提出有必要对安理会改革和扩大成员的问题进行讨论，并建立了一个专门负责安理会扩大及相关改革事宜的工作小组（Open-Ended Working Group），该小组汇总了各国对安理会改革的意见和立场，提出了有关安理会改革问题的报告。90 年代以来，已经出现了数十个方案，最新的方案则是《威胁、挑战和改革高级别小组的报告》提出的 A、B 两个方案和德国、日本、印度、巴西提出的"四国方案"。

---

① 曾令良：《论伊拉克战争的合法性问题与国际法的困惑》，《珞珈法学论坛》（第四卷），武汉大学出版社 2005 年版，第 237 页。

由于各种资料对此已经有大量论述，本文在此不再赘言。

目前，安理会的扩大问题集中在几个方面：第一，安理会该扩容至多大规模？第二，是否应该新增加常任理事国？第三，如新增加常任理事国，是否应该赋予其否决权？第四，扩大名额该遵循什么原则来分配？由于联合国成员国之间存在很多分歧，迄今为止始终没能出现一个为多数会员国和5大常任理事国接受的方案。

"法是权力的一种特殊秩序或组织。"① 反过来说，法律制度的形成必须通过权力途径来实现。因此，安理会的扩大问题更多的是一个政治问题。常任理事国的席位意味着对一国国际权力地位的确认，扩大常任理事国是国际权力的再划分。改革安理会"会牵动各国（特别是大国）在国际权力平衡与分配方面的每一根神经，在这方面的任何改动，都将意味着对国际权力结构的改造"。② 所以，国际社会的各种政治力量为此展开了激烈斗争。事实证明，国际社会各种矛盾的存在使安理会的扩大很难达成一致意见，形成为各方所接受的扩大方案还需时日。

当前，国际社会对于扩大安理会的原则应该说基本上达成了共识。③但是，依此原则进行改革，在当前的国际现实下，其可行性及其给联合国集体安全体系决策机制带来的法律后果却是值得分析的：

首先，合法性与资源募集之间存在着矛盾。在联合国的会员国中，发展中国家在数量上占据着优势，加强合法性就应该更多地吸纳发展中国家成为安理会常任理事国。但是，联合国的资源募集主要来自于发达国家，日本是联合国第二大捐献国，占全部经费的22%；德国负担的份额则是8.662%，超过了现任常任理事国中、英、法。一旦德国、日本不能成为新任常任理事国，它们恐怕会削减所承担的份额，这将使本已捉襟见肘的

---

① ［奥］凯尔森：《法与国家的一般理论》，中国大百科全书出版社1996年版，第132页。

② 梁西：《联合国——奔向21世纪》，《中国国际法年刊》，中国对外翻译公司出版社1996年版，第90页。

③ 《威胁、挑战和改革高级别小组的报告》对此总结如下：（1）改革应遵循《联合国宪章》第23条，让那些在财务、军事和外交方面——具体而言，在联合国分摊预算的缴费、参加已获授权和平行动、赞助联合国在安全和发展领域开展的自愿活动和支持联合国的目标和任务规定的外交活动等方面——对联合国贡献最大的国家，更多地参与决策；（2）改革应让更能代表广大会员国，特别是代表发展中国家的国家，参加决策进程；（3）改革不应损害安全理事会的效力；（4）改革应加强安理会的民主性和责任性。

联合国财政问题雪上加霜，而日本已经发出这种威胁。①

其次，民主性与提高效率之间存在着矛盾。安理会的效率问题一直受到国际社会的批评，其原因在于5大常任理事国难以取得一致。提高安理会的效率，促进集体安全行动的及时性，是改革的一个重要目标。但安理会的扩大未必能够促进这个目标的实现，决策过程中更多利益分歧甚至可能会降低效率。所以，"安理会的民主化固然可以更有力地限制西方为其目的利用安理会，但更有可能的是，安理会的民主化仍不能消除安理会陷入僵局的可能。因为简单的常识是，参与决策的成员越多，取得一致的机会越少"。②

二　限制常任理事国的否决权

否决权制度规定在《联合国宪章》的第二十七条：（1）安理会关于实质性问题③的表决，应以15个理事国中至少9个理事国的可决票通过，其中必须包括5个常任理事国的同意票在内。就是说只要有一个常任理事国投了反对票，议案就会被否决。这就是所谓的"大国否决权"，也叫"五大国一致原则"。（2）程序性问题只需15个理事国中不少于9个理事国的可决票即可通过，但是何为程序性问题，仍需适用"五大国一致原则"，是为"双重否决权"。（3）非常任理事国可以行使"集体否决权"，若有7个非常任理事国反对，则赞成票无法达到9票，议案无法通过。（4）实践中已经形成一项习惯性规则：常任理事国的弃权票不产生否决效果。④

大国否决权在产生之初就受到了抨击，在旧金山制宪会议上大多数中小国家认为："否决权实质上等于把整个世界交给一个大国集团称霸。"⑤

---

① 《日外相威胁"入常"如失败或将削减联合国会费》（http：//www.huaxia.com/xw/gj/2005/00347960.html）。

② 高风：《冷战后区域安全机制的发展》，《中国国际法年刊》（1999），法律出版社2002年版，第292页。

③ 所谓的"实质性问题"是指安理会为维持国际和平与安全的重大事项，如国际争端的和平解决、武力制裁及非武力制裁、断定对和平的威胁，等等，此外，建议大会接纳新会员国、中止会员国的权利、开除会员国、向大会推荐秘书长人选等问题，也须适用大国否决权来决定。

④ 参见梁西《国际困境：联合国安理会的改革问题——从日、德、印、巴当常任理事国说起》，《法学评论》2005年第1期。

⑤ 赵理海：《当代国际法问题》，中国法制出版社1992年版，第321页。

但后来不得不屈从于大国的压力而妥协。显然，大国否决权是违背现代国际法的主权平等原则的。自联合国成立以来，否决权一直备受指责，而事实也证明，否决权在实践中出现了诸多的问题：（1）大国滥用否决权使安理会决策效率低下，阻碍安理会的行动；（2）否决权使安理会的决策失去公正性，大国根据与自己的远近亲疏关系，对不同国家适用不同的否决权标准。① 历史经验已经证明，"宪章第三十九条所规定的强制行动是不能以常任理事国或某一常任理事国所保护的国家为对象的"。②

基于以上原因，国际社会要求改革甚至取消否决权的呼声，一直没有停止过，大国否决权也因此成为修改《联合国宪章》的一个核心问题。但是，对于否决权，我们必须有一个清醒的认识，并采取辩证的态度去对待：

首先，否决权有利于国际社会采取共同行动。联合国是吸取国际联盟的教训而建立的一种新型体制，国际联盟的一个致命缺陷是，对行政院的实质性问题均需"全体一致通过"，即每个会员国都享有否决权，致使许多延缓和制止战争的议案无法通过，对第二次世界大战的爆发束手无策。今天，联合国的会员国已经发展到190多个，各国基于政治制度、经济体制、文化传统、司法制度的差异，很难在国际问题上达成共识。如果废除否决权，要求每一个议案都必须全体一致或多数通过，将很难达成一致，有使联合国重蹈国联覆辙的危险。

其次，否决权是阻击霸权行径的有力武器。"否决权制度是一种少数可以抵制多数或阻止多数的权利"，③ "使处于少数地位的国家保护自己的利益不受多数的侵犯"。④ 在西方国家主导联合国的现实情况下，从1945年到1987年，苏联行使114次否决权，中国行使4次否决权，使美、英、法主张的许多损害社会主义国家和第三世界利益的决议无法通过。时至今日，否决权对于一些大国和超级大国仍然是一个合法的、有效的制约和牵

---

① 如美国1982年否决了阿拉伯国家提出的要求取消以色列吞并叙利亚领土戈兰高地的议案，以至于戈兰高地问题至今仍悬而未决。苏联也于1980年两次否决了不结盟国家提出的要求越南从柬埔寨撤军的提案。

② ［美］汉斯·凯尔森著，王铁崖译：《国际法原理》，华夏出版社1989年版，第38页。

③ 梁西：《国际困境：联合国安理会的改革问题——从日、德、印、巴当常任理事国说起》，《法学评论》2005年第1期。

④ 赵理海：《当代国际法问题》，中国法制出版社1992年版，第320页。

制。在伊拉克战争问题上，富有戏剧性的是，美国当年积极倡导的大国否决权今天却成了它自己独霸世界的绊脚石，法国决意用大国否决权阻止美英对伊拉克动武，俄、中也都相继发表声明，它们不能在安理会对美国提交的对伊动武的提案投赞成票。虽然联合国未能制止美英对伊动武，但这场战争的性质被认为是非正义的、非法的。

在当前的国际关系中，"国际法的主要目的在于建立一个与其说是合乎正义的，不如说是有秩序的国际关系体系"。① 在人类发展的现阶段，我们还没有社会基础建立一个能够完全摆脱"国家利益"的联合国。② 在当前的国际关系中，大国居于主导地位是现实，国际关系民主化还有相当长的路程要走。联合国的改革，"必须把力量同原则结合起来，无视力量基本现实的建议，都注定要失败或没有实际意义"。③ 承认大国在国际组织中一定范围、一定程度的特权，是对现实的尊重，更有利于国际秩序的维护。在这个意义上来说，否决权是保护集体安全制度的"一种安全装置（a safety device），以防止联合国在政治上作出武力实现的承诺"。④ 是维护联合国的完整性和普遍性，保障集体安全体制的警报器。否决权被行使，即标志着大国在某一具体问题上出现了不和，应谨慎从事，不可任意蛮干。不启动这一安全装置，那才是十分危险的事情。⑤

在当前的联合国体制中，取消否决权实际上是不可能的。根据《联合国宪章》第一百零八至一百一十条的规定，安理会常任理事国对于《联合国宪章》及其修正案的生效均有否决权，"其法律效果是：如果某常任理事国有意坚持和维护否决权制度，则在《宪章》未规定否决权时，或者在《宪章》生效后否决权条款遭到该国不愿意接受的修正案时，该国都可以用否决权来抵制或阻止这种可能得到多数组成的方案成为现实"。⑥ 简单地说，任何关于否决权的改革都会被当前的否决权所否决。

<hr />

① ［英］斯塔克：《国际法导论》，法律出版社1977年版，第7页。

② 梁西：《国际困境：联合国安理会的改革问题——从日、德、印、巴当常任理事国说起》，《法学评论》2005年第1期。

③ 《威胁、挑战和改革高级别小组的报告》第四部分提要。

④ Larry Leonand, International Law, New York：McGraw—Hill, Inc., 1951, p. 208.

⑤ 刘大群：《论联合国安理会的表决程序》，《法学研究》1993年第2期。

⑥ 梁西：《国际困境：联合国安理会的改革问题——从日、德、印、巴当常任理事国说起》，《法学评论》2005年第1期。

而这是当前最为可能发生的事情，大国出于对既得利益的保护，绝不会轻言放弃否决权。

总之，安理会的否决权是一个既无法取消，又必须加以合理限制的两难问题。"在可以预见的将来，我们必须与否决权相伴。仅仅认为通过修改《联合国宪章》就能够取消否决权，那无疑是痴人说梦。"① 在未来相当长的一段时期内，对否决权的改革只可能出现微调，而从以下几个方面对否决权实行改革是有可能的：

第一，完善否决权机制。（1）程序性问题和实质性问题的概念很模糊，虽然《四国声明》对此作了列举，但实践中很难区分。当区分发生争执时，依据《四国声明》安理会将对事项的性质作出决议，这使5大国拥有"双重否决权"。联合国改革应就实质性问题和程序性问题作出明确的解释，限制"双重否决权"。（2）应落实第二十七（3）条"但书"争端当事国不得投票的规定。该"但书"的目的是借助这一条款避免成为争端当事国的常任理事国任意行使否决权，阻止安理会依第六章和平解决争端的程序作出决议。② 但是，第六章不仅适用于争端，也适用于可能引发争端的"情势"。因此，在适用"但书"时，安理会的常任理事国常常主张：安理会所讨论的问题仅仅是情势，而不是争端，相关理事国并无不得投票的法律义务。③ 解决这一问题的关键是对"争端"和"情势"概念作出明确的区分。④

第二，限制否决权的使用。（1）规定在人类社会已经公认的一些国

---

① Sydney D. Bailey, Voting in the Security Council, Indiana University Press, 1971, pp. 101—102.

② Frederic L. Kirgis. Jr., The Security Council's First Fifty Years, American Journal of International Law. Vol. 89, 1995, p. 508.

③ Bowett. D. V., The Law of International Institutions, London, Stevens and Sons, Ltd., Forth Edition, 1982, p. 33.

④ 一般来说，争端比情势严重，情势有可能恶化为争端。换而言之，情势的范围比争端要广，有争端必有情势，但有情势不一定有争端。只有争端中有争端当事国，而情势中却没有。See Nikolai K. Tarassov, Introduction to Peaceful Settlement of Disputes, in Mohammed Bedjaoui ed: International Law, Martinus Nijhoff Publishing, 1991, p. 503; Yehuda Z. Blum, Eroding of the UN Charter, Martinus Nijhoff Publishing, 1993, p. 200. 国际法院在 1985 年的突尼斯诉利比亚大陆架案中指出："根据法院的意见，假如两国政府事实上对法院判决的意义和范围持相反的意见，就足以证明争端的存在。" See I. C. J. Reports 1950, pp. 65、74。

际犯罪领域，如侵略罪、灭绝种族罪、危害人类罪、战争罪等，常任理事国不得行使否决权；（2）很多政治家和学者倡导的"2—3 票连缀否决制"是一个很好的建议，但是，该方案事实上是变相削弱了否决权，恐怕不会为常任理事国所接受；（3）新增常任理事国不应赋予否决权，拥有否决权的国家越多，协商一致越困难，安理会的效率将越低。未来的安理会只能是三层结构：拥有否决权的常任理事国——没有否决权的常任理事国——非常任理事国。

三 改进安理会的运作机制

《联合国宪章》及安理会于 1946 年制定的《暂行规则》对安理会工作程序均有明确规定，但除上述规定外，安理会在工作中还遵循另一套不成文规定，即由 5 个常任理事国参加的"五国机制"及由全体成员国参加的非正式磋商机制。事实上这些所谓非正式程序才是安理会决策过程中的核心环节，几乎所有安理会重大决定都是在这些非正式程序中形成的。这种开会前的协商以及正式开会后涉及争端的非安理会成员国虽被邀参加讨论却无表决权的情况，颇令一些中小发展中国家不满。取消或改革这种非正式的磋商机制，增加安理会工作的透明度，让一些非安理会成员国、争端当事国及区域性组织具有参与安理会决策的机会，对安理会决策的公正性来说是必要的。因此，改进安理会的工作程序也是安理会改革的焦点之一。

当前，国际社会对改进安理会工作程序的要求主要集中在：对安理会本身而言，增加安理会工作的透明度，取消或限制安理会成员国之间特别是常任理事国之间的事先非正式磋商机制，加强安理会成员国与非成员国之间的磋商，适时改进安理会的议事规则，提高安理会报告的时效和质量；对安理会与外界的关系而言，改善安理会与大会的关系，改进安理会向大会的报告制度，增强大会的监督职能，使双方互相促进；在处理具体问题时，尽可能听取各方特别是当事方以及相关地区国家的意见；鼓励区域组织按照《联合国宪章》承担更多的责任，发挥更积极的作用。[1]

---

① 门洪华：《和平的纬度：联合国集体安全机制研究》，上海人民出版社 2002 年版，第248 页。

四　发挥其他机构的辅助作用

由于安理会的决策主要在幕后达成，其他机构如大会、秘书长、国际法院、区域性国际组织等，与安理会之间缺乏明确的合作机制。虽然安理会是决策的核心，但安理会决议的执行须交由其他联合国机构或相关国家、区域组织来实施。因此，安理会在决策和执行决策的过程中，需要与其他机构协调关系，以确保联合国对国际安全情势的决策及时、公正、有效。

第一，加强大会在决策中的辅助作用。在决策实践中，安理会常常把大会变成一个辩论会，使大会无法在国际安全情势认定中发挥作用。这种分裂性安排导致联合国内可能存在两种不同的意见，即大会的意见和安理会的意见，而且，两者之间没有有机的联系。① 因此，应加强两者的互动，使大会的"建议"在安理会的决策中发挥应有的作用。发挥大会的辅助作用，可以从加强联合国大会的宏观监督入手，使大会在安全理念、安全机制的一般性原则、规范的设立等方面发挥应有的作用，对安理会建立监督机制，弥补集体安全机制无法制裁常任理事国及其利益相关国家违反《联合国宪章》行为的弊端；同时限制否决权的使用，在不削弱安理会维护世界和平与安全的主要责任的前提下，否决权也不应该阻碍两个机构互动的机会。

第二，加强安理会与秘书长工作的协调性。为了维护国际和平与安全，秘书长形成了独立的危机处理机制，其中包括情报网络信息、预防外交渠道、中介谈判机构以及秘书长派驻冲突地区的高级代表。秘书长在调查研究的基础上，对国际安全情势有更大的发言权，安理会的决策应征求秘书长的咨询性意见。基于秘书长在国际争端解决中不断加大的作用，联合国应制定决议文件，进一步发挥秘书长的政治主动作用，也对之进行规范。

第三，发挥其他机构在决策中的作用。集体安全制度扩大适用到非传统安全领域，使经社理事会和新成立的人权理事会参与决策已经成为必要。非政府组织当前已经对国际立法、司法产生越来越大的影响，联合国

① ［美］汉斯·摩根索：《国际纵横策论——争强权，求和平》，上海译文出版社1995年版，第589页。

建立了与非政府组织的联系机制，安理会的决策应征求其咨询性意见。应充分发挥国际法院和国际刑事法院的作用，建立对安理会决策的司法审查制度，安理会在决策中应该咨询法院的意见，加强规则取向，加强决策的合法性、公正性。

第三章

临时办法的改革

"临时办法"（provisional measures）规定在《联合国宪章》第七章第四十条，但只是抽象性的规定，宪章及联合国的其他法律文件都没有相关的具体细则，因而留下了很多疑问。联合国维持和平行动是在实践中产生的，在性质上可以视为一种临时办法。第一代维和行动形成了一些原则和惯例，却几乎都在第二代维和行动中被打破。[①] 冷战后的维和行动规模越来越大，适用范围越来越广，但是，由于缺乏明确而具体的法律依据，其实施很不规范，并未取得预期的效果，甚至遭受了严重挫折。维持和平行动是联合国的政治行动，但因其涉及成员国的权利和义务，从而又是法律行为。国际安全形势的发展需要对之进行扩大，其中涉及的法律问题也越来越多，实践中形成的惯例已经不足以起到完全的规制作用；而规范化是提高效果的前提，改革应根据国际安全情势的变迁，吸收历次维和行动体现出来的行之有效的原则和规则，以国际公约的形式使之转化为确定的国际协定法。否则，维和行动就只能是"沙滩上的建筑"。[②] 联合国维持和平行动中的法律问题相当广泛，本书在此只对其中若干重大问题进行讨论。

---

① 1948年5月29日联合国大会通过针对第一次阿以战争的第50号决议，派出停战监督组织（UNTSO），是为首次联合国维持和平行动。半个多世纪的时间里，联合国共部署了60多次维和行动。国际问题研究界习惯上以冷战结束为界，将其划分为第一、二代，两代维持和平行动在很多方面迥然不同。但也有学者将世纪之交以来的维和行动划分为第三代。

② William Durch, Building on Sand: UN Peacekeeping in the Western Sahara, International Security, Vol. 17, No. 4, 1993.

第一节　临时办法的理论分析

一　临时办法的法律释义

《联合国宪章》第七章第四十条规定："为防止情势之恶化，安全理事会在依第三十九条规定作成建议或决定办法以前，得促请关系当事国遵守安全理事会认为必要或合宜之临时办法。此项临时办法并不妨碍关系当事国之权利、要求或立场。安全理事会对于不遵守此项临时办法之情形，应予适当注意。"该条的规定即是"临时办法"（provisional measures）。第四十条规定之临时办法，从形式上看，属于第七章的内容；从本质上讲，却不具有强制力，与第七章规定的强制行动不同。但若是将它放在第六章中似乎也欠妥当，因为它是促成和平创造条件的一种临时性措施，与和平解决国际争端行为还是有着一定的区别的。

第四十条的规定很抽象，留下了很多疑问：第一，何谓临时办法？现在人们普遍认为停止敌对行动，从一定地区撤出武装力量等"冷却性"措施即为临时办法。第二，应由谁来采取临时办法？从历次安全理事会通过的决议来看，是由安全理事会提出建议，要求争端当事国自行采取防止争端恶化的临时办法。当然，这只是对实践的简单归纳总结，在现实中仍然有很多的争论。在"联合国某些经费案"中，南非政府向国际法院提交了一份书面声明，主张旧金山会议上所期望的临时办法，仅应指由争端当事国为防止争端或敌对行动发展而采取的措施。[①] 从这份声明可以看出，由于各当事国担心采取诸如撤军（特别是在领土争端中）之类的临时办法会影响自己的权利主张，故大多不愿主动采取行动。这份声明对临时办法的理解和主张会在实质上把安理会对临时办法的处置权排斥在外。

就文本分析，我们可以从第四十条的表述中得出如下结论：

1. 临时办法的适用对象是一般性的国际争端，这类争端尚未恶化为国际冲突，但存在着恶化和蔓延的可能。临时办法的提出和实施，目的是为了"防止情势之恶化"。

2. 临时办法的适用时效是在安理会做出实施强制措施的建议或决议

---

① Cassese, A., ed: UN Peace keeping: Legal essays, Sijthoof and Noodhoof, 1978, p. 20.

之前。由于该类争端尚未恶化到危及国际和平与安全的程度，不足以让安理会采取强制措施，但争端又存在着恶化的可能，安理会因此不得不介入。一旦争端恶化为冲突，安理会就会对其采取强制措施，此时，临时办法即行终止。

3. 临时办法的提议者是安理会，实施则由争端当事国自行执行。从第四十条的措辞"安全理事会对于不遵守此项临时办法之情形，应予适当注意"来看，既然强调"适当注意"，那就有可能要由联合国作为"不偏不倚的第三方"介入，维持现有的和平状态（当然是要有"和平"可以维持），① 因此，临时办法包括当事国自行采取的办法和安全理事会要求当事国采取的办法。第四十条隐含着安理会对于"争端或情势"介入的主动性，将安理会排斥在临时办法之外的主张是错误的。

4. 临时办法的目的不是解决争端，而是控制争端。起到"冷却"、"控制"、"过渡"、"牵制"和"阻滞"的作用（a holding action），② 为促成和平创造条件。质言之，临时办法不可能从根本上解决争端，而仅仅是维持现状。

5. 临时办法在性质上是建议性和命令性的统一。第四十条中"促请"一词的使用，尽管不是命令式的，但也不是一般的建议性，"促请"二字暗示，如临时措施未予遵行，安理会将有可能进一步作出决定，采取强制措施。③ 口气远比建议或呼吁强硬得多，表明安理会具有高于当事各方的权威。一些研究者认为，临时办法有时候是有法律拘束力的。④

二　维持和平行动的临时办法的性质

"维持和平"一词的正式使用，始于 1965 年 2 月联合国大会建立维

---

① Boutros Boutros-Ghali, An Agenda for Peace, New York：United Nations, 1992, p. 11.

② The Blue Helmets, New York：United Nations Department of Public Information, 2nd Edition, August 1990, p. 4.

③ 梁西：《国际组织法（总论）》（修订第五版），武汉大学出版社 2001 年版，第 177 页。

④ 第 40 条中的"促请"是否具有强制性，一些学者认为不能抽象地对此作出回答。在刚果问题上，三个决议被视为有强制性，因为秘书长关于适用宪章第 25 条和第 49 条的总结得到了安全理事会 1960 年 8 月 9 日决议的确认。而第 25 条和第 49 条涉及安全理事会作出对全体会员国产生当然拘束力的"决定"。See Bowett, D. W, The law of International Institutions, London：Stevens and Sons, Ltd. , fourth edition, 1982, p. 40.

持和平行动特别委员会。① 对于其确切含义，学术界和官方迄今未有一致的看法。联合国前秘书长德奎利亚尔指出："维和行动是在国际关系尚未发展到足以使宪章表述的安理会职能充分发挥作用时，所产生的一种控制有较大危害性的地区冲突的方式。"② 其权限介于宪章第六章和平解决争端和第七章对危害和平之处置之间，是填补《联合国宪章》第六章关于调解冲突条款和第七章关于强制行动条款之间空白的"实际办法"。也就是说，当和平解决争端无效而联合国又没有自己的武装部队时，维和部队就提供了一种缓冲作用，暂时防止争端的扩大。

联合国维持和平行动的法律性质到底是什么？《国际法》学界对此一直存在着争议。笔者认为维持和平行动与《联合国宪章》第四十条有很大的相似性，在众多的学说中，"临时办法"说最大限度地反映了维持和平行动的法律性质和特征。

联合国维持和平行动是在实践中产生发展起来的，类型多种多样，与第四十条的规定有着细微的差别，但是，两者在本质上是相同的，都是连接和平解决争端措施与强制措施的中间环节。维持和平行动旨在帮助控制对国际和平与安全构成威胁的那些冲突，与此同时，人们寻求持久的政治解决办法。③ 从这个意义上讲，维持和平行动似乎就成了"反逐步升级的装置"，曾有人形象地把维持和平行动比喻为"警察行动"。当然，联合国不是世界政府，而联合国维和行动也不是超越主权的世界警察。维和行动只是联合国维护国际和平与安全的途径或解决冲突的外在辅助手段之一，其本质是一种缓冲力量（buffer force），其根本目的是使冲突各方更愿意谈判并达成妥协（offer concessions）。④ 因此，可以将维持和平行动视为联合国在实践中发展出来的一种新型临时办法。从这个意义上来说，维持和平行动在法律性质上可以归结为《联合国宪章》第四十条的"临时措施"，冷战期间维持和平行动的实践也体现了这种法律性质。

冷战后，维持和平行动扩大，这种扩大不止是体现在适用范围上，也

---

① 刘恩照：《联合国维持和平行动》，法律出版社1999年版，第6—7页。

② The Blue Helmets: A Review of United Nations Peacekeeping, 2nd Edition, New York: UN Publications, 1990, "Preface".

③ Basic Facts about the United Nations, New York: United Nations Department of Public Information, 1992, p. 30.

④ Paul F. Diehl, The Conditions for Success in Peacekeeping Operations, p. 159.

体现在实施手段上。维持和平行动可否使用强制措施？我们可以通过对二者进行比较分析得出结论。

第一，在实施的前提条件上，安理会的强制措施以对和平的威胁、对和平破坏和侵略行为的存在为前提条件，对于事态的要求以达到某种严重程度为标准；而联合国维和行动并不以上述条件为前提，只要争端当事各方间存在紧张状态，发生或可能发生冲突，联合国即可以根据当事各方的请求而决定实施维和行动。比如，联合国维和行动可以进行预防性部署，而强制措施则不能进行这种部署。

第二，在实施的手段上，维和行动虽然也部署军队并实际存在于对立的交战方之间，但只是以"第三方"的身份进行"劝和"，消除紧张状态，防止武装冲突的再度发生和升级，维和行动所实施的纯属政治和外交手段；而安理会的强制措施则以国际责任为基础，在所"促请"的"必要或合宜之临时办法"得不到当事国的遵守后，安理会有权对违法国家采取强制行动，强制措施是政治、经济、外交、军事等多种手段的结合，是命令，但临时办法主要则是协商和建议。

第三，在实施的目的上，维和行动仅能存在于冲突各方有结束冲突的意愿及存在和平的机会时而实施，以监督和保障争端当事方间的停战及停火协定的遵守为主要目的，观察争端地区的情况，提供情报，防止情势恶化，维和行动大多不具有法律拘束力，不变更争端各方既存的法律或政治状态，因此维和行动的效力是有局限性的；而强制行动是具有法律拘束力的，其终极目的是恢复国际和平与安全。

可见，联合国维和行动与强制措施是依据争端的不同情势而确立的两种不同范畴的行动。1962 年，国际法院对联合国第一支紧急部队和联合国刚果行动发表咨询意见，认为维和行动不属于强制措施。维持和平行动与促成和平的强制行动有本质上的区别，它不是一种独立的解决争端的方法，而是作为一种宪章第四十条所指为促成和平创造条件的"临时办法"，[①] 并于联合国采取强制行动之前予以撤销。"维持和平仅仅是和平解决争端过程中的一个步骤。这不应与解决冲突混为一谈。"[②]

---

① 《联合国纪事》（中文版第 9 卷第 3 期），1992 年 9 月，第 17 页。

② Boutros Boutros-Ghali, Report on the Work of the Organization, New York: United Nations Department of Public Information, September 1993, p. 102.

"维持和平行动本身无法给冲突带来永久解决。"① 除了某些例外，与解决争端相比，维持和平行动更关注于防止发生暴力事件。这类"预防性"行动很有价值，可以为争端的最终解决提供坚实的基础。另一方面，即使不是无所作为，维持和平行动在实效上也不大可能替代争端解决。质言之，维持和平行动治标不治本。因此，不宜将联合国维持和平行动扩展到强制措施。

综上所述，我们可以为联合国维持和平行动确定一个恰当的位置：维持和平行动是为促成和平而创造条件的一种临时措施和辅助手段。② 它是广义上的联合国维持国际和平与安全的"集体办法"的相关与附属部分。全部"集体办法"分布在《联合国宪章》的有关条款中，为联合国从和平解决国际争端到应付侵略行为提供了一整套措施，包括政治、外交、法律办法和区域办法、临时办法，直至强制行动。维持和平行动是联合国依据宪章为维持或恢复国际和平及安全所采取的范围较广的行动的一部分。③ 维和行动在冲突中充当的是"消防队"而不是"执法队"的角色——暂时灭火但无法消灭火源。维和不是目的，只是一种手段，我们不能指望维和行动一家包打天下，也不能将维和混淆于强制和平乃至采取军事行动，应各安其职、各守其责。

第二节　维持和平行动的立法规制

一　建立维持和平行动的法律制度

联合国成立不久，冷战开始，美、苏对抗使联合国集体安全机制陷入瘫痪。面对此起彼伏的地区冲突，和平解决争端难以奏效，而强制措施又难以启动，联合国创造性地实施了一种介于强制措施与和平解决争端之间的中间环节——维持和平行动，将其作为"联合国集体安全机制的替代

---

① Boutros Boutros-Ghali, Empowering the United Nations, winter 1992—93, Foreign A f fairs 90.

② Boutros Boutros-Ghali, Report on the Work of the Organization, New York: United Nations, 1993, p. 102.

③ Durch, William, J., ed., The Evolution of United Nations Peacekeeping, Washington, D. C., St. Martin's Press, 1993, p. 4.

形式"① 应用到国际争端和冲突的解决之中。

从渊源上看，维持和平行动并无《联合国宪章》的具体规定。为了从理论上解释维持和平行动的依据、性质和作用，联合国前秘书长哈马舍尔德说："维持和平行动应列入新的一章中，即'六章半'（Six a half, or Chapter VLA）。"② 有学者也认为："维持和平行动既超越了和平解决争端的范围，又未构成以集体实力实施的强制行动。这些行动填补了和平解决争端与集体安全措施之间的间隙，故可以称为'六章半程序'。"③ 巴西曾经建议将"六章半"加进宪章里，把维持和平行动放在"争端之和平解决"（第六章）与"预防行动或强制行动"（第七章）之间。④

维持和平行动不仅是政治行动，同时也是涉及相关各方具体权利和义务的法律行为，既然是法律行为，就必须有据以实施的法律依据。"六章半"毕竟在《联合国宪章》中并不存在，将其作为联合国维持和平行动的法律依据是牵强的。所以这一问题一直为国际法学界所关注，大家都在肯定维持和平行动合法性的前提下，在《联合国宪章》内外为其寻找法律依据。归纳起来大致有以下几种观点：

第一，联合国的暗含权力说。根据国际法院在1949年4月11日发表的"关于为联合国服务而受损害的赔偿案的咨询意见"，联合国必须被认为拥有那些对于它履行其义务来讲是必不可少的权力，尽管《联合国宪章》没有对这些权力加以明文规定，但该宪章的必然隐含意义却将这些权力赋予了它。以此推之，由于联合国主要是一个集体安全组织，它有权决定实施维持和平行动。

第二，临时办法说。很多学者认为宪章第四十条即是维持和平行动的法律依据。如中国学者梁西先生主张以宪章第四十条来解释维和行动，依

---

① William Durch, Building on Sand: UN Peacekeeping in the Western Sahara, International Security, Vol. 17, No. 4, 1993, p. 151.

② United Nations Peace-keeping, New York: United Nations Department of Public Information, August 1993, 6; The Blue Helmets, New York: United Nations Department of Public Information, 2nd Edition, August 1990, 5; Boweet, D. W. The Law of International Institutions, London: Stevens and Sons, Ltd., Fourth Edition, 1982, p. 42.

③ Benett A. LeRoy: International Organizations, Principles and Issues, New Jersey: Prentice-Hall, Inc., Englewood Cliffs, 3rd Edition 1984, p. 167.

④ Siekmann, Robert C. R., National Contingents in United Nations Peacekeeping Force, Martinus Nijhoof Publishers, 1991, p. 4.

据第四十条，安理会在根据第三十九条采取强制措施之前，得促请争端当事国遵守一种"临时措施"，以减少敌对，防止情势恶化。维持和平部队的派遣即构成这种临时措施的有机组成部分，可以说它是安理会为执行其职能需要而设立的一种特殊辅助机构。① 国外学者持相同见解的有米勒、索恩、古德里奇、凯沙斯、施瓦岑贝格、博威特和阿库斯特等人。② 联合国机构本身也以宪章第四十条来解释维持和平行动，其出版物明确提出了这种观点。③

第三，具体个案说。一些学者从个案分析着手，研究指出，每一次维持和平行动都有不同的法律依据，经常被援引的有《联合国宪章》第十一、十四、十八、二十二、二十四、二十九、四十、四十一、四十二、四十八、九十九条等。④

第四，混合依据说。有学者认为，联合国维持和平行动的法律依据是混合多样的，除《联合国宪章》外，联合国的相关决议（安理会的决议、大会的决议）、争端当事国之间的双边或多边条约、联合国与争端当事国之间的条约、争端当事的国内法等，都构成了联合国维持和平行动的法律依据。⑤

从上述多种理解可以看出，联合国维持和平行动的法律依据是个复杂的理论问题，维持和平行动没有现成的、明确的法律条文可以援引，只能够从总体上讲，联合国维持和平行动符合《联合国宪章》的宗旨和原则，是依据宪章而产生的，其法律基础来源于宪章赋予联合国的广泛权力，⑥是联合国为了维持国际和平与安全而采取措施的实际需要，同时，也与宪章授予安理会的广泛权力有密切的关系。

然而，联合国维持和平行动虽然能够为国际社会所接受，但是在具体实施的过程中，其组织部署和决策执行还必须有其他作为补充的法律制

---

① 梁西：《国际组织法》，武汉大学出版社 1993 年第 1 版，第 139 页。

② 黄惠康：《论联合国维持和平部队的法律基础》，《中国社会科学》1987 年第 4 期。

③ 《联合国手册》，中文第十版，中国对外翻译出版公司，1988 年第 1 版，第 109 页。

④ 《国际法资料》第 2、3、4、6、7 辑，刘恩照：《关于联合国维持和平部队》（一）、（二）、（三）、（五）、（六），法律出版社；Cassese, A. ed., UN Peacekeeping: Legal Essays, Sijthoof and Noodhoof, 1978, pp. 17—19。

⑤ 盛红生：《联合国维持和平行动法律问题研究》，时事出版社 2006 年版，第 62—68 页。

⑥ The Blue Helmets: Review of United Nations Peacekeeping, 2nd Edition, New York: UN Publications, 1990, p. 5.

度。如果考虑到每次维持和平行动面临不同的具体情况，就更需要具体的法律规则来规范，以便于个案的处理与实施。但是，迄今为止，联合国维和行动只有在实践中发展起来一些习惯性做法，形成了一些惯例（实际上许多惯例后来又被突破），并无一套完整的、严密的理论体系和有约束力的法律规则。正是因为如此，维和行动从一开始就具有明显的不规范性和不确定性，而这就为它后来根据形势变化和实际需要而不断扩展留下了很大的想象空间和可能的余地，造成了维持和平行动在决策与实施中的不规范。

自加利《和平纲领》提出"促成和平"理论后，维持和平行动的性质发生了变化。"促成和平"的本义是"采取行动以《联合国宪章》第六章规定的和平方法促成敌对各方达成协议"，但是，加利提出组建"执行和平部队"（peace enforcement units），在维持和平部队可能无法完成其停火任务的情况下部署。这一措施事实上使"促成和平"走向了"强制和平"，联合国维和行动开始更多地强调使用强制措施：

第一，军事力量在维和行动中得到越来越多的应用。[1] 自20世纪90年代早期始，对有关形势的变化作出大规模军事反应、提供有效的多边军事存在（multi-military prsence）成为第二代维和行动的重要特征。[2] 仅在1990—1995年的数年间，安理会就通过11项决议，授权对伊拉克、索马里、卢旺达、海地、波黑等采取了军事行动。

第二，制裁措施在维和行动中频繁出现。仅在1990—1998年，安理会先后通过12项强制性决议，对伊拉克、南斯拉夫、索马里、利比亚、利比里亚、海地、安哥拉、卢旺达等国实行经济制裁和武器禁运。相比而言，整个冷战时期，安理会仅通过两项制裁决议，即针对南罗得西亚和南非的经济制裁或武器禁运。

第三，强制性司法手段被引入维和行动。自1993年起，安理会援引《联合国宪章》第七章，开始采取司法强制手段干预国际冲突。1993—1994年安理会就授权成立国际审判机构对前南斯拉夫、卢旺达国内的种

---

① Anne-Marie Smith, Advances in Understanding International Peacekeeping, Washington：United States Institute of Peace, 1997, p. 10.

② John Mackinlay and Jarat Chopra, Second Generation Multinational Operations, Washington Quarterly, Vol. 15, No. 3, 1992, pp. 113—131.

族屠杀进行审判。① 司法手段成为"维持和平的后续行动"②。

强制措施进入维持和平行动，突破了冷战期间所形成的原则和惯例。显然，《联合国宪章》第四十条已经不能涵盖所有的维持和平行动，人们常常产生的一个疑问是，维持和平行动的法律性质到底是"临时办法"还是宪章第七章的"执行行动"？第二代维持和平行动之所以产生了许多问题，原因就在于其法律性质的模糊，游荡在传统维持和平行动与强制行动之间的"真空地带"。③ 维持和平行动涵盖"执行行动"，成为包罗万象、无所不能的联合国行动，其结果是导致维持和平行动"万能主义"，盲目夸大了维持和平行动的作用，这是冷战后维持和平行动受到挫折的重要原因。

第二代维和行动从维持和平走向执行和平（peace enforcement），并未取得预期的效果，反而使联合国维和机制面临前所未有的挑战。许多维和行动以传统维和开始，但"在执行过程中走了样，产生了非常恶劣的后果"④。某些维和行动成为大国推行利己政策的工具，有时甚至直接违背《联合国宪章》的宗旨和精神以及国际人道主义原则，损害了联合国的声誉。1993 年，联合国在索马里实施的两次强制和平行动的失败给了维持和平行动以沉重的打击，对强制维和情有独钟的加利秘书长也不得不承认，使用武力维和是再危险不过的事情。

缺乏明确的法律制度进行规制，是联合国维持和平行动盲目扩大、走向困境的原因，规则的缺失必然导致行动的随意。必须在国际法层面上，通过修正《联合国宪章》，将维持和平行动由暗含权力改为明示权力；或者制定专门的条约，对维持和平行动的原则和具体规则作出详细的规定。唯有如此，联合国维持和平行动才有可能得到规范，在正确的轨道上实施，从而使效果得到保证。

---

① 李一文：《蓝盔行动——联合国与国际冲突》，当代世界出版社 1998 年版，第 332 页。

② 盛红生：《联合国维持和平行动法律问题研究》，时事出版社 2006 年版，第 186 页。

③ John Gerard Ruggie：Wandering in the Void-Charting the UN's New Strategic Role, Foreign Affairs, November/December 1993, pp. 26—28.

④ Richard N. Haass, Intervention：The Use of American Military Force in the Post-Cold War World, New York：Brookings Institution Press, 1999, p. 34.

二　规定维持和平行动的职权范围

维持和平行动的适用范围是国际冲突还是国内冲突？联合国是否有权将维持和平行动适用到国内冲突？这一问题涉及维持和平行动的法律权限问题，如果维持和平行动扩大适用到国内，则带来了职权的扩张。

第一代维持和平行动主要是调解国家间的冲突，通常采取两种组织形式：第一，军事观察员特派团，由相对较少的非武装人员组成，任务包括监测停火、核查部队撤退情况、在边界地区或非军事区巡逻等；第二，维和部队，由各国特遣队组成，负责执行的任务与军事观察员的任务大同小异，往往需要充当敌对各方之间的缓冲力量。然而，第二代维和行动的部署范围发生了很大的变化，维和行动越来越多地用于处理一国之内的民族、宗教、内政等冲突。1988—1999 年的 41 次维和行动中仅有 6 次属于传统维和行动，其余均因一国内乱设置，使维和行动从一般性预防外交过渡到以介入国内冲突为主。[①] 相应的，维和行动的职能和任务发生变化，使其从国际冲突的调解人向多角色转变，大致可以划分为三类：（1）协助维持停火协议；（2）全面性解决；（3）人道主义行动。[②]

这种发展变化意味着联合国维持和平行动已经发展成为一种综合性的行动，由军事人员、民警和其他民事人员组成的复杂行动，任务是协助建立政治体制并扩大其基础，与政府、非政府组织和当地公民团体协作，提供紧急援助，使前战斗人员复员和重新融入社会，排雷，组织和落实选举，并促进可持续发展的各种做法。由此，产生了下列疑问：

第一，合法性疑问。联合国受西方"新干涉主义"的影响，以维持和平行动的名义，"干涉世界各国的内部冲突"。[③] 扩大适用到国内冲突使越来越多的国家对联合国维持和平行动的合法性表示质疑。《联合国宪

---

① Alan James, *Peacekeeping in the Post-Cold War Era*, *International Journal*, Vol. 50, No. 2, Spring 1999, pp. 241—265.

② Sally Morphet, UN Peacekeepong and the Election—Monitoring, in Adan Roberts and Benedict Kongsbury eds. United Nations, Divided World, Oxford: Claredon Press, 1993, pp183—239; Ruth Wedswood: The Evolution of United Nations Peacekeeping, Cornell Internaytional Law Journal, Vpl. 28, 1995, pp. 631—643.

③ 新干涉主义认为，国家内部的冲突理所当然涉及国际安全问题，积极的国际干涉是冷战后建立世界秩序的需要，而国家主权对国际行动是"一种政治上的限制"。See Stephen, The New Interventionalist, Foreign Affairs, Vol. 72, No. 1, 1992/1993, pp. 1—16。

章》第二（7）条规定，除为了适用第七章执行行动外，联合国不得"干涉本质上属于任何国家国内管辖之事项"。固然，当一国内部冲突已经"外溢"出国界威胁国际和平与安全时，联合国可以援引宪章有关条款进行干涉。但是，冷战后的维和行动很多针对的是纯粹的一国内部冲突，如前南斯拉夫、索马里、安哥拉等；至于海地更完全是一国内部的政治危机，同样受到由联合国授权的美国军队的干预。由此，联合国维持和平行动发展成为超越宪章的行动，在现行的国际法体制下，其合法性依据是不充足的。为解决这个问题，西方国家提出了人道主义理由，但人道主义原则在《联合国宪章》中没有得到明确，人道主义干涉在国际法的地位也是不明确的，其是否已经构成习惯国际法还存在着很大的疑问。合法性不足使国际社会质疑维和的正当性，这是维和行动受挫的重要原因。

第二，滥用武力。安理会多次针对主权国家的内政问题，授权会员国"采取一切必要措施"进行制裁，这是否有滥用武力之嫌疑？最为典型的是索马里维持和平行动。在美国的操纵下，安理会通过第 814 号和第 837 号决议，授权维和部队必要时"采取一切必要行动"，于是维和部队投入大规模战斗，维持和平行动演化成为内战的一方。武力使用是联合国集体安全制度的核心内容，《联合国宪章》在其第二（4）条作出一般性原则规定的前提下，对于集体安全体制内集体使用武力的例外情形也进行了明确规定，因此安理会应和联合国其他机构一样遵守这些既有的规定。而安理会所采取的强制性执行和平行动，本身即是一种战争或战争威胁，具有很多负面影响，只有在不得已的情况下方可使用。否则，其所引发的问题本身就会对国际和平与安全构成威胁或破坏。

第三，效果得不到保证。维和在数量和规模上急剧扩大，其行动能力难以胜任，导致了许多维持和平行动受到挫折。通观维持和平行动在国内的适用，效果并不如意。在联合国维和部队撤出阿富汗之后，其国内各个派系之间的矛盾依然尖锐复杂，并爆发了残酷的内战。在萨尔瓦多，联合国经过艰苦努力才使各方达成和平协议，但是萨尔瓦多当局却拒绝遣散严重侵犯人权的军人，从而使和平协议的履行重新面临威胁。在柬埔寨，美国和联合国默认红色高棉的合法性，波尔波特因此拒绝参加联合国组织和主持的大选，从一开始就威胁柬埔寨和平协议的执行。在安哥拉执政的"安哥拉人民解放运动"组织在联合国主持的大选上获胜，但是美国多年的盟友"争取安哥拉彻底独立全国联盟"却拒绝接受大选结果，重新挑起内战。

联合国维持和平行动乱象的一个重要原因是因为其职权不明确。第一代维持和平行动形成了同意、中立、非武力三原则，对指导维和行动起到了重要作用。随着冷战后维和行动范围和行动方式的变化，三大基本原则都曾被破坏甚至抛弃，有人为此辩护道，联合国宪章第二（5）条以及第二十五条"成员国同意依宪章规定接受并履行安理会之决议"，构成会员国对同意联合国行动的承诺。[①] 显然这是将联合国维持和平行动混同于安理会的强制措施。正是三大原则的突破使维持和平行动的职权不断地盲目扩张，最终不堪重负陷入困境。

原则的确立对于法律的制定具有指导意义，也有利于法律的实施。维持和平行动是联合国内的行动，也是现代国际法上的行动，其原则的确立应当在联合国的宗旨和国际法的基本原则上去寻找。笔者认为，在确定联合国维和行动的性质为"临时办法"后，应回归第一代维和行动形成的三原则，并将之明确规定为维持和平行动的指导性原则，以此作为建立维持和平行动的法律制度的指导性原则，并界定维和行动的职权。

1. 依据主权原则确立同意原则

主权原则是国际法最为基本的原则，联合国是由主权国家组成的国际组织，其职权来源于成员国的主权让渡，联合国的任何行动都必须以尊重主权为前提。"维持和平的活动都是在一个由主权国家组成的世界中实施的，而国家主权在没有得到该国同意的情况下是不能限制的。干涉国的同意是安全理事会或大会行动合法性的必要的和充分的条件。"[②] 对于维持和平行动，成员国接受或不接受都是其行使主权的表现，联合国必须尊重其选择。

从国家主权原则出发，联合国在向出事地点部署维和行动时，必须以当事国的请求或得到当事国的同意为前提，对于维和部队或军事观察团的使命和规模也需要通过与当事国的协议作出具体安排。多年来的实践表明，维持和平行动只是一种从外部促进和平的因素，争端当事国的和平意愿才是维持和平行动得以成功的基础，脱离当事国的意愿强行维和，难以

---

① D. W. Bowett, United Nations Forces: A Legal Study, London: Stevens & Sons, 1964, Chapter 12.

② ［法］夏尔·卢梭著：《武装冲突法》，张凝译，中国对外翻译出版公司1987年版，第453页。

达到和平的目的。当争端当事国不接受联合国维持和平行动时，联合国应采取其他手段，不得假维和之名实施其他行动。如果将联合国变成为一个超国家的"世界政府"，在维和行动中任意从事超主权的"国际干涉"行为，只会使一般性矛盾扩大化和局部冲突国际化，加剧事态的不稳定性和复杂性，这种现象已经有了前车之鉴。

2. 依据不干涉内政原则确立中立原则

不干涉内政原则不仅是指任何国家（集团）在国际关系中不得以任何理由或方式，直接或间接地干涉其他国家主权范围内的事务，同时也指任何国际组织不得干涉本质上属于各成员国国内管辖的事项。联合国维和行动虽然是由联合国组织实施的，但从法律角度讲，它并不是对当事国任何一方采取的制裁措施，也不是通常意义上的国际干涉，不构成不干涉内政原则的例外。

维和行动的目的不在于变更当事各方既存的法律或政治状态，该性质表明，维和行动必须恪守中立与公正的立场，不能介入冲突或偏袒某一当事方，不能以任何理由或方式直接或间接地干预当事国的主权管辖范围内的事务或卷入当事国内部的政治斗争。由于维持和平行动扩展适用到国内冲突，中立、不干涉内政原则在维和行动中面临着考验。如何把握尺度，既保持中立立场、不侵犯当事国主权或干涉其内政，又有利于国际和平与安全的维护，对于维和行动来讲，确实是一个十分棘手的问题。从完善国际法律规范、维和行动规则和理顺、协调国际关系角度出发，联合国应当认真确立国家"内政"的范围，并加强对维和行动的指导和采取实际性的控制，避免盲目性。

3. 依据禁武原则与和平解决争端原则确立非武力原则

禁止使用武力或武力威胁原则要求在国际关系中和平解决国际争端，适用到维持和平行动上，既要求冲突各方不得对联合国维和人员使用武力，更要求维持和平部队以中立的第三方介入其间，不得成为冲突或交战的一方。对于维和部队与东道国之间的分歧，应该由部队司令或联合国秘书长与之协商解决，或通过外交途径，或采用法律方式，但不能够诉诸武力。

尽管维和行动多是由军事人员参加，并配有武装设施，但它不是适用宪章第四十二条的武力执行行动。联合国前秘书长佩雷斯·德奎利亚尔曾指出，维和行动是"无战斗之敌，无战胜之地，武器用于自卫"的和平解决冲突的行动。可见维和行动是以政治和外交手段促使争端得到解决、实现和平的方法，而不是以武力方式来"制造和平"的行动。因此，应将强制和平行动从维持和平行动中剥离出去，明确规定除自卫外，维和部队不得使用武力。

总结历史，不难发现，在以往的维和行动当中，能够取得积极的、成功效果的，首先是那些奉行了传统指导原则，认真遵守联合国授权，并坚持不偏不倚的中立立场、公正而不干涉地调解争端的行动。相反，一旦背弃了基本原则，事态只能向相反的方向发展，维和行动的使命则难以实现，甚至走向背离各国人民愿望的歧路。美国在索马里、波黑和卢旺达的冲突中一意孤行，招惹了不少麻烦，最终联合国"代人受过"，替美国收拾残局，不仅自身陷入极为被动的境地，而且使维和行动的形象和信誉蒙受严重损害。

在确立原则之后，维持和平行动的职权可以得到相应解决。事实上，正是第二代维和行动突破了第一代维和行动在实践中形成的三原则，才造成了维和行动职权的盲目扩张，加利曾对此不无忧虑地指出：维和行动已将联合国的活动和职责扩展到了一个"无法想象的范围"。在回归传统维和三项原则后，该问题也就迎刃而解：

第一，维持和平行动无论国际冲突和国内冲突皆可适用。在国内冲突中，只要东道国邀请或冲突各方同意，联合国维持和平行动即可部署实施。而且安理会可以行使促请权，或秘书长开展外交活动，要求当事国（方）接受维持和平行动作为"临时办法"进入冲突地区。

第二，除强制措施外的一切和平行动都可适用维持和平行动。在联合国官方网站上，联合国为维护国际和平与安全所开展的活动主要有 5 种类型：防止冲突；促成和平；维持和平；强制执行；建设和平。通过联合运用或同时运用，这些不同种类的维和手段得以有效实施。[1] 在三项原则确立之后，"强制执行"自然被排除，其余领域皆可以成为维持和平行动的职权范围。尤其是"建设和平"应构成维和行动的重要内容。[2]

---

[1]　http://www.un.org/chinese/peace/issue/.

[2]　2005 年 12 月 20 日，联合国大会和安全理事会同时通过决议，成立联合国建设和平委员会。建设和平委员会将帮助各国从战争过渡到和平，就恢复工作提出咨询意见，并重点关注重建和体制建设。2006 年 6 月 23 日，建设和平委员会举行组建会议，联合国第一个建设和平机制开始投入运作。

三　明确维持和平行动的管辖权

1. 维持和平行动的决策权问题

维持和平行动的决策权应归属于联合国的哪个机构？从维持和平行动的历史看，除两次是由大会决定而采取的之外，其余均是由安理会作出的。安理会决策维持和平行动作为定式已经为国际社会所承认和接受，这个问题似乎已经得到解决。但维持和平行动并不是宪章规定的行动，决策权的归属仍然是一个在法律上没有明确的问题。

从理论上看，《联合国宪章》规定："各会员国将维持国际和平及安全之主要责任授予安理会。"安理会享有联合国维持和平行动的决策权是理所当然，因此，联合国大会采取的两次维持和平行动，即根据 1950 年联合国大会"联合维持和平决议"［Resolution on Uniting for Peace, GA Resol. 377（V）］，1950 年第一届紧急特别联大第 100（ES－1）决议建立的"联合国紧急部队"，1962 年联大通过 1752（XVII）号决议建立"联合国西伊里安安全部队"，引起了极大的争议。不少人认为这是僭越安理会权力的"违宪"行为。苏联即一直认为大会破坏了安理会的专属权力，苏联没有义务为此承担费用，并为此诉诸国际法院。

国际法院在 1962 年的"本组织经费案"中指出，这两支部队并非采取强制行动，因此它们虽然未遵照第四十三条规定的程序，但仍然是有效的。[1] 国际法院认为，安理会在维持国际和平与安全方面负有"主要"（primary）而非"专属"（exclusive）责任。安理会的权力并不妨碍大会依照第十条、第十四条提出"建议"，在这种情况下，不适用第十一（2）条对大会权力进行限制。根据国际法院的意见，第三十九条赋予安理会的专属权力仅仅是针对强制措施而言的，安理会采取的"行动"单指"强制行动"，其实质是对某个国家采取的制裁性行动。在国际法院看来，"联合国紧急部队"不是这类行动，而是依照第十四条采取的"和平调整办法"。[2]

以此推之，联合国维持和平行动不是安理会的强制行动，大会亦享有

---

① 梁西：《现代国际组织》，武汉大学出版社 1984 年版，第 161 页。

② 《联合国宪章》第十四条规定："大会对于其所认为足以妨害国际间公共福利或友好关系之任何情势，不论其起源如何，包括由违反本宪章所载联合国之宗旨及原则而起之情势，得建议和平调整办法。"

同样的权力决策实施。国际法院的意见使维持和平行动决策权的归属问题产生了两种对立的意见：一种认为大会拥有决策权为非法，是用不同于宪章第一百零九条的方式修改宪章，其性质与宪章起草者的设想迥然不同了。① 另一种则认为合法，维持和平部队可视为大会的辅助机构，这是从宪章第十条规定大会拥有的广泛权力以及依第十一条规定大会在维持国际和平与安全方面的剩余（residual）责任中派生出来的，② 对于维持和平行动，大会和安理会的管辖权只能依据联合国组织尽力维持和平的一般义务（第一条第 1 款）行使，③ 而不是适用宪章第三十九条。

可见，对于联合国维持和平行动的决策权适用宪章的哪些条款，争议很大。虽然安理会决策了绝大部分的维持和平行动，但维持和平行动的决策权在法律规定上并不清晰。

2. 维持和平行动的指挥权问题

联合国维持和平行动的指挥权归于哪个机构？由于没有明确的法律依据，联合国维持和平行动特别是维持和平部队的指挥权是一个悬而未决的问题。虽然很多人主张由安理会通过参谋团来指挥，但维持和平行动是《联合国宪章》之外的行动，维持和平部队不是第四十三条所规定的"联合国军"，第四十七条也并不能适用于维和行动。在第一代维和行动中，惯例做法是由秘书长行使指挥权，维持和平部队的司令、军事观察团的首席军事观察员或参谋长，在征得安理会同意后也由秘书长任命。但在第二代维和行动中，五大常任理事国先后派出部队参与维和，秘书长行使指挥权的惯例被打破。联合国也采取授权的形式，意图借助大国力量实施维和行动，其结果是大国垄断了指挥权，操纵维和行动。

在索马里维持和平行动中，美军开始仅将在新几内亚的一支小型空中运输部队交给联合国指挥，后来也只是将地面后勤部队交给联合国指挥机构，而作战部队仍然由美国直接掌握。美国一直把控制联合国军事干涉行动的指挥权作为其联合国政策的组成部分，1994 年克林顿政府提出的《改革多国和平行动的政策》指出："在维持和平行动中美国的作用越大，

---

① ［美］汉斯·凯尔逊：《联合国法的新趋势》，英文版，1951 年，第 150 页。转引自《中国国际法年刊》1985 年，第 47 页。

② N. Sybesma Knol, UN Peace-keeping：Why Not? Netherlands International Law Review, 1988, Vol. XXXV, Issue3, p. 324.

③ ［奥］菲德罗斯等著：《国际法》，李浩培译，商务印书馆 1981 年版，第 768 页。

美国绝不可能同意让一位联合国指挥官来全面指挥美国军队的行动。"美国这种政策为西方大国所仿效，法国在卢旺达部署人道主义行动的"绿松石"部队，北约在波黑的维持和平行动，都坚持保留对自己部队的指挥权。

联合国维持和平行动指挥权的旁落，给维持和平行动的合法性和有效性带来很大的折扣。从政治上看，维持和平行动可能由此演变成为以联合国名义进行的大国干涉甚至入侵，至少给维持和平行动贴上了大国利益的标签，使联合国的声誉受到损害；从效果上看，指挥权的不统一使维和行动难以奏效，各国维和部队在行动中不协调便是由此带来的痼疾。索马里行动失败后，加利秘书长也不得不承认，授权一些国家执行维和使命，"可能会给联合国的地位和信誉带来负面影响，同时也存在这些国家超越联合国授权而擅自行动的危险"①。

与指挥权相关的是对具体维和行动的实施问题，指挥权的旁落使联合国无法对维持和平行动做出具体的操作规范，维和行动因此无章可依。从维持部队的人员构成、装备规模、适用范围、后勤保障、情报来源到指挥通信系统，各个方面都陷于混乱状态，由各成员国派出的军事人员组成的联合国维持和平部队在一种松散、不统一的条件下进入冲突地区，显然难以保证维和的效果。

3. 规制维持和平行动管辖权的构想

对于联合国维和行动实施的决策权问题，在当前的《联合国宪章》下，应该说当前的两种对立的观点都能够找到理论依据，双方分歧的焦点是对联合国维持和平行动的法律性质认识不同，因而适用了不同的宪章条款对维和的管辖权进行了解释。笔者认为，在维和行动实施的决策权问题上，到底由哪一个机构来行使并不是一个根本性问题，根本的问题在于所采取的行动是否符合《联合国宪章》的精神，是否遵守三项基本原则，是否有明确的行动任务、目的和健全的指挥机构。笔者认为，比较合理的方式应当是安理会和大会皆可行使决定权，这种方式并不矛盾，也不违背宪章的宗旨和规范，关键是两个机构对争端事态都应有切实的把握，并且相互之间能加强磋商、沟通和合作，对所作出的决定能相互尊重。据此，笔者对于完善维和行动的决策权有如下认识：

---

① 钱文荣：《〈联合国宪章〉和国家主权问题》，《世界经济与政治》1995 年第 8 期。

第一，出于对安理会负有维持国际和平及安全之主要责任的尊重，也出于尊重安理会决策了绝大部分维持和平行动的历史事实，将维持和平行动的主要决定权授予安理会，是有充分的法律依据的，也是能够为人所接受的。在一般情况下，应由安理会作出实施维持和平行动的决定。

第二，出于对安理会现状之考虑，也出于对维持和平行动的性质考虑，应授予联合国大会辅助性决定权。此即剥夺安理会在维持和平行动决策权中的专属权力。理由有二：一、安理会运作的历史证明，凡涉及大国利益的地方，安理会即难以做出决定，甚至会陷入瘫痪，将安理会的运作模式全盘移入维持和平行动，将会使维和行动重蹈历史的覆辙。二、维持和平行动是在实践中产生的联合国维护国际和平与安全的一种新型模式，加利曾指出，维和行动是"联合国的一项创新"，并不是宪章第七章的强制行动，无须适用第三十九条。因此，在安理会无法做出决定的时候，大会可以行使做出维持和平行动的决定权，以作为安理会"缺位"的补充。很多学者认为，大会决定的两次维和行动只是在特殊的历史条件下的权宜之计，但事实却证明，这种权宜之计是行之有效的，能够发挥重大作用。

第三，既然我们已经确立了维和行动是根据当事国的请求或当事国的同意而采取的非强制性行动的性质，那么当事国的请求权中也应当包括当事国对于维和行动的决定机构的选择权，当事国应当可以自主地选择由大会或是安理会来参与协调和处理争端问题。当事国对于维和行动的决定机构的选择权，也是国家主权与平等原则的体现，至于选择谁，主要取决于当事国对于联合国哪一机构的信任，不应勉为其难，这才真正体现出国际合作精神。

在指挥权问题上，笔者认为，应明确规定维和行动中的指挥权归于联合国秘书长。原因在于：第一，联合国秘书长及其派出的代表和调查团在解决国际争端方面，可以实施一系列有效的和平外交手段，包括对争端当事国进行访问、斡旋和调停有关争端，或对争端事实进行调查等，这些手段本身是与维和行动的职能相统一的；第二，秘书长及其办事人员的职责具有"专属国际性"，可以排除意识形态和国家个体利益方面许多因素的干扰，更能体现维和行动公正、中立的原则。将联合国维和行动的指挥和控制权交由秘书长行使，更能得到国际社会的认可。

秘书长行使维和行动的指挥权已经形成惯例，这一点已经得到了理论界的认可。联合国秘书长对于维持和平行动的指挥权应包括以下几个主要方面：一、建议建立联合国维持和平部队；二、在安理会和大会授权下统率维和部队；三、负责维持和平行动的具体实施。

多年来，秘书长对于联合国维持和平行动发挥了重要作用，进一步完善秘书长的指挥权是很有必要的。首先，由于军事存在已经成为维持和平行动的重要特征，专业化指挥至关重要。加利就任秘书长后，设立了"维持和平行动事务部"，如果把军事参谋团与之结合起来，协助安理会和秘书长做出决策，将有助于加强对维持和平行动的管理、指挥和控制，提高工作效率。[①] 其次，设立专职的负责国际和平与安全的副秘书长至为必要。其三，应对秘书长的指挥方式作出明确的规定，要求秘书长在行动之前拟定详细的计划，行动开始后协调各方关系，并向大会和安理会做出报告。

四　建立资源募集的常规性法律制度

按照联合国组织内部的惯例，资源（resources）一词包括人力、物力和财力三者。[②] 由于联合国本身没有军队和装备，所需一切资源均需由各会员国承担。因此，联合国维持和平行动的资源问题涉及会员国的具体权利和义务，超越了资源问题本身而成为一个重要的法律问题。

财力问题是资源中最为严重的问题。通常的做法是，安理会在表决决定建立维持和平行动的同时，也决定如何解决该项行动的经费，将其确定为义务性的，由大会决定如何在各国之间分摊。在"联合国紧急部队"和刚果行动经费争端之前，有一条普遍接受的原则，即一旦确定了分摊比例，支付预算经费就成为一项法定义务。冷战后，维持和平行动频度增加、规模扩大，耗资巨大且呈现出不断增长的势头，为解决此问题，秘书长德奎利亚尔在第46届联合国大会，秘书长加利在《和平纲领》报告中都提出了多项解决的相应措施，但都未能从根本上解决经费问题。长期以来拖欠联合国会费的现象十分严重，美国不但是最大的欠款国家，而且要求大幅度削减所承担的维和费用。经费问题严重制约着维持和平行动的发展，一些人甚至担心维和行动会因此戛然而止。当前，由于欠款严重，联

---

①　盛红生：《联合国维持和平行动法律问题研究》，时事出版社 2006 年版，第 206 页。

②　参见《联合国翻译论文集》，中国对外翻译出版公司 1993 年版，第 40 页。

合国只好延期付给出兵国家应得的款项，现在一般的做法是出兵国家接到任务后，先垫付所需费用，待到任务结束之后才能够收到联合国拨来的款项，给维和国家造成了不合理的负担，影响了会员国参加维持和平行动的积极性。

联合国维持和平行动费用问题当然有着大量的政治原因，但其中也有着法律原因存在。联合国会员国在经费问题上的分歧，在法律上主要集中在对宪章第十七条的不同解释。其中包括如何理解"本组织之经费"，如何理解大会的预算权，如何理解会员国的财政义务，与此相联系的是宪章第十九条的适用问题。

联合国会员为拖欠会费而提出辩解的理由主要集中在一点上，即他们反对联合国的一些"特别活动"，包括1956年建立的"联合国紧急部队"、最近几年开展的维持和平行动以及一些经常预算项下的项目。[①]历史上出现过会员国拒绝缴纳经费并诉诸国际法院的情况。在建立中东和刚果的联合国维持和平部队时，联合国大会决定了各会员国有负担部队经费的义务。但是后来，这两支部队实际上是从单独的特别预算中支取经费的。对此，一些会员国争辩说，由于这些部队的经费和联合国的经费完全不同，会员国没有负担部队经费的义务。另一些会员国则认为这些部队的建立是非法的，故各会员国没有缴纳这笔经费的义务。[②]1961年12月20日，联合国大会要求国际法院就它所核准的有关联合国刚果行动的开支和联合国中东紧急部队执行任务的开支，是否构成《联合国宪章》第十七（2）条意义范围内的"本组织之经费"问题提出意见。该项条款规定："本组织之经费应由各会员国依照大会分配限额担负之。"1962年7月20日，国际法院以9票对5票的表决结果对这

---

① Image & Reality, New York: United Nations Department of Pulic Information, November 1993, p. 80.

② 在经费问题上，会员国具体从以下几个方面提出了异议：苏联、法国和另外一些国家拒绝缴纳"联合国紧急部队"或"联合国刚果行动"的费用，理由是只有安全理事会才有权采取维持和平行动，而大会行使了宪章未赋予的权力。苏联还宣称维持和平费用应由侵略者（1956年中东危机中的法国、英国、以色列和刚果事件中的比利时）负担。埃及声称自己是侵略行为的受害者，也反对缴款，一些拉丁美洲国家认为大会固然有权决定如何分摊这类款项，但应按照特别比例来分摊：维持和平经费的大部分由安全理事会常任理事国负担，其余部分由支付能力较弱的国家承担。See Benett A. LeRoy, International Organizations, Principles and Issues, New Jersey: Prentice-Hall, Inc., Englewood Cliffs, 3rd Edition, 1984, pp. 91—92。

个问题作了肯定的答复。① 但对第十九条的适用问题，法院认为，由于维持和平行动与国际政治关系密切，在尚未就维持和平行动的指导原则达成一致意见之前，各会员国有权就某项具体的维持和平部队是否符合联合国宗旨和原则的问题作出独立的判断，并通过正式的途径来表明自己的立场。对自始就对某支部队原则上持反对立场并明示不承担财政义务的会员国，则不适用第十九条。实际上，1965 年 9 月联合国大会通过了一项建议，称《联合国宪章》第十九条关于丧失投票权的规定，将不适用于联合国在中东和刚果的和平行动经费问题。1981 年 12 月 10 日，联合国大会通过中国支付有关维持和平行动的摊款的决议时，也是按照这一原则行事的。②

　　从关于经费问题的争论中我们可以看出，它早已超越原先的范围，从而对联合国维持和平行动的合法性以及秘书长在联合国刚果行动中是否有越权行为提出了质疑。换言之，此案实际上是一些会员国通过经费问题而要求对联合国维持和平行动进行一次全面的"合宪审查"。③ 联合国要解决维持和平行动的经费问题，除了要在政治上加强与会员国的磋商以外，在法律上也必须采取措施解决，最好建立一项普遍性的国际公约或谅解备

---

　　① 法院指出：任何组织的经费都是为达成本组织的宗旨——在本案的情况下，是为了达成联合国在政治、经济、社会、人类福利和其他方面的宗旨——所需费用而支出的款项的总和。或者，简而言之，一个组织的"经费"就是在它的预算中规定了的开支；没有理由在宪章第 17（1）条的"预算"一词前加上任何限制性的用语。从字面上看，"本组织之经费"意味着所有的经费，而不仅仅是称为"经常经费"中的某些种类的经费。本法院看不出有任何根据可以对将这些经费包括在大会根据宪章第 17（2）条的授权在会员国中分摊的惯常作法的合法性提出异议。因此，法院认为，从宪章的第 17（2）条中寻求限制联合国大会在维持国际和平与安全方面的预算权是不适当的。在确定联合国中东紧急部队和联合国刚果部队的实际费用是否构成上述条款意义上的"本组织之经费"方面，法院认为，这类费用必须结合它们与联合国宗旨的关系来加以判断。如果安全理事会为维持国际和平与安全通过一项决议，依据这项决议的命令或授权，联合国秘书长承担了财政义务，那么这笔开支应被认为属于"本组织之经费"。对于联合国中东紧急部队和联合国刚果部队的合法性问题，法院答复说："这两支部队的任务并不是执行强制行动"，而《联合国宪章》第 43 条只适用于执行强制行动的部队。因此，这两支部队的建立虽然没有遵守第 43 条规定的程序，也并非无效。参见《国际法院报告》，英文版，1962 年，第 105—308 页，转引自黄惠康、黄进编著《国际公法国际私法成案选》，武汉大学出版社 1987 年版，第 238—241 页。

　　② 梁西：《国际组织法》，武汉大学出版社 1993 年版，第 199 页。

　　③ 盛红生：《联合国维持和平行动的法律问题研究》，时事出版社 2006 年版，第 137 页。

忘录，对维和行动的各项费用作出详细的规定，也对《联合国宪章》的相关条款作出相应的解释。

在人力资源方面，组建一支联合国常备部队（非第四十三条的"联合国军"）当然是最为理想的对策，但就目前的国际政治现实而言，实现的难度很大，只能够作为一个长远的目标。比较可行的方案是"扩大并建立备用部队制度，各国政府承诺做好准备，在商定的期限内将经过特殊训练的部队提供给联合国以执行维持和平任务"。[1] 1994 年秘书长加利在一份报告中（S/1994/777）提出了这一构想，联合国建立了"待命安排机制"（Stand-by arrangements），参加待命安排的部队平时在本国待命，一旦有维持和平的任务，即在规定的时间内抵达任务区执行维和任务。待命安排机制是一个数据库，储存着各国政府在接到联合国通知后可以调派到维持和平行动的各种资料，为解决维持和平部队问题提供了新的思路。但是，待命安排机制是一项政治性措施，并没有法律拘束力。参加国家是自愿的，由出兵国根据具体情况作出决定。目前的 87 个参与国家中，只有 31 个与联合国签订了谅解备忘录，而谅解备忘录从本质上确认，各国在接到秘书长要求为维持和平提供上述资源的请求时，保留其一口回绝的主权权利。[2] 这就给待命安排机制增加了许多不确定性，也降低了其有效性。如何将这一政治性措施转化为确定的法律制度，是维持和平行动改革必须考虑的问题。

在物力方面，加利在《和平纲领》中建议建立维持和平基本装备的"预储制度"，即各会员国在国内准备车辆、通信设备、发电机等，以便在采取行动的时候迅速提供给联合国使用。或者由各国政府承担义务，在需要时立即出售、出借或捐赠给联合国，有能力这样做的国家应当无偿或以低于商业的价格向联合国提供空运或海运能力。迄今为止，这已经形成惯例。毫无疑问，这也是一种非义务性的政治措施，将这一惯例转为各国所普遍接受的法律制度，才有可能完全解决联合国维持和平行动的物力资源问题。

---

[1]　Boutros Boutros-Ghali, Empowering the United Nations, Foreign Affairs, Winter 1992—1993, p 93.

[2]　参见《普拉希米报告》。

五 规范区域组织的维持和平行动

区域组织参与维持和平行动早在冷战期间就已经出现，"美洲国家组织在 1965 年的多米尼加案件，阿拉伯联盟在 1961 年的科威特危机和 1976 年的黎巴嫩内战，已经发展出一种涉及武力但不是强制行动的区域维持和平概念"。[①] 冷战结束以后，区域性国际组织的维持和平行动更趋活跃，由区域性国际组织组织的联合国家部队（如独联体国家维和部队等）也自称"维持和平行动部队"，[②] 并"接管"了联合国维和机制的部分权限。如 1990 年西非经济共同体国家向利比里亚派出自己的维和部队，1994 年欧洲安全与合作会议在亚美尼亚和阿塞拜疆的纳卡地区建立的观察员部队，此外，俄罗斯和部分独联体国家在摩尔多瓦、塔吉克斯坦等前苏联共和国地区组建了多支维和部队，美洲国家组织向海地派出的人权观察团，等等。

区域组织对地区事务有深刻的理解和认识，有丰富的协调经验，在地区发生冲突时往往能够发挥制衡作用，而且，区域组织可以为当地的维和行动提供新财源。鉴于此，联合国在维持和平行动中与区域组织开展合作。加利在《和平纲领》中强调要发挥区域组织的潜力，参与联合国和平活动，包括预防性外交、维持和平、促成和平以及冲突后缔造和平。在此思想的指导下，联合国与区域组织采取外交支持、联合部署、相互协调等方式联合行动，如解决柬埔寨问题与东盟的协调与合作，解决索马里问题与非统组织、阿拉伯国家联盟等的合作，部署格鲁吉亚维和部队与独立国家联合体的合作，部署海地维和部队与美洲国家组织的联合行动，等等。

作为区域协定或区域机构的辅助机关，无论从何种角度观察，区域组织的维持和平行动都不同于联合国维持和平行动。[③] 由此产生的问题是，区域组织的维持和平行动与联合国的关系是什么？区域组织的维持和平行动是否必须得到联合国的授权并受到监督？区域组织在维持和平行动中的法律权限是什么？

---

① Bowett. D. V. , The Law of International Institutions, London, Stevens and Sons, Ltd. , Forth Edition, 1982, p. 164.

② 王杰主编：《联合国遭逢挑战》，中央编译出版社 1994 年版，第 42 页。

③ 盛红生：《联合国维持和平行动的法律问题研究》，时事出版社 2006 年版，第 127 页。

从理论上看，在维持国际和平与安全领域，区域组织是联合国的补充和辅助。两者的关系理应适用《联合国宪章》的第八章"区域办法"。但是，由于维持和平行动在《联合国宪章》中并没有明确的规定，区域组织一直主张区域性的维持和平行动不需要安理会的授权。① 而安理会对此的态度也不明确，1965 年美洲国家组织在多米尼加部署军事力量时，联合国内部还曾经进行过争论，苏联在安理会中辩论说，美洲国家组织的行动构成了"强制行动"，应按照宪章第五十三（1）条的规定，由安理会授权采取行动，但最终没有结论。到 1981 年非洲统一组织在乍得部署军事力量时，联合国内部就再没有进行争论。1990 年西非国家经济共同体以维和的名义对利比里亚境内的流血冲突进行了干涉并取得成功，安理会在事后才得到通知，但安理会不但没有对之进行批评，反而赞扬并鼓励西非经济共同体为利比里亚的和平与稳定所做出的努力。安理会的这种态度被看成是对区域组织维持和平行动的"默示授权"。②

如前所述，实践中维持和平行动与执行行动的界限是模糊的，区域组织因此会声称其所采取的行动是维和而不是执行行动，不需要安理会的授权，从而逃避《联合国宪章》的规制。由此产生的后果是，区域组织将逐渐偏离宪章所规定的辅助与补充作用的轨道，架空甚至取代联合国。

战后国际社会的一个重要新现象是国际组织大量涌现，而其中区域组织又占有很大的比例，充分发挥区域性国际组织的作用，已经是维护国际安全的必然要求。在维持和平行动中，区域组织的成员国地理位置接近，历史传统、文化背景相似，彼此之间对地区问题和国内争端更加了解，由区域组织进行维和具有天然的优势。在一些地区冲突和国内冲突中，当事各方由于担心大国可能会利用联合国偏袒一方，常常拒绝联合国在其境内采取维持和平行动，在这种情况下，联合国维持和平行动无法展开，更应该利用区域组织采取行动，以促进冲突的解决。"最近的经验表明，区域组织可以成为多边体制的一个重要部分。"③ 充分发挥区域组织的作用，是联合国维持和平行动乃至整个集体安全制度发展的一个重要趋势。

但毫无疑问，在区域组织和联合国的维持和平行动上，应该明确两者

---

① Maclcolm N. Shaw, International Law (Fourth Edition), Cambridge University Press, 1997, p. 882.

② 孙焕为：《区域组织对联合国安理会的挑战》，《法学评论》2001 年第 1 期。

③ 《威胁、挑战和改革问题高级别小组报告》第 272 段。

之间的法律关系。《威胁、挑战和改革问题高级别小组报告》第十六部分"区域组织"专门就完善联合国集体安全制度的区域办法提出了意见。而这些意见毫无疑问是可以适用到维持和平行动上的。总的来说，"关键是要在《宪章》和联合国的宗旨的框架内安排区域行动，确保联合国与之合作的人和区域组织采取比以往更为统一的方式，安排这种行动"。而这又可以从三个方面改进：

第一，联合国应制定相应的制度支持区域组织的维持和平行动。比如，应在会员国中达成普遍性协定，"让联合国根据需要，利用联合国拥有的资源，为区域行动提供装备方面的支助"；"应修改联合国维持和平预算的有关规定，使联合国可以视具体情况，用摊派的缴费为安理会批准的区域行动提供经费"，等等。

第二，对区域组织维持和平行动的法律权限作出明确的规定。应对区域性维持和平行动适用《联合国宪章》第八章，或建立其他类似的制度，确保"拥有防止冲突或维持和平努力的区域组织把这种能力置于联合国待命安排制度的框架内"。"区域和平行动，在任何情况下，都应先征得安理会的同意。"应最大限度地减少"事后授权"和"默示授权"情况的出现。区域组织在实施维持和平行动的整个过程中，都必须承担接受联合国监督和向联合国报告的义务。

第三，应就联合国与区域组织在维和行动中的合作方式、内容等建立常规制度。"应扩大并可在一项协定中正式规定联合国与区域组织之间的磋商与合作，可包括各组织的主管举行会议，更经常地交流信息和早期预警，联合培训文职和军事人员，在和平行动中开展人员交流等事项。"

第四章

制裁措施的改革

《联合国宪章》第七章四十一条规定：安理会可以对争端当事国采取"武力以外之办法"，"此项办法得包括经济关系、铁路、海运、航空、邮电、无线电及其交通工具之局部或全部停止，以及外交关系之断绝"。这一条便是通常所说的制裁。冷战后，联合国的制裁行动急剧增加，该项条款抽象性的规定，在实体上和程序上都不能满足实践的需要，致使制裁实践暴露出了大量问题，特别是对伊拉克制裁中出现的种种弊端，迫使国际社会对联合国制裁制度的利弊得失进行了广泛的探讨、认真的反思，这其中有发展中国家，也有西方国家。它们不仅对现行的制裁制度提出质疑，还提出了改进意见，希望联合国在新的世纪进一步改进和完善制裁制度。

第一节　联合国制裁制度的理论分析

一　联合国制裁的法律释义

制裁（sanction）这一术语在《联合国宪章》中并没有出现，它最初是指宪章第五条和第六条规定的暂停或驱逐会员国的制度，以及第十九条规定的因欠款而暂停会员国在大会的投票权的制度，后来才演变为安理会依宪章第七章之规定所采取的强制措施。后者意义上的"制裁"在安理会的有关决议和一些成员国的实践中得到运用。把宪章第七章规定的强制措施称之为"制裁"还是近期的事情，[①] 自从 1990 年安理会在对伊拉克

---

① See Kim Richard Nossal, Economic Sanctions in the League of Nations and the United Nations, in: The Utility of International Economic Sanctions, by DavidLeyton-Brown（ed.）, NewYork: ST Martin's Press, 1987.

实施制裁的第 665 号决议之序言中使用"制裁"一词后,"制裁"二字在安理会的有关决议中以及成员国的措词中被广泛使用。

人们在使用"联合国制裁"或"安理会制裁"这一概念时,通常的含义是泛指《联合国宪章》第七章中所有的强制性措施,如把武力执行行动称之为武力制裁、把贸易封锁称之为经济制裁。这是广义上的制裁,制裁还有狭义上的使用。联合国官方网站在阐述宪章第七章"强制执行"措施时,明确说明只有"制裁"和"授权采取军事行动"两类。① 安理会制裁委员会在解释"制裁"的含义时指出,制裁"是不涉及使用武力的经济和(或)其他制裁,""在和平受到威胁、外交努力失败的情况下,安理会实行强制性制裁,作为强制执行规定的工具。制裁的范围包括全面经济和贸易制裁和(或)一些更为具体的定向措施,如军火禁运、旅行禁令以及金融或外交方面的限制等。""实行强制性制裁是为了对某一国家或实体施加压力,在不诉诸武力的情况下迫使该国或该实体遵守安全理事会规定的目标。因此,制裁是安全理事会强制执行其决定的一种重要手段。"② 《威胁、挑战和改革问题高级别小组的报告》也将制裁称之为"介于战争与文字之间必要的中间道路"。③ 可见,狭义上的制裁已经专指《联合国宪章》第四十一条的非军事性强制措施。本文在使用制裁一概念时采用的是狭义。

"法律意义上的制裁专门指针对违背国际法的行为而负有责任的国家施加不利的法律后果,例如剥夺权力,以迫使其停止违背国际法的行为。因此这种意义上的制裁是实施国际法的特殊手段。"④ 作为强制性手段,现代国际法上的制裁可以分为两类:一般国际法的制裁和有组织的国际社会的制裁。联合国制裁属于后者。前者是一国对另外一国的制裁,现在人们通常也称之为"单边制裁";后者包括联合国制裁和区域组织的制裁。

在国内法上,原则上只能由一定的公共社会机关有权对不法行为者施加不利的法律后果,允许被侵权的个体进行自助仅仅是一个例外;而在无组织的国际社会,由于不存在一个至上的强权机构,国际法的执行除依赖

---

① http://www.un.org/chinese/peace/issue/enforcement.htm.

② http://www.un.org/chinese/sc/committees/.

③ 《威胁、挑战和改革问题高级别小组的报告》第 178 段。

④ [德] 沃尔夫刚·格拉夫·魏智通主编,吴越、毛晓飞译:《国际法》,法律出版社 2002 年版,第 769 页。

各国的善意遵守外，很大程度上依赖于各国的自助。当国家受到不法侵害，而侵权国又不愿承担责任时，国家只能以自助的方式，依靠自己的力量对侵权国进行制裁。这种传统国际法上的制裁，一般包括反报、报复、自卫以及战争等。

传统国际法上的自助作为国际法制裁的方式，是建立在一种分权社会的基础上的，它主要是一种个体针对个体的制裁行为，它保护的主要是个别国家的自身利益，其权威性和有效性是有限的，以至于只有受害国比违法国更强大时，制裁才能实现。这是国际法被称之为"软法"、"弱法"的根本性原因。而且，尽管这种自助的制裁以国际不法行为的存在为前提，但对此种行为的断定是单方面的，由于各方利益、立场和理解的不同，这种断定难免带有偏见。

进入 20 世纪，随着人类社会组织化趋势的发展，传统的分权的国际社会已呈现出一定程度的出现集权趋势，国际组织在数量上的爆炸性增长、在职能方面的不断膨胀，是推动国际法发展的一个非常重要的背景。[①] 与此相适应，国际法上的制裁已深深打上了国际组织的烙印，无论是全球性国际组织还是区域性国际组织，大多都设有对成员国不法行为的制裁机制。国际组织的制裁以其法律文件为基础，对一国行为是否违反国际法，不是由个别国家来判定，而是由国际社会集体来判定。它将制裁纳入一种第三方程序或集权系统控制之下，与自助的最大不同在于，它是一种"集体"对"个体"的制裁，虽然制裁者与被制裁者之间没有隶属关系，但它是国际社会集体对违法国实施的制裁，具有更大的权威性和有效性。

在国际法委员会关于国家责任的草案中，委员会试图从国际不法行为所导致的国家责任的角度，对国际对抗措施作一个归纳。对抗措施包括两层意思：一方面，是指对那种分权的对抗措施，即受害国直接针对国际不法行为的施加国所行使的一种国家对国家的对抗措施；另一方面，是指那种集权的对抗措施，即处于一种第三方程序之下或集权系统控制之下的对抗措施。显然，联合国为维护国际和平与安全而形成的制裁制度属于第二种。

值得注意的是，人类社会的组织化趋势并没有从根本上改变国际社会

---

① 梁西：《国际组织法（总论）》（修订第五版），武汉大学出版社 2001 年版，第 327—330 页。

的分权状态，主权之间的"分力"与"合力"形成"结构平衡"① 是当前国际社会的特征。这种状态使国际制裁出现了一般国际法的制裁和有组织的国际社会的制裁并行的局面。虽然，现代国际法对传统的自助规定了一些限制性的原则，如限制使用武力原则、对抗措施的合法性原则；但并没有一个权威的法律文件规定单边制裁为非法，以至于当前国际社会仍然有大量的单边制裁的存在。实际上，在国际关系发展的现阶段，分权、平行仍然是国际社会的最主要特征，国际组织对国际社会无政府状态的削弱是在一定程度上，而不是根本上的，所以，自助仍然是国际法实施的最为主要的方式。

二　联合国制裁的性质解析

制裁作为联合国强制措施的一种，必须以宪章第三十九条所规定的情势的存在为前提，但《联合国宪章》并没有要求安理会对"和平之威胁"、"和平之破坏"、"侵略行为"存在与否作出断定时依据国际法，而是赋予其广泛的自由裁断权。一些学者认为，"安理会不是一个法律组织",② 而是"一个行动定向的政治机构"。③ 常任理事国在决定是否实施国际制裁时，往往是利益权衡的结果，而不是依据司法程序。而且，联合国制裁的直接目的是为了恢复国际和平，而不是为了恢复国际法律秩序，而维护国际和平与安全是一个政治性目标。④ 因此，浓厚的政治色彩是联合国制裁的重要特征。

但是，联合国制裁在本质上仍然是一种法律制裁，主要原因在于：⑤ 第一，联合国制裁的实施机关安理会具有代表国际法律共同体的职权，安理会在采取制裁措施维持国际和平与安全时，所代表的是各国，因而可以说联合国制裁是安理会代表国际法律共同体采取的。第二，联合国制裁实际上也是对国际不法行为做出的反应。表面上看，联合国制裁的直接目的是为了恢复

① 梁西：《国际组织法（总论）》（修订第五版），武汉大学出版社 2001 年版，第 329 页。

② H. Kelsen, The Law of United Nation, New York: Praeger 1950, pp. 476—497.

③ Tomaschat, The Locherter Case Before the International Court of Justice, 1992, 48, I. C. J. Rev. 38; p. 41.

④ Vera Gowlland-Debbas, United Nations Sanctions and International Law: An Overview, the Hague/London/Boston: Kluwer Law International, 2001, pp. 7—8.

⑤ 简基松：《联合国制裁之定性问题研究》，《法律科学》2005 年第 6 期。

国际和平，而不是为了恢复国际法律秩序。但采取制裁措施的前提条件——威胁或破坏国际和平的行为以及侵略行为与国际不法行为之间存在着确定的关系，一种行为危及或破坏国际和平与安全即是违犯国际法。第三，联合国制裁所依据的程序在本质上也是一种法定程序。安理会的制裁大权来源于宪章，同时又受制于宪章。比如制裁启动的前提条件、制裁的方式、制裁的执行、对第三方所受影响的处理、制裁的组织等等都必须以宪章为依据。

　　在实践中，安理会在采取制裁时总是把被制裁国与其国际不法行为联系起来，从而把该国违反国际法作为对其制裁的法律依据。例如，在对南罗得西亚的制裁中，虽然史密斯政权采取了一系列种族分离政策来维护白人统治制度，并且藐视人权法的基本原则，但在安理会众多的讨论和决议中，中心议题并不在于此，而是史密斯政权的单方独立宣言侵犯了该地区多数人民的自决权利。在对南非的制裁中，尽管安理会418（1977）号决议中断定"南非军队的占领和相关事实"构成了对国际和平与安全的威胁，但从其有关"南非政府的政策和行为"的决议中，可以得知安理会是以种族隔离而对南非课以制裁的。对伊拉克制裁的相关决议则断定伊拉克在人权和人道主义领域、外交豁免、环境损害以及对自然资源的耗费领域违反了国际法，并在第681（1991）号决议中指出伊拉克应对其非法侵犯和占领科威特承担国际责任。在对南斯拉夫的制裁中，安理会决议宣告南斯拉夫大规模、有组织地侵犯人权和人的基本自由，严重违反了国际人道主义法。

　　显然，在上述制裁中，安理会的断定参考了《国家责任草案》第一部分第十九条有关国际犯罪构成的规定。而且，在自决、人权和禁止使用武力三个基本规范上，安理会把对这些国际不法行为的断定与《联合国宪章》联系起来，从而在宪章范围内肯定了这些不法行为构成对国际和平与安全的威胁。可见，安理会在一系列制裁实践中，总是尽可能地把国际不法行为与对国际和平与安全的威胁相联系，使其依宪章所享有的广泛的自由裁量权与国际法的一些原则、准则和规则相联系，从而使安理会的制裁在实践中具有更多的法律性质。

　　安理会制裁既带有明显政治倾向，又有深刻的法律含义，体现了政治性和法律性的双重特征。[①] 这是国际组织制裁作为现代国际法制裁的一个

---

　　① 李传宏：《联合国安理会的制裁措施初探》，《法学评论》1996 年第 3 期。简基松：《联合国制裁之定性问题研究》，《法律科学》2005 年第 6 期。

重要特征。这种双重特征反映了国际政治制约国际法的规律，意味着国际法不可能从根本上解决国际政治所不能解决的难题。同时，国际法与国际政治间的交互联系，使任何一种国际制裁的实施单纯从国际政治或国际法的角度来区分都不会有客观依据和现实意义。安理会在这方面的实践起到了补充和解释宪章的作用，或者形成一个先例，引导着联合国制裁的方向。

三　联合国制裁的实施方式

根据宪章第四十一条的规定，联合国制裁的方式应是指军事措施以外的一切手段，第四十一条又以列举的形式，规定制裁的形式"包括经济关系、铁路、海运、航空、邮电、无线电及其他交通工具之局部或全部停止，以及外交关系之断绝"。这种列举不是排他性的，在实践中，联合国采取的制裁方式已经超出了这些列举，甚至体育禁赛都曾经作为制裁的方式。而在所有的制裁方式中，"经济制裁通常是对一个国家实施的所有制裁中最为重要的一种方式"。①

经济制裁还难以从法律上给出一个准确的定义。国际关系学中的经济制裁是经济外交中的一个重要内容，其意是指国际行为体有意识地采取政策来限制或剥夺某一国家的经济利益，以迫使该国改变其某一对外政策或行为。② 联合国的经济制裁则是安理会为恢复或维护国际和平与安全，强制性地对危害国际和平与安全的国家采取的经济限制措施。通观经济制裁的实践，主要有以下三种形式：③

（1）战略禁运。禁止向被制裁国家提供核武器、常规武器和军民两用技术产品，阻止高科技及其产品进入被制裁国家。

（2）综合贸易禁运。对被制裁国家实行进出口禁运以及资金与人员往来限制，这种制裁形式大多用于处理一些重大的国际事件。

（3）专项贸易禁运。重点选择关乎被制裁国家国计民生的贸易项目进行禁运，通常是粮食和石油。

在安理会实施的国际制裁中，几乎每一次都包含了经济制裁。冷战期

---

① G. C. Hufbauer, J. J. Schott, K. A. Elliott, Economic Sanctions Reconsidered: History and Current Policy, Second Edition, Institute for International Economics, Washington, 1990, p. 2.

② 俞正梁等著：《全球化时代的国际关系》，复旦大学出版社 2002 年版，第 108 页。

③ 宋叶萍：《论国际经济制裁》，《中南财经大学学报》1997 年第 6 期。

间实施的对南罗得西亚（津巴布韦）和南非的制裁，主要是经济制裁。冷战后，针对伊拉克的制裁包括不允许伊拉克出口石油、禁止其航空和海上运输等严厉的经济制裁措施。针对利比亚，安理会做出了禁止航空运输等经济制裁，直到 1999 年利比亚引渡了"洛克比空难"的嫌疑犯，安理会才解除制裁。针对海地军事政变推翻民选总统，安理会对海地实行石油禁运等措施。为使阿富汗塔利班政权交出恐怖分子本·拉登，安理会冻结塔利班政权的海外资产，对其航空公司实行禁飞的经济制裁。

四　联合国制裁的责任形式

制裁问题是一个关系到法律实效的问题。法律之所以规定制裁，其目的就在于保证法律命令得到遵守与执行，就在于强迫行为符合业已确定的秩序。[①] 既然制裁是基于国际不法行为产生的，就会有相应的法律责任存在，追究责任国的责任是提高制裁实效、恢复国际和平与安全的关键。在国际法委员会的《国家责任条款草案》中规定的国家责任形式，适用到联合国制裁实践上的，主要有以下几种：

1. 终止国际不法行为

安理会强制措施的首要目的是维持和恢复国际和平与安全，而安理会对国际不法行为的认定实际上就已经指出这种不法行为已经对国际和平与安全构成了威胁，这种情势的存在肯定是具备了时间段的持续性特征，否则不会构成对国际和平与安全的实际威胁。很明显，安理会所采取的强制措施若不能中止国际不法行为，国际和平与安全是无法得以恢复的。在实践中，安理会采取强制措施时，其决议中常常要求终止国际不法行为。对南斯拉夫，安理会敦促结束战争，停止对人道主义法的违反和各种对领土完整的干涉；对伊拉克，要求其从占领的科威特领土上撤离。

2. 赔偿

如果说终止是与不法行为的持续状态有关，那么赔偿就是对不法行为后果的一种清除。"违背武力禁止原则的国家将承担国际法上的赔偿责任，赔偿的范围不仅包括因为违背武力禁止所产生的损失，也包括按照战中之法所应赔偿的损失。侵略者应当对发动战争所引起的一切损失负责的原则

---

① ［美］E. 博登海默著，邓正来译：《法理学：法律哲学与法律方法》，中国政法大学出版社 2001 年版，第 341 页。

在海湾冲突中得到了证实。"① 如海湾战争后，根据安理会 687 号决议，联合国建立了一个处理伊拉克赔偿事务的赔偿委员会，第一次做出了关于战争赔偿的程序性决定。该委员会不同于以前那种依两个主权国家协商成立的国际求偿机构，是联合国所设立的一种单边委员会，直接处理与求偿有关的事务，并不需要伊拉克的参与。该赔偿机构是一个政治机构，而不是一个法律机构。实际上，这种赔偿机构无视伊拉克的主权，正是伊拉克入侵科威特，侵犯了国际法，承担国家责任的结果。该委员会标志着安理会在国际赔偿制度上迈出了一大步，无论这个机构性质如何，都充分体现了国际法上制裁的惩罚性，以及国际社会作为集体对个体的制裁性质。

3. 限制主权②

限制主权是对违法国家的最严厉的处罚方式，只适用于最严重的国际不法行为，如侵略、灭绝种族罪等。限制主权早在二战结束后处理法西斯战败国的时候就出现了，根据国际协定，同盟国对日本、德国进行了军事管制，将两国的最高权力交由盟国管制委员会代为行使，这实际上是将两国的国家主权全面限制了，是一种全面限制主权的方式。在安理会实施的制裁中，更多的是部分限制主权，即对实施严重国际不法行为的责任国家的某些方面的主权予以限制，但对该国的其他主权并不限制。如海湾战争后，安理会对伊拉克的部分主权实行限制，如要求伊拉克销毁和限制核武器和生化武器，接受联合国的核查。美国和英国在伊拉克境内设立禁飞区，实质上也是限制主权的一种方式，但这究竟是美英单方面的行为还是有安理会决议作为法律依据，需要研究，合法性值得怀疑。

4. 国际刑事责任

传统的国家责任"主要仍然是某一个特定国家针对某个其他国家违反它所担负的国际义务的行为有关的传统措施，而尚未扩展到为保护国际社会更普遍的公共利益的措施"。但国家责任法"发展的步骤是承认国家的有限度的刑事责任以及国家对所有国家担负的这一类义务"。③ 追究战

---

① ［德］沃尔夫冈·格拉夫·魏智通主编，吴越、毛晓飞译：《国际法》，法律出版社2002年版，第815页。

② 曾令良主编：《国际法学》，人民法院出版社、中国社会科学出版社2003年版，第141—142页。

③ ［英］詹宁斯、瓦茨修订：《奥本海国际法》（第一卷第一分册），中国大百科全书出版社1995年版，第403页。

争中个人形式责任的设想最早在纽伦堡国际军事法庭和远东国际军事法庭的规则中就出现了，但这种设想至今未写进国际条约，联合国的关于"侵犯人类和平与安全守则"（Code of offences against the peace and security of mankind）至今也没有形成决议。安理会的制裁实践则将之推进了一大步，1993 年根据安理会第 827 号决议，成立了"前南斯拉夫战争罪国际法庭"，起诉应对 1991 年以来前南斯拉夫境内严重违反国际人道主义法行为负责任的人。1994 年根据安理会第 935 号决议，成立了"卢旺达国际刑事法庭"，起诉应对 1994 年 1 月 1 日至 1994 年 11 月 30 日之间卢旺达境内灭绝种族和其他违反国际人道主义法行为负责的公民。国际刑事法院规约现在已经包含了因侵略造成的国际法上的侵权责任。

第二节　联合国制裁的实证考察

一　制裁对象的选择存在着双重标准

在整个冷战期间，联合国仅仅实行过两次制裁行动，一次是 1966 年 12 月 15 日起对罗得西亚实行的经济制裁，另一次是 1977 年 11 月 4 日对南非实行的武器禁运。需要指出的是，冷战期间联合国实施的制裁行动少，并不是因为国际不法行为少，而是因为美、苏对抗堵塞安理会通道所致。如 1950 年美国侵略朝鲜、1978 年越南侵略柬埔寨、1979 年苏联入侵阿富汗、以色列多次侵略阿拉伯国家等，都没有受到联合国的应有制裁。

如前所述，随着国际安全情势的变化，安理会对宪章第三十九条做扩大性解释，冷战后，联合国实施制裁的依据和内容明显扩大，次数激增，频率也超过以往任何时候。在 20 世纪的最后 10 年，安理会共对 12 个国家实行了全面或部分制裁，这些国家是伊拉克（1990）、前南斯拉夫（1991、1992、1998）、利比亚（1992）、利比里亚（1992）、索马里（1992）、柬埔寨（1992）、海地（1993）、安哥拉（1993、1997、1998）、卢旺达（1994）、苏丹（1996）、塞拉利昂（1997）和阿富汗（1999）。联合国的制裁行动特别是经济制裁已经成为冷战后联合国处理国际问题时经常使用的外交工具，冷战后的 10 年因此被称为联合国的"制裁 10 年"。进入 21 世纪后，安理会又通过决议实施了多次制裁，其中最为引人关注的是 2006 年 10 月 14 日安全理事会通过的第 1718 号决议，对朝鲜核武器问题的制裁，2006 年 12 月 23 日安全理事会通过的第 1737 号决议，关于对伊朗核武器问题的制裁。

联系国际关系史来分析上述制裁对象名单，可以发现，相当多本应该受到制裁的国家逃过了联合国的制裁，例如，印度尼西亚在1965年"九·三〇"政变失败后出现的血腥屠杀和武力占领东帝汶，皮诺切特1973—1990年在智利实行的军事独裁，杜瓦利埃家族1957—1986在海地实行的血腥统治，以色列在中东长期推行的扩张主义政策，等等。究其原因，在于这些国家是西方大国的盟友，或其领导者实行的是亲美的外交政策，得到大国的庇护而得以幸免。

总结联合国制裁对象的选择，我们几乎可以得出一个规律：制裁对象的选择与西方大国的利益取向密切相关。这表现在三个方面：第一、安理会常任理事国的战略盟友是不会受到制裁的；第二、西方大国的敌对国家一定会受到制裁；三、与西方国家利益无涉的地方，则会被冷漠对待。如，卢旺达和布隆迪的问题从一开始就非常严重，但因为其中并不牵涉西方的利益，所以未能得到应有的关注。这种情形正如有些学者所指出的，大国对人道主义和人权问题的意愿是有高度选择性的，尤其是在他们自己的利益并非与之直接相关的地方。①

这种双重标准不仅体现在制裁对象的选择中，也一直贯穿着制裁决议实施的始终。例如，尽管安理会通过了对南罗得西亚的制裁决议，但美国却长期同该国白人政权保持着非同寻常的关系，对南非的制裁，情形也大抵如此，这种暗通款曲的制裁当然不会取得预期的效果。相反，对伊拉克、南联盟等敌对国家，英美等西方国家则全力维护制裁的"严肃性"，对伊拉克持续时间达10余年之久的制裁一再升级，1990年8月6日安理会通过661号决议开始对伊拉克进行全面制裁，规定的制裁形式有：禁止所有的贸易往来、实行石油和武器禁运、停止国际航班、冻结伊拉克政府的财产、禁止进行金融交易，等等。此后，在美英的推动下，安理会又通过了678（1990）、687（1991）、706（1991）、986（1995）、1111（1997）、1153（1998）、1284（1999）等决议，制裁升级到对伊拉克进行境内武器核查，最后美英干脆实施武力推翻萨达姆政权。南联盟则也没有逃脱被武力打击并被肢解的命运。

毫无疑问，联合国制裁对象选择的标准是西方标准，是以西方大国的

---

① ［英］马亚尔：《世界政治》，江苏人民出版社2004年版，第127页。

利益需求为中心的。对此，美国学者菲利斯·本尼斯女士直截了当地指出，北方国家是不受制裁的，"实际上，如果某个国家或政府的行为影响了美国或某大国的利益，要证明此种行为对国际和平与安全构成了威胁，又何患无辞？如果该国或该政府几乎不影响美国及其盟国的利益，那么它们的非法行径将仍然被当作内政"。①

二　制裁决议的文本存在着模糊规定

"如果想使制裁行之有效，就必须事先清楚地规定明确可行的目标，并严格地予以执行。"但令人遗憾的是，安理会通过的制裁决议大多对目标都缺乏明确的规定，常常是模棱两可或大而化之。目标的模糊使制裁的时效也难以确定，实际上，几乎所有的制裁决议都忽略了在时效上做出应有的规定。决议文本中的这两个严重缺陷，往往使制裁有始难终，给别有用心的国家留下了曲解的机会，使制裁成为西方大国推行其战略利益的合法外衣。

以首开"制裁"之先河的第687号决议为例，它笼统地规定安理会所有的决议都必须得到执行，没有对终止制裁的前提和要求进行具体规定。

海湾战争结束以后，伊拉克被逐出科威特，安理会通过了687号决议，继续对伊拉克进行制裁。在这之后的7年，在特委会和国际原子能机构的组织和监督下，联合国总计向伊拉克派出200多个武器核查小组，进行多达2万多次的核查工作，伊拉克虽有抵触情绪，但迫于形势，还是予以了充分的合作。"到1994年10月，伊拉克已经没有大规模杀伤性武器，这一点在埃克马斯（特委会主席）的报告中就很清楚了。"② 国际社会也已经普遍知悉伊拉克的军事实力已经不能对国际和平与安全构成威胁，1996年时任法国外长的雷蒙在《费加罗报》上撰文呼吁解除制裁，俄罗斯也主张逐步放松对伊拉克的制裁，但是，美、英等国凭借安理会常任理事国的权力，置事实和国际社会的呼声于不顾，继续维持对伊拉克的制裁。显然，美、英把687号决议的目标刻意理解成也解释成推翻萨达姆的

---

① ［美］菲利斯·本尼斯（Phyllis Bennis）：《发号施令——美国是如何控制联合国的》，新华出版社1999年版，第213页。

② 同上书，第197页。

政权，不达到这个目的则不能解除对伊拉克的制裁，时任美国国务卿的克里斯托弗对此曾赤裸裸地说："我们希望伊拉克履行安理会做出的所有相关决议，但我相信萨达姆在台上是做不到这一点的。"① 到 1998 年 12 月 17 日，美英以维护和执行第 687 号决议为名，再次对伊拉克采取了军事行动。

客观地说，解除对伊拉克制裁的条件已经成熟，密集的、地毯似的武器核查并未证明萨达姆储备有大规模杀伤性武器。但是，安理会制裁决议在目标上的模糊性，在时效上的不确定性，给了美英无限制延长制裁的借口。直到 2003 年美国推翻萨达姆政权后，特委会提交伊拉克已经彻底销毁了大规模杀伤性武器以后才解除。

三　制裁实施的效果存在着消极效应

综观整个联合国的制裁行动，作为安理会的两种强制措施之一，制裁在维护和恢复国际和平与安全方面起到了一定的作用。但是，制裁措施的目的是中断与违背国际义务国家的国际交流，尤其是经济联系，这种中断是否有效、是否能够起作用是值得争议的。② 由于国际政治因素的影响和制裁制度本身的不完善，制裁常常不但没有达到维持和平、制止侵略的目的，反而产生了诸多消极后果：

1. 制裁造成目标国的人道主义灾难

制裁手段"不仅涉及到那些违背联合国章程发动战争的决策者，也将影响到该国的全体人民。如果承认该国人民的人权应当得到尊重的话，那么这种制裁的确是有问题的"。③ 以联合国对伊拉克的制裁为例，长达 10 余年的经济制裁并没有达到动摇、推翻萨达姆政权的目的，而是把制裁转嫁到了伊拉克人民身上，使之遭受了一场旷日持久的人道主义灾难。伊拉克的经济因制裁几乎陷入瘫痪，基础建设遭到严重破坏，人民生活水平大幅度下降，近 149 万伊拉克人由于严重缺医少药和营养不良而死亡，仅 2001 年 4 月 1 个月就有 9000 人死于制裁所引起的各种疾病，其中大多

---

① ［美］艾伦·克里斯托弗：《美国新外交：经济·防务·民主》，新华出版社 1999 年版，第 504 页。

② ［德］沃尔夫冈·格拉夫·魏智通主编，吴越、毛晓飞译：《国际法》，法律出版社 2002 年版，第 830 页。

③ 同上。

数是儿童。正如国际社会的有关专家指出，制裁对伊拉克而言，是"一场可怕的非军事战争"和"一种大规模毁灭性武器"。① 让伊拉克平民承受制裁的厄运这是不公平的，也是不道德的。这是联合国经济制裁招致国际社会反对的重要原因。

2. 制裁给目标国带来恶性效应

经济制裁助长了目标国一小撮权力集团和利益团体的贪欲，背离了联合国通过经济制裁以建立"良好政府"的初衷。经济制裁压缩了目标国的经济活动空间，在恶劣的生存环境下，违法犯罪活动和黑幕交易猖獗；一些不法分子利用这些国家政治、经济和社会管理机制的严重失范，从事洗钱、贩毒和走私等跨国犯罪活动，并以武力相威胁，公然违反国际准则和联合国制裁决议。在高额利润的诱惑下，各地军阀和统治阶层也参与其中，甚而操纵这些犯罪团伙的幕后交易，使国际制裁形同虚设。

3. 制裁没有收到预期的效果

制裁的目的是为了实施安理会决议，使违法国家遵守国际法，但是，制裁导致联合国与被制裁国双方关系处于紧张敌对状态，这种敌对状态不仅体现在官方决策层上，还体现在大众心理上，目标国政府利用日益增长的公众敌意来提高其长期抵制制裁的能力。许多制裁实施后，并没有使被制裁国家回到联合国的轨道上来，反而使国际关系恶化。更为严重的是，对联合国经济制裁的敌意刺激了极端行为的蔓延，联合国机构及其人员成为恐怖袭击的目标。

4. 制裁使第三国遭受巨大损失

经济制裁造成了相关国家国际经济联系的中断，不仅目标国的经济正常发展严重受到限制，而且与目标国经济联系密切的国家也深受其害；经济制裁不仅造成直接的经济损失，而且还使有关国家蒙受发展机会、资源分配权益等无形利益的损失，从而加剧了国际经济秩序的不公正，背离了联合国的价值目标。在对伊拉克长期的经济制裁中，"城门失火，殃及池鱼"，不但伊拉克直接经济损失高达1400多亿美元，而且许多与伊拉克有经济关系的国家也深受其害。伊拉克贸易部长萨拉赫2000年3月1日宣布，"世界各国的经济因对伊拉克的制裁承受了2000多亿美元"，10年来"俄罗斯损失了400亿美元，法国损失了350亿美元，美国、英国和中国

---

① 邱桂荣：《联合国的制裁制度》，《国际资料信息》2002年第3期。

分别损失了 250 亿美元，土耳其损失了 350 多亿美元，其他国家大约损失
了 300 多亿美元"。为促使联合国尽快解除对伊拉克的制裁，一些阿拉伯
国家率先解除了对伊拉克的制裁，甚至美国的盟友和一些美国人也纷纷要
求停止制裁。[①]

第三节　联合国制裁措施的改制构想

一　建立制裁决策的法律标准

联合国制裁制度的双重标准问题早在冷战时期就已存在，只是冷战结
束后，这一现象更加突出而已。冷战后在制裁问题上存在的双重标准问题
如同维和问题一样，主要是集中反映了美国对联合国的操纵和利用。美国
把旨在维护美国国家利益的制裁标准强加给联合国，如北方国家不受制
裁，盟国也不在制裁之列。美国要制裁的是那些所谓的"无赖"国家及
有"反美情绪"的国家。近 10 年来联合国制裁的国家名单充分体现了美
国的这一制裁标准。1999 年 5 月，在西亚地区召开的联合国千年首脑会
议意见听取会上，一些西亚国家尖锐地批评联合国在行使制裁时受制于美
国的政策和意愿，如对以色列采取了与伊拉克、利比亚和苏丹完全不同的
政策。

在联合国经济制裁问题上，始终存在着代表全人类和多数国家共同利
益的联合国与满足私利的少数西方大国之间的矛盾。冷战后联合国经济制
裁日益受到大国的控制，大国强权意识凸显，倾向于采取符合狭隘国家利
益的制裁方式，削弱了联合国制裁的合法性基础。特别是美国等国家常担
任制裁的决策者，这更加深了国际社会对联合国制裁变成不公正的大国工
具的疑虑。安理会的制裁决议由此被国际社会所质疑，并常常遭到被制裁
国家的抵制。虽然，联合国制裁的性质是政治性和法律性的综合，但在决
策中加强规则取向，减少政治影响，应该是联合国制裁的一个发展方面和
努力目标。

"在以预防方式对付国际和平与安全面临的威胁方面，制裁这种办法
虽不完美，但仍不失为是一个至关重要的工具。"[②] 完善联合国制裁制度

---

① 邱桂荣：《联合国的制裁制度》，《国际资料信息》2002 年第 3 期。

② 《威胁、挑战和改革问题高级别小组的报告》第 178 段。

仍然是维护国际和平与安全的重大需要，但是，基于国际条约之上的公正、合理的制裁，才能够取得成效。在目前，我们要考虑的是如何在全球相互依赖、相互影响不断加强的背景下，采取审慎的立场对待联合国制裁，并通过联合国的改革，确保制裁不偏离既定目标，促使联合国制裁机制调整的方向对国际和平与安全有利。一个重要的举措是，将《联合国宪章》第四十一条的抽象性规定细化为具体的法律规则，对制裁的决策、对象、目标等方面作出明确的规定，才能发挥制裁制度在国际安全事务中的作用。然而，在联合国制裁委员会如何作出制裁决定的问题上，大国的分歧依然很大，英、美主张维持现有的安理会 5 个常任理事国表决通过制裁决议的惯例，法、俄等国则主张由联合国多数成员国投票表决。争论的核心是，制裁委员会中某一个国家是否有权将自己的意志强加于他国，以此阻挠寻求灵活制裁方式的努力。

二　规定制裁实施的目标取向

制裁的目标不明确直接涉及制裁的实施和取消。在对伊拉克的长期制裁中，制裁的目标到底是要销毁违禁武器还是要摧垮萨达姆政权？如目标是针对违禁武器，那么伊拉克同意与联合国进行核查合作，就可以暂时停止部分制裁措施，乃至取消全部制裁。但联合国没有表明，只要完成武器核查，且证实伊拉克已经销毁所有违禁武器，就可以依照安理会第 687 号决议取消制裁。因此，伊拉克担心，即使销毁所有违禁武器，安理会也不会取消制裁。而美国更是一再声称，只要萨达姆执政，就不可能解除制裁。在这种情况下，伊拉克一再拒不执行安理会的决议。

"目标明确的制裁十分有用，可以向领导人和精英施加压力，而又把人道主义方面的影响控制在最低程度，与其他选择相比费用较低，还可以根据具体情况进行调整。"[①] 鉴于伊拉克制裁的经验，安理会在通过制裁决议时，应该明确规定制裁的目标，目标一经达到，制裁即行解除。这样有利于遏制霸权国家利用联合国推行自己的政治利益。

当前，在是否应规定制裁的期限即何时结束制裁的问题上，大国的意见依然难以达成一致。法国极力主张在所有的制裁决议中明确规定制裁期限，并得到俄国的支持；但英国和美国则表示反对，认为这样会促使受制

---

① 《威胁、挑战和改革问题高级别小组的报告》第 179 段。

裁政府采取"拖延"战略，以致最终拒不履行联合国决议。可以预见，在短期内，大国的共识难以达成，但是，联合国不可以被动等待，可以通过设立分级制裁制度来解决目标问题。所谓分级制裁，实际上是将制裁分阶段进行，这样，每个阶段自然就会形成目标，曲线达到规定制裁目标的效果。其具体实施可以采取以下方式：

首先，安理会对不法国家威胁实施制裁。实践证明，"威胁实施制裁可以是一个十分有力的威慑和预防手段"。[1] 有许多国家在制裁即将付诸实施之际，或开始执行联合国的决议，或开始提出妥协方案。虽然一些妥协方案与安理会的要求相距甚远，但这足以证明违法国家面对制裁威慑，谋求外交解决的意愿。因此，制裁委员会应该认真研究受制裁国家对制裁威胁的最初反应，并给予回应，通过谈判或暂缓实施制裁来作为交换条件，谋求对方执行安理会决议，增加政治解决争端的可能性。[2]

其次，在对威胁实施制裁失败后，将制裁分级逐步进行。首先是有针对性的制裁，根据违法国家违犯国际法的具体情况来实施，如对违反《核不扩散条约》的国家实行武器禁运、禁止相关技术和产品进入该国，等等。在实施制裁的过程中，视被制裁国家遵守安理会决议的情况，或取消制裁，或逐步加重制裁，扩大制裁的范围，直至实行全面制裁。

三 建立制裁实施的监评机制

在联合国实行制裁前期、期间和后期都必须进行人道主义评估，并为联合国人道主义事务协调处设立人道主义指标。但联合国未能及时地对制裁行为进行评估，不仅没有对每一次具体制裁行动进行评估，而且也未能对冷战后执行制裁制度的总体情况做出系统的总结。联合国人道主义事务部在 1995 年和 1997 年就曾建议建立评估机制，评估的内容应包括：公共卫生、经济、失业率、居民迁徙、政府管理等领域，以及婴儿死亡率、儿童营养状况、失学率、食品价格和人道主义机构对老弱病残等弱势群体关注的程度和能力等，此外还应包括对第三方因制裁所遭受经济损失的评估和弥补措施等项内容。

---

① 《威胁、挑战和改革问题高级别小组的报告》第 179 段。
② 程星原：《对国际制裁与安全问题的新思考——〈国际制裁与安全〉介评》，《现代国际关系》2003 年第 2 期。

联合国前秘书长安南在 2000 年的千年报告《我们人民：21 世纪联合国的作用》中，反思了联合国制裁制度的问题。他承认：（1）"在许多制裁中，因确保遵守制裁而受到巨大损失的邻国未能得到国际社会的帮助，结果使制裁陷于漏洞百出的状态"；（2）"在针对独裁政权进行强大和全面的经济制裁时，通常是老百姓承受痛苦"；（3）"经济制裁已被证明是一种生硬、甚至具有反作用的手段"。他同时请安理会在制定和实施制裁措施时认真考虑国际社会的意见。根据国际社会的反映和要求，联合国千年首脑会议发表的宣言强调，今后应把联合国的经济制裁对无辜平民造成的不利影响降到最低限度；对接受制裁的政府进行定期审议；消除制裁对第三方造成的不利影响。2000 年 4 月 17 日，安理会临时设立了一个关于制裁的一般性问题工作组，以便就如何提高联合国制裁行动的效果提出建议。

为了降低经济制裁的人道主义影响，联合国建立了"人道主义例外机制"。但这种人道主义例外机制本身存在许多缺陷：首先，联合国缺乏一个统一的、十分清晰的人道主义例外范围目录；其次，负责审批人道主义例外物资的经济制裁委员会和安理会一样带有很浓的政治色彩和行政性质，其活动程序也十分复杂，易受政治影响，工作程序缺乏透明性；再次，经济制裁委员会的操作缺乏前后一致性，并存在严重歧视现象，有时同一政府为同一目的，向同一终端用户提供人道主义例外物质，前一申请获得了批准，后一申请却遭到了拒绝；最后，经济制裁委员会采用的"无异议"审批程序无异于"一致同意"的表决机制，实际上赋予每一个委员会成员以否决权，这实际上将严重阻碍人道主义例外物资的输送。由此可见，改革联合国经济制裁中人道主义例外机制仍然是一个刻不容缓的问题。①

"当安全理事会实施一项制裁制度时，应当作为常规设立监测机制，并且向这些机制提供必要的权威以及高质量、有深度的调查能力。必须提供足够的预算以实施这些机制。"② 监测机制由独立的国际制裁专家组成，并应与非政府组织建立密切的联系。其职权包括：

---

① 简基松：《联合国经济制裁的"人道主义例外"法律机制初探》，《法学评论》2004 年第 3 期。

② 《威胁、挑战和改革问题高级别小组的报告》第 180 段（a）。

第一，监督制裁委员会及其他相关制裁机构的工作。在联合国制裁的历史上，曾经发生过"石油换食品"的腐败案，对联合国的声誉造成严重损害。制裁机制应监督联合国经济制裁程序的合法性，使制裁执行部门的政策增加透明度。

第二，监测会员国对安理会制裁决议的遵守。安理会的制裁决议只有得到会员国的遵守、执行，才能够取得实效。联合国应要求会员国特别是与被制裁国家有密切关系的国家，有专门的立法以保障安理会的决议得到执行，并由联合国制裁的监测机制实行监督，对于违犯安理会制裁决议的国家实行制裁。

四 完善制裁制度的区域办法

最大限度地利用区域组织实施安理会制裁决议，应是联合国制裁制度发展的一个重要方向。在区域内，由于周边国家与被制裁国有更紧密地经济关系和地缘上的联系，依靠周边国家对被制裁国实行禁运和监管，更能够提高制裁的实效。如根据 1992 年安理会第 757 号决议，南斯拉夫周边国家对其实施制裁后，欧盟有关机构与联合国一道为实施制裁的国家提供了技术和经济援助，确保了制裁的成功。但联合国没有充分利用区域机制来确保制裁的贯彻落实。

当前，区域组织在和平与安全领域呈现出与联合国竞争之势，区域组织通过主张非军事性制裁不需要联合国安理会的监督的方式扩大其活动的空间。[①] 依据《联合国宪章》第八章第五十二条第一、四款的规定，区域办法应以"与联合国之宗旨及原则符合者为限"，且不得妨碍安理会权力的行使，第五十三条第一款更是明确规定："如无安理会之授权，不得依区域办法或由区域机关采取任何执行行动。"可见，在国际安全与和平的维护上，区域组织是联合国的补充和辅助。但是区域组织在实践中对第五十三条所指的"执行行动"作狭义的解释，认为执行行动不应该包括宪章第四十一条和第四十二条所列举的所有行动，而仅仅是指那些涉及适用军事力量的行动，区域组织实施的不涉及使用武力的措施不在此列。[②] 例

[①] 孙焕为：《区域组织对联合国安理会的挑战——对 20 世纪主要国际事例的简要法律评析》，《法学评论》2001 年第 1 期。

[②] Mohammed Bedjaou General Editor: Intenatinal Law: Achievements and Prospects, Martinvy Nihoff Publishers Unesco, 1998, pp. 725—737.

如，1960 年美洲国家组织拒绝了一些国家提出的该组织对多米尼加共和国实施的制裁需要经过联合国安理会批准的建议，其依据就是对宪章第五十三条的狭义解释。

二战后区域组织的蓬勃发展为联合国集体安全制度的"区域办法"提供了新的机遇，"关键是要在宪章和联合国宗旨的框架内安排区域行动，确保联合国和与之合作的人和区域组织采用比以往更为统一的方式，安排这种行动。这将需要区域和平行动，在任何情况下，都应该先征得安全理事国的批准"。[①] 完善制裁的"区域办法"既要采取区域激励机制，也要明确区域组织的法律权限。因此，对宪章第五十三条作出明确的解释尤为必要。

---

① 《威胁、挑战和改革问题高级别小组的报告》第 272 段。

第五章

武力行动的改革

武力使用制度（enforcement measures，也称之为执行行动）主要规定在《联合国宪章》的第四十二条至第四十八条。依据第四十二条的规定，①安理会对国际安全情势享有实施军事强制办法的权利。随后的第四十三条至第四十八条，对武力使用所必须遵循的程序要求做出了规定。第四十三条设置了特别程序，由安理会与会员国缔结"特别协定"，各会员国依此协定"供给维持国际和平及安全所必需之军队、协助及便利"，"特别协定"被认为是安理会武力执行行动的前提和基石。②从《联合国宪章》生效之初，武力使用制度就出现了一系列问题，如第二（4）条在解释上的争议、第四十三条至第四十七条的"停摆"、第五十一条在适用中的争议等，使单边武力和集体武力使用的合法性和正当性在实践中都出现了大量争论，严重损害了联合国集体安全制度的效力和信誉。随着国际关系的发展，新的安全威胁对武力制度在实体上和程序上又提出了新的挑战。作为联合国集体安全制度最后也是最有力的和平保障手段，武力使用制度如不能改革完善并得到适时的发展，将会使联合国有重蹈国际联盟覆辙的可能。

---

① 《联合国宪章》第四十二条的规定："安理会如认为第 41 条所规定之办法为不足或者已经证明不足时，得采取必要之空海陆军行动，以维持或恢复国际和平及安全。此项行动得包括联合国会员国之空海陆军示威、封锁及其他军事行动。"

② Benedetto Conforti, *The Law and Practice of the United Nations*, Kluwer Law International, 1996, p. 196.

第一节　安理会授权使用武力的法律规制

一　安理会授权使用武力的法律依据问题

联合国安理会授权使用武力，是指安理会建议会员国使用武力恢复国际和平与安全的一种方式。[①] 依据《联合国宪章》规定，安理会根据第四十二条采取的执行行动和会员国根据第五十一条行使的"单独或集体自卫的自然权利"，是第二条第4款所规定的在"国际关系上不得使用威胁或武力"原则的仅有的两个例外，而安理会授权使用武力似乎在此之外又创设了另一种合法使用武力的方式。

作为联合国集体安全制度的强制措施之一，安理会可以依据第四十二条采取武力执行行动，这种武力强制措施应当由根据第四十三条之"特别协定"所建立的联合国军队来实施。而且，第四十四条、第四十五条要求由联合国统一指挥和控制，其中，安理会的军事参谋团起重要作用。然而在两极时代，美、苏两大政治军事集团的对立使缔结"特别协定"所必需的政治上的一致无法达成，这使第四十三条成为虚设。为弥补这种情势，联合国只得援引《联合国宪章》第七章对会员国进行授权，通过会员国单独或在区域组织的框架内对和平的严重威胁或破坏诉诸武力，这已经逐渐成为安理会的常见做法。[②] 可见，授权使用武力是联合国在迫不得已的情况下，所采取的一种变通办法；是安理会为了实现维持国际和平与安全职能，将其武力强制措施的执行权交由会员国代为实施的一种方式。对于这种在实践中发展起来的武力使用方式，国际社会已经普遍性地接受为联合国体制下以武力恢复国际和平与安全的一种新范式。然而，作为一种变通方式，其法律依据何在？

从《联合国宪章》的规定来看，以明白无误的语言表明安理会具有授权使用武力职权的条款仅见于第八章所确定之"区域办法"中。显然，这种对区域组织授权的规定不能解释为安理会对会员国授权的法律依据。从历次此类授权使用武力的决议所援引的法律依据来看，一般都是笼统地说"根据《宪章》第七章"，没有引用其他具有相同效力的规定来支持安

---

① 李鸣：《联合国安理会授权使用武力问题探究》，《法学评论》2002年第3期，第69页。

② Antonio Cassese, *International Law*, Oxford press, Second Edition, 2005, pp. 339—340.

理会的决议。但综观从第三十九条延续到第五十一条的整个第七章，并没有出现任何"授权"的字眼，在明示权力中能够找到授权的具体依据吗？

很多学者以肯定性的态度对此展开分析，其方法是将第四十二条和第四十三条、第四十四条和第四十五条分开解读。沙赫特（Oscar Shachter）认为，"行动不必一定是指在安理会控制和指挥下的武力行动，涉及这种控制和指挥的宪章其他条款不应与第四十二条联读"，虽然"行动可以指强制意义的执行行动而非授权，但即使第四十二条允许强制行动，这也应当包含较小程度的建议或授权行动的权力。"① 蒂莫西·希利尔（Timothy Hillier）也持类似的观点，认为："《联合国宪章》没有指出第四十二条取决于根据第四十三条所达成的协议。"他根据第四十二条的表述认定，第四十二条确实指出执行行动"可以包括联合国的会员国的空军、海军和陆军的示威、封锁及其他行动"。② 按此解释，安理会根据第四十二条有权采取两种军事行动，一是执行行动，二是授权使用武力的行动。③ 认为海湾战争是第四十二条"半适用"（Article42 1/2）④ 的观点实际上是应用这种分析方法得出的结论。

对于这种分析方法，我们应该认识到，任何法律文本的单个条款都是整个文本的有机组成部分，采取割裂条款、断章取义的办法来进行解释，其结果必然是偏离甚至背离立法本意。这种方法的核心实质就是否认第四十三条是第四十二条的预设条件，认为第四十二条的适用不必依赖于第四十三条事先缔结的特别协定。显然，这和《联合国宪章》的本意是不相符合的。对于安理会的职权，宪章不仅从总体上规定："安全理事会于履行此项职务时，应遵照联合国之宗旨及原则"，并且在第二十四（2）条以列举的方式说明了安理会的职权范围。⑤ "《联合国宪章》并没有规定安

---

① Oscar Shachter, *United Nations Law in the Gulf Conflict*, *The American Journal of International Law*, Vol. 85, No. 3, July 1991, p. 458.

② 蒂莫西·希利尔（Timothy Hillier）著，曲波译：《国际公法原理》（第二版），中国人民大学出版社 2006 年版，第 253 页。

③ 李鸣：《联合国安理会授权使用武力问题探究》，《法学评论》2002 年第 3 期，第 70 页。

④ Mark W. Janes and Jone E. Noyes, *International Law*: Case and Commentary, West Publishing Co., 1997, p. 471.

⑤ 《联合国宪章》第二十四（2）条规定："为履行此项职务而授予安全理事会之特定权力，于本宪章第六章、第七章、第八章及第十二章内规定之。"

理会可以授权某个国家或国家集团采取军事行动"，① 安理会授权使用武力从宪章的明示规定上是超出其职权范围的。

从宪章的明示措辞中去解释授权使用武力的法律依据是牵强的。当前，对于授权使用武力的法律依据，广为接受的观点是"国际组织的暗含权力说"，即"从法律上看，安理会的这种授权可以从安理会依据宪章第三十九、四十、四十二和四十八条的各项职权综合考虑得出"。② 由于联合国最主要的宗旨和职能是"采取有效集体办法"，"维护国际和平及安全"，在此宗旨和职能下的一切行动都应视为合法（除非违反国际法）。由于国际关系不断变化发展，当年宪章的起草者不可能把所有条款都规定得面面俱到、详尽明确，于是，联合国可以运用暗含权力弥补明示权力的不足，以适应不断发展变化的国际形势。以此而论，授权使用武力的合法性是不言而喻的。而安理会是联合国集体安全机制的决策机关，宪章第七章赋予其代表所有国家行事的专门职能，为完成"维持国际和平及安全之主要责任"，安理会不但可以根据第四十二条的明示权力做出采取武力执行行动的决定（decision），还可以根据职能需要做出建议（recommendation），促请会员国采取武力行动，以达到恢复国际和平与安全之目的。虽然授权在性质上只是一种建议，并不能产生与决定一样的效力。但由于安理会的权威性，建议性质的决议同样构成有关行动合法性的基础。③

"暗含权力说"以目的性、扩张性解释，引申出联合国安理会具有授权使用武力的职权。相比于明示权力说，其解释更令人信服。但是其中也不是没有问题存在。

首先，联合国在维持国际和平与安全的"组织及权力形态上具有集权的性质"，④"宪章条款的本意是要把武力的使用控制在一个中央实体（central body）中，而授权这种新体制却示意把武力的使用权分散到各个国家，即'非中心化'，尽管这是由中心实体授予的"。⑤ 因此，授权使用

---

① Weston：Security Council Resolution 678 and Pesian Gulf Decision-Making：Precarious Legitimacy，AJIL85（1991）516，p. 522. ［德］沃尔夫冈·格拉夫·魏智通主编，吴越、毛晓非译：《国际法》，法律出版社 2002 年版，第 812 页。

② 同上书，第 832 页。

③ 李鸣：《联合国安理会授权使用武力问题探究》，《法学评论》2002 年第 3 期，第 69 页。

④ 梁西主编：《国际法》（修订第二版），武汉大学出版社 2002 年版，第 181 页。

⑤ *Antonio Cassese*，*International Law*，Oxford press，Second Edition，2005，p. 350.

武力是否符合集体安全制度的原则，是有疑问的。有学者就认为，授权是实践中发展起来的学理解释，其主张从政治上和法律上都是值得商榷的，并不符合《联合国宪章》的本质和目的。①

　　其次，从理论上看，推论"暗含权力"实际上是一个解释国际组织的构成条约及附属文件的过程。国际法庭往往也是把它当作条约解释问题来处理。② 然而《联合国宪章》解释权的确定至今还是一个有待进一步明确的问题。这种不明确性导致了联合国安理会的"暗含权力"也处于不明确的状态，所以，用"暗含权力"来解释安理会授权使用武力还需要根据一般国际法原理和国际组织法、国际条约法等部门法来进一步深入讨论。

　　更为重要的是，"制定法律来约束武力使用的真正工作，可能还是要通过特别达成的更加温和、更加精确的法律文件来进行"。③ 以此标准来衡量，授权使用武力毫无疑问还没有一个"精确的法律文件"来作为实施的依据。也就是说，虽然授权使用武力的合法性能够为国际社会所接受，但具体规则却是缺失的，处于"暗含权力"之中的授权使用武力机制尚未构成一种具有明确规范的国际制度。在制度性不足的状态下，"安理会应该具体在什么情况下作出这种授权？授权的具体标准或条件应该如何确定？如何使得这种授权及时、有效？如何保证被授权国家严格遵守有关的授权决定或如何保证被授权的强制行动能在安理会的有效控制之下？"④

　　进而言之，对于滥用授权出现的危害性后果，其中的国际责任如何确定？授权虽然属于一种建议，不具备与决议同等的法律效力，但又有一定的法律意义。由于《联合国宪章》本身没有对授权作出规定，而安理会在实践中采取的关于授权依据的解释及习惯规则又不明确，这

---

　　① ［德］沃尔夫冈·格拉夫·魏智通主编，吴越、毛晓非译：《国际法》，法律出版社 2002 年版，第 832 页。

　　② 饶戈平、蔡文海：《国际组织暗含权力问题初探》，《中国法学》1993 年第 4 期，第 103 页。

　　③ 威廉·D. 罗杰斯：《武力的原则，原则的力量》，载路易斯·亨金等著，胡炜、徐敏等译《强权与真理——国际法与武力的使用》，武汉大学出版社 2004 年版，第 99 页。

　　④ 曾令良：《论伊拉克战争的合法性问题与国际法的困惑》，《珞珈法学论坛》（第四卷），武汉大学出版社 2005 年版，第 236 页。

样，关于授权产生什么样的义务和谁来承担这些义务是不明确的，即使在会员国接受、行使安理会的授权时出现了违反国际法的基本原则和规则的情形，也很难辨别是什么义务被违反了，从而确定、追究有关主体的国际责任。

二 安理会授权使用武力的实证考察

迄今为止，安理会根据第七章授权使用武力主要有以下 6 次：（1）1950 年 7 月 7 日的第 83 号决议首次使用"授权"一词，该决议针对朝鲜问题授权美国控制和指挥的军事力量使用联合国旗帜；（2）1966年 4 月制裁南非的第 221 号决议，授权英国等国家动用海军力量封锁南非海岸；（3）1990 年著名的 678 号决议"授权会员国与科威特政府合作"，"采取一切必要手段维护和执行安理会 660 号决议和所有随后有关的决议，恢复该地区的国际和平与安全"；（4）1993 年在索马里维持和平行动期间，3 月 26 日通过的第 814 号决议及后来的第 837 号决议都授权维和部队用武力维持和平，为索马里的重建和人道主义援助行动提供安全保障；（5）1993 年在波斯尼亚维持和平行动期间，第 816 号决议授权会员国"在波斯尼亚－黑塞哥维那共和国领空采取一切必要措施，以确保飞行禁令获得遵守"；（6）1994 年关于海地问题的第 940 号决议，"授权各会员国组成一支统一指挥和控制的多国部队，在此框架内使用一切必要手段"，促使海地摆脱军事统治，迅速回归合法选举的政府。

在这 6 次授权行动中，朝鲜战争和海湾战争最引人注目。第 83 号决议的合法性因苏联缺席受到了质疑，而海湾战争则广受赞誉。但是，"即使有了那些授权，仍然会留下严重的问题。一场合法的战争未必就是一场正义的、审慎的和人道的战争"。[1] 综观历次授权行动，暴露出的问题主要集中在以下几个方面：

第一，授权使用武力的适用范围盲目扩大。以上 6 次授权武力行动可以划分为三类：一是针对传统的侵略，二是针对国内维和，三是针对一国政权的更迭。针对侵略授权实施武力，其必要性自不待言，但将授权扩大

---

① Wade Mansell, "Goodbye to All That? The Rule of Law, International Law, the United States, and the Use of Force", *Journal of Law and Society*, Vol. 31, No. 4, December 2004, p. 434.

适用到国内问题，却有颇多值得商榷的地方。固然，宪章第三十九条赋予了安理会对国际和平与安全的情势和实施强制措施的自由裁量权，但安理会的解释权和行动权应遵循联合国的宗旨和原则。宪章所提到的"约束武力"，不仅是约束联合国会员国乃至非会员国在处理国际关系时的原则，也同样是联合国自身必须遵循的基本信念，"联合国是为关注国际争端的和平解决创立的，依靠军事手段的政策只是极端的、最后的办法"。①从公正有序的制度建构之应然要求来看，不明确的、容易被滥用的安理会的授权也应在被约束之列。"安理会的授权使用武力必须根据宪章关于减少在国际社会中暴力的目的来解释，不应当认为安理会授予的是可以根据宽泛的授权而推导出的大量使用暴力的权力。"②在索马里维和行动中，安理会背离中立、非武力原则，授权维和部队实施武力维和，结果在美国的操纵下，维和部队介入内战，加剧了冲突，恶化了索马里的局势，最终导致索马里维和行动彻底失败，破坏、损害了联合国的声誉和威信。而海地问题则纯属一国内政，安理会的授权是否有违反主权原则，干涉一国内政之嫌疑？

第二，授权决议用语缺乏法律上的确定性。安理会在通过授权使用武力的决议时，关键性用语常常采用模棱两可的词句。造成这种情况的原因是多方面的，一是授权具有建议性质，理论上会员国没有义务接受这种授权，因此策略上的考虑要求授权决议避免明确地使用强迫性、命令性的词汇。二是服从于外交策略的需要。美国在 1990 年显然希望得到明确的文本依据，以对伊拉克使用武力，但由于苏联的反对，安理会决议不得不改换成了"一切必要措施"的措辞。在这种情况下，尽管安理会的意图很明显是授权使用武力，但是安理会的措辞却会使这种意图变得很模糊。模棱两可的表述使安理会的授权决议变成了一个采用了开放式意图的语言（open-ended language）、具有宽泛的目的（a broad purpose）的法律文本，而其中授权的目的、意图、效力范围、接受授权国家的权限等重要问题都变得模糊起来，给接受授权的会员国留下了自由判断和解释其行为的空间，如此就给一些别有居心的国家留下了曲解

---

① Jules Lobel & Michael Ratner, Bypassing the Security Council: Ambiguous Authorization to Use force, Cease-fire and the Iraqi Inspection Regime, from *The American Journal of International Law*, 1999, Vol. 93: 124, p. 128.

② Ibid., p. 129.

的机会。例如"暗示授权"（implied authorization）论，一些国家基于寻求多边体制形式下的授权以使其武力行动达到合法化之目的，利用安理会决议文本的缺陷进行演绎和引申，认为决议存在着对会员国的"暗示授权"。

第三，授权决议对权限的规定过于宽泛。"恢复该地区的国际和平与安全"已经成为安理会授权决议的习惯性措辞，这个用语不但在授权目的上大而化之，而且使授权决议的空间效力范围具有模糊性，对接受授权国的权限也缺乏应有的限制。在朝鲜战争问题上，83 号决议基本没有提供关于"恢复该地区的国际和平与安全"之含义的相关说明。美国初期宣布"遵照安理会决议"，行动"仅以恢复朝鲜共和国在北朝鲜入侵以前的状况和重建为该入侵破坏之和平为目的"。但在 1950 年 9 月底，当联合国军成功地在仁川登陆并击溃了北朝鲜军队后，却面临着是否要追击并彻底消灭北朝鲜军队的问题。这个问题涉及的法律因素是：这种行动是在 83 号决议授权范围内的，还是应该寻求新的联合国授权？后来，尽管美国把这个问题递交给了联合国大会，[①] 联大也于1950 年 10 月 7 日同意了联合国军跨越 38°线的行动，但在此之前，联合国军已经在北朝鲜的领土上了，联大决议成为"事后授权"。它给国际政治带来的结果是中国卷入了战争。在这一行动中，美国采取的立场是，由于军事行动需要广泛而灵活的法律授权以应对变化中的情势，所以额外的授权是不必要的，83 号决议已经授予了必需的权力。[②] 在海湾战争中，安理会 678 号决议授权会员国采取一切必要措施以"支持与实施 660 号决议（1990）并恢复该地区的国际和平与安全"。这种可延伸性的指令使得一些国家有理由辩称对伊拉克境内的空袭是为了确保安理会决议的遵守而由 678 号决议所授权的。[③] 从纯文本的角度看，对授权目的的限制，即使有的话，也是微不足道的。对"地区"没有给以界定，因此可以是指伊拉克或整个中东地区，"恢复国际和平与安全"可以是指占领伊拉克，推翻萨达姆·侯塞因的统治或对伊拉克的军事、工

---

① 苏联重返安理会后，朝鲜问题由联合国大会接管。

② Jules Lobel & Michael Ratner, Bypassing the Security Council: Ambiguous Authorization to Use force, Cease-fire and the Iraqi Inspection Regime, from The *American Journal of International Law*, 1999, Vol. 93: 124, pp. 138—139.

③ Antonio Cassese, *International Law*, Oxford press, Second Edition, 2005, pp. 348—349.

业设施的轰炸。①

第四，授权决议的时效范围缺乏应有的规定。几乎所有的授权决议都忽视了对决议的时效范围作出具体的规定，安理会实际上把作出这种判断的权力交给了会员国，会员国可以自行判断授权的开始和终止，由此留下了后患。2003 年美英联军对伊拉克发动战争的依据之一是"系列决议授权论"，②该理论认为，联合国安理会在长达十多年的时间里对伊拉克的决议不是孤立的，而安理会对授权使用武力决议的时效没有作出具体的规定，加上授权使用武力意图的模糊表达，因此可以认定，"第 1441 号决议没有说明，在伊拉克'进一步实质性地违反'安理会决议的情况下，安理会必须通过新的决议来作为使用第 678 号决议的武力措施的依据"。③也就是说，由于 678 号授权决议并没有规定具体终止时间，会员国可以根据第 1441 号决议重新自行决定使用 678 号决议中所许可的武力措施。显然，678 号决议在伊拉克被驱逐出科威特后即应终止，但决议文本的缺陷给了英美行动以借口。

第五，对授权使用武力的实施监控不足。在朝鲜战争中，"联合国军"虽然打着联合国的旗号，但实际上受美国控制，联合国自身的文件也承认："驻在朝鲜的国际部队并不是联合国维持和平行动，因为这支部队不是在联合国控制之下，而且不是以有关各方的同意为依据。"④ 而在海湾战争中，第 678 号决议没有在安理会或其他合适的联合国机构与接受授权国家之间提出任何有实际意义的督导方案，只是简单要求"有关国家……与安理会保持经常性联系"。安理会给了联合国会员国一张 1991 年 1 月 15 号以后在伊拉克自由行动的许可证，准许它们以自己所选择的任何形式和方法发起战争。⑤ 联合部队开始进攻伊拉克后，联合国的作用基

---

① Jules Lobel & Michael Ratner, Bypassing the Security Council: Ambiguous Authorization to Use force, Cease-fire and the Iraqi Inspection Regime, from *The American Journal of International Law*, 1999, Vol. 93: 124, pp. 139—140.

② 曾令良主编：《21 世纪初的国际法与中国》，武汉大学出版社 2005 年版，第 54—57 页。

③ John Yoo, International law and the War in Iraq, *The American Journal of International Law*, Vol. 97, No. 3. Jul., 2003, p. 571.

④ 曾令良主编：《国际法学》，人民法院出版社、中国社会科学出版社 2003 年版，第 138 页。

⑤ Burns Weston, "Security Council Resolution 678 and Persian Gulf Decision Making: precarious Legitimacy", *The American Journal of International Law*, Vol. 85, No. 3, July 1991, p. 526.

本上失效：既没有用宪章第七章指导军事措施的协调和监督，也没有某种临时准备对之施加相应的职能性限制，以保障适当的安理会权威。安理会破坏了自己的组织结构，甚至到了允许联合部队独立行动的地步。[①] 在索马里维和行动中，联合国完全失去对授权军事行动的监督和控制，听任美国对艾迪德派进行武力报复，造成大规模武装冲突，致使大批平民丧生。维和失败后，美国和联合国又相互推诿、指责。

三　对安理会授权使用武力进行规制的法律构想

武力强制措施是联合国集体安全体制最后诉诸的和平保障手段，也是最有力的手段。安理会授权使用武力是联合国集体安全体制适应国际政治现实性需要的做法，也是切合联合国组织自身发展状况的：

第一，宪章第四十三条"停摆"带来的变更需要。就联合国而言，最理想的武力手段当然是在安理会直接控制之下的执行行动，但在第四十三条"特别协定"无法缔结的情况下，则只能退而求其次，采取授权这种"介于国家单边诉诸武力和宪章规定的集体安全之间的一种'半截房屋'（Half-way house）"[②] 的形式。由于激活第四十三条的难度很大，在可以预见的将来，适用第四十二条仍然只能是国际社会的远景期望，授权使用武力在现阶段乃至未来相当长的一段时期仍将是安理会武力强制措施得以实现的唯一手段。实践证明，没有武力强制措施的保证，联合国难以发挥应有的作用，不仅无法积极作为来适应日益变化的维持国际和平与安全的需要，甚至连保持消极的和平现状也只是一种幻想。授权会员国使用武力作为一种替代性措施，在一定程度上弥补了"虚设"的第四十二条。

第二，基于国际社会基本结构现状的务实选择。大国居于主导地位是国际关系的现实，作为国家之间进行合作的法律形式，国际组织深受国际社会构成性特征的影响，它不仅把国家主权而且还把强权国家的支配地位奉为不可僭越的要旨，这也是联合国把"大国一致原则"作为运行的政治基础的原因所在。联合国本身并不具备任何真正的归自己所有的经济、政治和军事力量，而是要靠会员国的合作。从目前的国际社会结构状况来

---

① 杨泽伟等：《海湾战争：联合国安理会授权的一次滥用——对一位美国学者观点之评介》，《法学评论》1996 年第 1 期，第 26 页。

② 曾令良主编：《21 世纪初的国际法与中国》，武汉大学出版社 2005 年版，第 74 页。

看，比较实际的做法是注重发挥大国的作用来发展国际社会的共同利益。因此，为了安理会的执行权得以实现起见，授权的做法是一个务实的理性选择。实践证明，当联合国的方案与大国的利益相符时，能够得到需要的支持，海湾战争即是美英基于利益所在而主动响应安理会决议的例子。[①]当然，这其中的问题是如何协调大国利益、国际社会共同利益及其实现方式之间的关系，为使大国利益不突破国际社会的共同利益，就需要完善授权制度。

第三，对国际关系中武力使用进行法律管制的要求。联合国集体安全制度的核心就是对在国际关系中的使用武力进行法律管制，尽管《联合国宪章》所预设的把武力的使用完全"集中在一个屋顶下"的机制并未充分实现，只能把安理会授权下的使用武力作为集体安全的实现手段，但授权毕竟不同于国家为了实现个别利益而单独或通过军事同盟诉诸的武力行为，终究在合法性依据上区分了集体强制行为与非中心性（anarchic）的武力行为。虽然授权机制目前不尽如人意，但它要求非自卫性（non self-defence）的武力使用必须以安理会的许可为前提，从而制约了大国的任意行动，把单边武力纳入了联合国法治的轨道。

联合国集体安全体制承载着国际社会的厚望与理想，但安理会的授权有时反而成为霸权主义和强权政治的"合法"外衣，这不能不令人遗憾。但是，我们应当看到，"联合国是一个反映着权力分配的组织实体，世界上各种形式的作用因素都会通过联合国组织折射出来"，[②]造成这种情况的根源在于国际政治的影响而非联合国的初衷。在国际法层面上，则主要是由于具体操作中内容和程序上的不明确，带来了实施中的不受制约性（unrestricted character），导致了会员国特别是大国滥用授权的可能。因此，亟待解决的问题应是对相关的规则制度进行创制与完善，并加强其实施机制。

在联合国官方网站上，"强制执行"行动已经悄然演变为"制裁"和

---

① 国际法并不排斥国家利用相关的国际法律制度为其自身的利益服务，只要这种利益和国际上大多数国家的利益一致，而且其"利用"不违反国际法强行规则和其承担的国际法义务即可（参见曾令良主编《21世纪初的国际法与中国》，武汉大学出版社2005年版，第87页）。因此，在完善的授权机制下，会员国利用授权追求国家利益是为国际法所允许的。

② Louis Henkin, "International Organization and the Rule of Law", *International Organization*, Vol. 23, No. 3, The United State and International Organization: The Changing Setting, Summer 1996, p. 666.

"授权采取军事行动"两种。① 授权使用武力事实上已经取代第四十二条，因此，应该通过对《宪章》的修改将授权条款明确列入，使之与第四十二条并列成为安理会武力执行行动的方式之一。这一措施将授权由暗示权力改为明示权力，有利于加强授权的合法性，是最为理想的改革方式。但是，由于联合国改革难度之大、进展之缓慢，这一目标的实现还需要较长的时间。因此，目前最为切实可行的方式是通过对《联合国宪章》条款的解释来完善授权机制。虽然宪章的解释权是不明确的，但事实上，大会和安理会仍可以通过对宪章的解释为授权制订规则，只要这种解释被普遍认可，就会具有法律约束力。因此，联合国大会和安理会可以先期通过一些宣告性文件或决议、建议，为现阶段的授权制度制定初步规则，也为最终的宪章修改铺平道路。

完善授权使用武力机制的首要任务应是为安理会制定实施武力的法律原则和标准。安理会是一个政策定向机构而不是法律机关，在大国政治影响下通过的授权决议，其合法性和公正性从一开始就会受到质疑，为此，减少安理会的政治取向，加强规则取向，殊为必要。《名人小组报告》提出安理会在考虑是否批准或同意使用武力时应该遵循五个正当性标准：威胁的严重性、正当的目的、万不得已的办法、相称的手段和权衡后果，并建议把这些授权使用武力的准则列入安理会和大会的宣告性决议中。这些建议若是最终能够为联合国改革所采纳，将会从源头上减少授权使用武力被滥用的可能性。

在授权规则的具体内容方面，应着重加以解决的是由授权决议的不明确带来的实施上的不受制约。为此，应当对授权的意图和目标、效力范围、接受授权国家及其军队的权限等实体性和程序性规则作出详细的规定；授权决议的语言表述应该明确而清晰，使之更具识别性与可操作性，不能够简单地使用"恢复该地区的和平与安全"之类的概括性、抽象性的语言，为接受授权的会员国留下越权的空间；对于军事行动中所使用的方式、手段，也应根据战争法和具体情况加以必要的限制。当然，授权决议也必须有一定的弹性空间，以确保接受授权的会员国在一定程度的自主行动权以及其他方面的便利，使执行行动能够顺利实施。

---

① 联合国和平与安全简介—强制执行（http：//www. un. org/chinese/peace/issue/enforcement. htm）。

单靠规则，无论阐述得多么细致，都不能使各国以文明的方式行事，[1] 也不能保证其目的与价值的实现，为此还要建立保障实施机制：一是完善报告制度，要求接受授权的会员国在行动中承担向安理会报告的义务，报告的内容应规定是详尽的、全面的，不能够流于形式，且报告是经常性的、定期性的。二是监督制度，授权行动不同于安理会的执行行动，要求接受授权的国家将军事指挥权交给联合国，可能性不大。为确保授权不被滥用，联合国应对其进行监督，为此，必须建立监督机构，一个可行的方案是发挥军事参谋团的作用。将军事参谋团改造成为一个执行行动的监督机构或赋予其相关的职权，相信是能够为国际社会所接受的。

此外，还应该建立调查和评估制度。在每一次授权行动结束后，应在安理会的主持下，对执行行动的效果进行评估，对其中存在的问题开展调查，这是制约滥用授权的有效手段。为此，必须建立和授权机制相关的国际责任规则。前已提及，由于现行授权机制在法律义务性质和主体上的不明确，直接影响了国际法律秩序被破坏后责任的分配和承担。作为二级规则（secondary rules），国际责任的确立首先要靠相应之权利义务的一级规则（primary rules）的建立。在授权规则得以完善后，在其责任规则上首先要区分由安理会承担的责任和由行使授权的会员国承担的责任。对于超出授权目的、权限，滥用授权的行为，自然应追究相应行为者的责任。其次要规定违反授权规则后承担责任的具体性质和方式，赔偿或承担战后一定范围的重建应是主要的责任形式。

第二节　人道主义干涉的制度化

一　人道主义干涉的合法性争议

人道主义干涉（Humanitarian Intervention，也称人道主义干预）现象可以追溯到 16 世纪，甚至更早，到 19 世纪则已频繁出现，[2] 各个时期都有国

---

① Ian Brownlie, International Law at the 50th Anniversary of the United Nations: General Course on Public International Law, 225 Recueil des Cours 1995, p, 209.

② 主要事例有：1827 年英、法、俄三国支持希腊反土耳其的起义。1856 年英国和法国对西西里的干涉。1860—1861 年英、法、奥、普、俄对叙利亚的干涉。英、法、俄等国相继于 1866—1868 年干涉克里特岛，在 1876—1878 年干涉波斯尼亚、黑塞哥维那、保加利亚和马其顿。美国在 1898 年干涉反对西班牙在古巴的行动。

际法和国际政治学者对其从不同的方面开展研究。人道主义干涉，就其本质而言，是外部力量对一国内政的强力干预。当前，国际社会出现了两种并行的情况：一是传统的由一国或多国联合采取的单方面干涉（Unilateral intervention），1999 年的北约干涉南联盟事件将之推到了一个新的高潮；二是依据联合国宪章第七章，由安理会授权采取的集体干涉（collective intervention），即"联合国人道主义干涉"（U. N. Humanitarian Intervention），①这类情形在 20 世纪 90 年代后已多次出现。人道主义干涉的合法性一直存在着争议，争论的各方各执一词，未有定论。在现代国际法体系下，我们可以将其归结到习惯国际法和《联合国宪章》第二（4）条两个方面来讨论。

1. 人道主义干涉是否构成习惯国际法

一些国际法学者认为人道主义干涉已经构成习惯国际法。方廷（Fonteyne）认为："虽然，对于在何种条件下能够诉诸人道主义干涉，以及人道主义干涉应该采取何种手段，存在着明显的分歧，但是，人道主义干涉原则本身已被广泛地接受为习惯国际法的组成部分。"② 持这种观点的学者主要依据格劳秀斯等早期国际法学家的学说——早在 17 世纪，格劳秀斯就提出，在原则上，一国君主得向正为反对本国暴君而斗争的他国人民提供合法的援助。伊恩·布朗利对此总结道："万国公法的古典法理学家，包括被称为国际法之父的格劳秀斯，都认为惩罚不法行为的战争是正义战争。大多数法理学著作均承认，到 19 世纪末已存在着一种称为人道主义干涉的权利。"③ 另外，还有些学者认为，自联合国成立以来人道主义干涉的实践并没有停止的事实，④ 足以确认人道主义干涉是持续有效的一项习惯国际法上的权利。

但另有一些国际法学者持反对意见。贝耶林（Beyerlin）认为："由

---

① Richard B. Lillich, The role of the U. N. Security Council in Protecting Human Rights in Crisis Situations: U. N. Humanitarian Intervention in the Post-Cold War World, Tulane Journal of International & Comparative Law, Vol. 3, 1994.

② L. Fonteyne, The Customary International Law Doctrine of Humanitarian Intervention: Its Current Validity under the U. N. Charter, California Western International Law Journal, Vol. 4, 1974.

③ Ian Brownlie, International Law and the Use of Force by States, Oxford University Press, p. 338.

④ 1945 年以来发生了若干以人道主义为理由的对他国的单方面武力干涉事件。例如，1948 年的第一次阿以战争，1964 年美国和比利时两国在刚果的军事营救行动，1965 年美国入侵多米尼加共和国，1971 年印度入侵东巴基斯坦，1975 年印尼入侵东帝汶，1976 年南非入侵安哥拉，1978 年比利时和法国在扎伊尔的军事营救行动，1983 年美国武装干涉格林纳达等。参见黄惠康《国际法上的集体安全制度》，武汉大学出版社 1990 年版，第 257—261 页。

于少数学者以严格的不干涉原则为依据，坚决否定人道主义干涉的学说，因此，近代人道主义干涉是否已明显地确定为习惯国际法仍存在着争论。尽管有许多所谓人道主义干涉的先例，但是通过更仔细的研究就能发现，仅仅只有几个案例能证明是名副其实的人道主义干涉的例子。"① 伊恩·布朗利在研究人道主义干涉的历史后，更是持坚决的否定态度："从来就没有真正的人道主义干涉的实例。"②

国际法学者争论的焦点实际在于是否有真正的人道主义干涉实践的存在，仔细分析19世纪以来的实例，可以发现，人道主义干涉只是干涉国推行其政治、经济或其他利益的借口，一旦没有利益牵涉其中，各个国家就明显的没有兴趣参与干涉行动。这一点不但和人道主义干涉所强调的单纯人道主义动机是相违背的，而且使之缺乏反复且前后一致的行为实践，因而也就难以在国际社会形成一致的法律认知。因此，无论从形成习惯国际法所必备的"物质因素"还是"心理因素"来看，人道主义干涉都不能成为一项习惯国际法。

另外，从存在的证据来看，无论是在国家间的条约、宣言、声明等各种外交文书中，还是在国际组织的判决、决议和实践中，都找不到支持人道主义干涉成为国际习惯规则的证据。不只是发展中国家，一些西方国家政府也曾经明确反对将人道主义干涉看成是习惯国际法上的一项既有权利。英国外交部的一份政策文件对此曾如此评说："当代国际法学者中的绝大多数反对国际法中存在着一项人道主义干涉的权利，主要原因有三：一是宪章及现代国际法制度中都未明确纳入这项权利；二是国家实践中只有为数不多的人道主义干涉先例，然而对过去两个世纪中特别是1945年以来的先例加以仔细评估，实际上真正为人道主义而使用武力的情形一个也没有；三是从谨慎的立场上看，对人道主义干涉的权利加以滥用的程度足可以否定这项权利的产生。"③

从另一方面说，即使人道主义干涉已经形成习惯国际法，但随着联合

---

① Beyerlin, Humanitarian Intervention, in R. Bernhardt ed., Encyclopedia of Public International Law, Vol. Ⅱ, Amsterdam, 1995, p. 927.

② Jan Nederveen Pieterse ed., World Orders in the Making: Humanitarian Intervention and Beyond, London, 1998, p. 198.

③ 李兆杰：《国际法上的"人道主义干涉"问题》（http：//www. lawintsinghua. com/content/content. asp？id＝170）。

国的成立，除自卫权外的单方面武力已被宣布为非法，任何单方面的干涉行为因此也应废止，这在联合国的司法实践中已经多次得到了确认。例如，1949年，国际法院在"科孚海峡案"中判称：法院只能把英国所主张的干涉权看成是武力政策的表现，这种权利在过去曾多次被严重地滥用。当今，不论国际机构有多少缺陷，这种权利都不能在国际法中有任何地位。以本案中这种特定形式进行（在阿尔巴尼亚领土上搜集证据）的干涉同样是不能被接受的，因为从事情的本质来看，这种权利会保留给最强大的国家，并且可能会很容易地引起对执行国际法本身的滥用。1986年，国际法院又以同样的理由在"尼加拉瓜军事和准军事活动案"中判称：在当代国际法中，不存在一项一般的干涉权，如果一行为构成对不干涉原则的破坏，并由此引起直接或间接的使用武力，这一行为同时构成了对国际关系中不使用武力原则的破坏。

　　所以，人道主义干涉已经构成习惯国际法的理论是不能成立的，无论在理论上还是实践上，都无法确认是一项既有的国际法上的权力，国家不能以人道主义灾难为由主张对他国使用武力。

　　2. 人道主义干涉是否构成宪章第二（4）条的例外

　　以武力干涉他国内政是非法行为，这一点已经在以《联合国宪章》为基础的现代国际法体制中得到确认，也成为国际社会的广泛共识，但是，当干涉被冠以"人道主义"之名时，问题又复杂起来。

　　上世纪70年代，美国一些学者又纷纷提出人道主义干涉合法的新论说。他们认为，对宪章第二（4）条应作限制性解释，即禁止使用武力或武力威胁原则仅仅是直接针对侵犯各国"领土完整"和"政治独立"的行为，对保护人权并没有形成限制。因为，从广义来说，对人权的国际保护也包含在联合国宗旨之中，如出现特别严重侵犯人权的情形，使用包括武力在内的各种措施是符合宪章规定的，出于人道主义动机的武力使用，不但不与联合国宗旨相抵触，而且能够提供必要的人权保护措施，所以，宪章第二（4）条并没有将使用武力的特殊形式——人道主义干涉排除出去。

　　以美国这些国际法学者为主体的人道主义干涉的支持者们又进一步提出，由于宪章第二（4）条规定的目标是将在国际关系中使用武力的可能性降至最低程度，在某些极端的情况下，这与宪章的另一个目标——对人权的国际保护，必然发生冲突。因此，他们主张，在特定情况下，必须在冲突的最低限度化和人权的法律保护这两种目的之间保持适当的平衡，当人权受到严重侵犯时，保护人权原则要优先于禁止使用武力原则。赖斯曼与麦克杜格尔教授为此还引用宪章第五十五条和第五十六条来加强这一观点。① 简而言之，他们认为宪章第二（4）条的法律效力是以联合国成功地履行其保护人权的职责为前提条件的，如果联合国不能有效地采取措施保护人权，那么其他国家则有权对严重违反人权的国家实行人道主义干涉。这种观点实质上是主张把人道主义干涉作为禁止使用武力或武力威胁原则的一项例外。

这种观点应该说有一定的成立理由，它从《联合国宪章》本身出发，依附于宪章的宗旨、原则来进行论证，具有相当大的说服力。联系这种观点提出的时间段，我们可以发现，它其实是人权保护随着人类社会的发展越来越受到重视的结果，是对《联合国宪章》相关条款在新的时代背景下的重新阐释。这种新观点在国际法上提出了一个新的人权价值取向问题，主张人权价值高于和平与安全价值。但能否为国际社会所接受，则肯定会有不同的声音。

显然，作为一种特殊形式的使用武力或武力威胁，人道主义干涉合法与否直接与宪章第二（4）条的解释密切相关。针对这种新型的限制性解释，国际法学界提出了另外一种扩大性的解释。扩大解释论认为，只有根据第二（4）条起草者的真实意图，并在同宪章第三十九条、第五十一条和第五十三条规定相结合的基础上，才有可能对宪章这一条款的规定作出全面和令人信服的解释：

首先，"领土完整或政治独立"的措辞是在旧金山会议上应弱小国家的要求加进去的，其目的是将禁止使用武力的规定更加具体化，而绝非是为所谓的人道主义干涉设定的条件。

其次，该条款所禁止的不是侵害一国"领土完整或政治独立"的目的，而是侵害一国"领土完整或政治独立"的行动本身。使用武力干涉一国的行为，即使是出于保护人权的人道主义动机，也侵害了被干涉国的

---

① 《联合国宪章》第五十五条："为造成国际间以尊重人民平等权利及自决原则为根据之和平友好关系所必要之安定及福利条件起见，联合国应促进：（子）较高之生活程度，全民就业，及经济与社会进展。（丑）国际间经济、社会、卫生及有关问题之解决；国际间文化及教育合作。（寅）全体人类之人权及基本自由之普遍尊重与遵守，不分种族、性别、语言或宗教。"第五十六条："各会员国担允采取共同及个别行动与本组织合作，以达成第五十五条所载之宗旨。"

"领土完整或政治独立"，因为，干涉必然导致要求改变被干涉国的国内权力结构以保证对人权尊重的实现，从而也就破坏了被干涉国的政治独立。

基于以上两点，扩大解释论者认为，应将禁止使用武力或武力威胁原则扩大适用于一切干涉行为，人道主义干涉是违背宪章第二（4）条立法本意的非法武力，不能接受将其作为一项例外的观点。

对宪章第二（4）条的两种解释实质上是国际法两种价值观的争论，即人权与主权哪个是国际法的第一价值取向问题。限制性解释遵从于国际法的发展趋势，主张人权高于主权；扩大性解释则立足于在目前的国际现实，主张主权高于人权。由于《联合国宪章》对条款的解释问题并没有进行具体的规定，无论是哪种解释都难以在国际社会得到一致的认可。一般来说，发达国家持限制性解释，而发展中国家则持扩大性解释，双方各执一词。西方大国以限制性解释为自己单方面的人道主义干涉进行合法性辩护，发展中国家则以扩大性解释抵制外来的人权干涉，而这其中涉及的问题又不仅仅只是法律价值冲突这么简单。

二 联合国人道主义干涉的法律问题

冷战后地区冲突升级，国内冲突也频繁出现，由此引发的难民潮、人道主义灾难等问题引起国际社会的关注，人权与和平之间的密切联系重构了许多政府与学者对人道主义干涉的观念，人权与民主议题成为人道主义干涉讨论中的重要组成部分。1992年安理会举行特别会议并发表声明，称："国家间没有战争和军事冲突本身并不能确保国际和平与安全。在经济、社会、生态和人道主义等方面的非军事的不稳定因素已构成对和平与安全的威胁。联合国成员国作为一个整体，在相关机构的工作中，需最优先解决这些问题。"基于这种观念，安理会在"冷战"后实施了一系列人道主义干涉行动。

安理会授权在索马里采取的武力行动被公认为第一次由安理会决定采取的人道主义行动。1992年12月3日安理会通过了第794号决议，断定"索马里的冲突导致了巨大的人类灾难，这种灾难由于分发人道主义救援物资受阻而进一步加剧，从而构成了对国际和平与安全的威胁"，该决议援引《联合国宪章》第七章，授权联合国秘书长和有关会员国"使用一切必要手段以尽快为在索马里的人道主义救援行动建立一个安全的环境", 恢复索马里的 "和平、稳定、法律和秩序"。该决议明显地没有提及索马里局势已经或潜在地产生对外部的影响, 而是认定索马里国内局势本身就能成为联合国行动的正当理由, 这在安理会的历史上是没有先例的。以此为开端, 一国内部的人道主义灾难从此成为安理会启动强制措施的事实依据。至目前, 人道主义干涉已经成为联合国集体安全行动的惯例。安理会的实践事实上已经把国内冲突特别是侵犯人权同国际和平与安全联系起来, 认定人道主义危机构成一种新的威胁形式。

相比于单方面的人道主义干涉, 联合国对人道主义危机实施的集体干涉较少受到国际社会的批评。大部分国家认为, 当人道主义干涉被联合国授权后, 法律情况就发生了变化; 这种多边行动如通过正式的国际程序, 例如安理会投票表决的授权, 就应当是合法的。中国即持此种观点。虽然如此, 但也有相当多的学者对联合国采用武力救济严重违反人权的情势及其中涉及的问题提出了质疑:

第一, 安理会是否有权对人道主义危机适用宪章第三十九条? 虽然《联合国宪章》序言也宣布, 创建联合国是为了 "重申对基本人权之信念", 并 "促成大自由中之社会进步及较善之民生", 但对基本人权的保障却被规定为经济及社会理事会而不是安理会的职权, 人类安全是被排除在联合国集体安全体制之外的, 集体安全体制与人权保护体制在联合国系统内是互不相干、彼此独立的两种制度安排: 一套是以主权为核心价值的国际法规范, 另一套是以人权为核心价值的国内法规范。安理会对人权灾难发生国进行人道主义干预, 即是以人权挑战主权, 其合法性必定要受到质疑, 甚至会被抵制。

第二, 安理会依照何种标准对人道主义危机适用宪章第三十九条? 即使从文本解释的角度可以为联合国人道主义干涉行动在宪章中找到相应的条款, 认定安理会有权对人道主义危机采取强制措施, 但毕竟宪章中相关条款的规定多是原则性的, 集体使用武力以救济人权在宪章中仍然是个没有明确规定的问题。在法律规范缺失的情况下, 安理会依照什么标准裁定一国境内的人道主义危机是对国际和平与安全的威胁? 是把一国境内冲突和大规模的侵犯人权看作是正在构成对国际和平与安全的威胁? 还是必须存在一些跨越国界的对外影响? 或者另外设立标准? 为什么欧洲的人道主义灾难就是对和平与安全的威胁, 而非洲的同样情势却无人过问?

第三, 安理会如何保证人道主义干涉的公正性和有效性? 集体人道主义干涉的依据是《联合国宪章》第七章，但《联合国宪章》中并未出现"人道主义"这一措辞，更没有规定具体的操作规则。那么，一系列的实质性问题，如人道主义干涉的范围和规模，被授权干涉方的权利和义务，如何确定并使之不被强权控制？制度缺失是集体干涉的现实困境，只要这些问题尚未解决，集体干涉就难以实现其正义性和有效性。例如，1992年开始的联合国授权以美国为首的多国特种部队干涉索马里的行动，耗时27个月，耗资20多亿美元，夺去了132名维和士兵和1万多名索马里平民的生命，但是被干涉后的索马里局势反而迅速恶化，人道主义灾难加剧，国际社会至今依然为索马里问题困扰不已。

事实证明，联合国从20世纪90年代以来的人道主义干涉行动，并不尽如人意，甚至与初衷相距甚远，遭到很多国家和研究者的批评。安理会职权的扩大，带来了行动的随意性；人权情势断定法律标准的缺失，使安理会的决策常常被西方大国操纵；实施规则的缺失，难以保证干涉的效果。联合国人道主义干涉在实施多年后，已经步履维艰。

三　人道主义干涉的价值

当前，人道主义干涉的再度复兴是西方大国推动的结果，人权问题是新殖民主义的外衣，人道主义危机成为西方国家干涉别国内政的幌子。然而，抛开国际政治的因素，"站在人类道义的高度，可以发现，当一国内部发生大规模严重侵犯基本人权的行为时，允许适当的外部干预，在一定程度上是有着伦理的可接受性和实践的必要性"。[①] 在1999年的科索沃危机中，北约的干涉招致了国际社会大量的批评指责，南联盟也将北约国家告上国际法院，但是，国际法院"在其命令中对北约的人道主义干涉行动表示了宽容的态度，甚至暗含了某种支持"。[②] 从整个国际社会的发展趋势来看，在一个主权国家不能或不愿对本国人民提供保护的情况下，人道主义干涉已经越来越被认可。

1. 人道主义干涉符合国际伦理的要求

20世纪中期以来，国际社会的相互依赖使越来越多的人权事务逐渐

---

① 伍艳：《浅议人道主义干预的立法规制》，《现代国际关系》2002年第10期。

② 李红云：《从"南联盟诉北约国家案"看人道主义干涉问题》，《中外法学》2003年第1期。

超出国内专属管辖的范畴，人权保护呈现出明显的国际化趋势，人权与主权互相渗透程度逐渐加深，绝对地以主权原则抵制国际社会对人道主义问题的关注，已经难以获得广泛的国际认同，人道主义干涉的合理性在一定程度上已经得到承认。"如果一个国家对它的国民施行虐待或加以迫害，到了否定他们的基本人权和使人类良心震惊的程度，就不是单独与该国家有关的事项。"① 对此情况，国际社会必要的干涉在法理上也应当是可以接受的。

再者，"冷战"结束以来，两极格局压制下的民族矛盾、种族纷争和宗教冲突释放出来，引发人道主义灾难；某些国家仍存在暴政，有时发展到大规模严重侵犯基本人权的地步；也有一些国家还远未能形成国内凝聚力，甚至急剧崩溃而无力化解人道主义危机。② 这些情形需要及时的、适当的外界干预来制止人道灾难。特别是一国内部的人道主义灾难越出国界成为国际和平与安全的威胁时，国际社会更是有采取集体行动的必要。1994 年卢旺达发生种族大屠杀，而安理会未能及时地采取行动，联合国因此被批评为未能保护成员国国民免受国内政府失职行为产生的侵害，安理会被批评为未能在一国国内侵犯人权事件中发挥应有的作用，这从反面说明了人道主义干涉的必要性，证实了国际社会对人道主义干涉持认可的态度。

2. 人道主义干涉符合《联合国宪章》的宗旨

《联合国宪章》是当前最有代表性的国际法律文件，宪章文本中存在对人权保护的合法性支持。序言"重申基本人权，人格尊严与价值"；"创造适当环境，俾克维持正义"，此处所谓的"正义"如不包括人权将是一个非常狭隘的定义，也是让人无法接受的。可见，促进人权保护和发展也是联合国宗旨和职责的重要组成部分。序言宣称，"保证非为公共利益，不得使用武力"，意味着在为保护公共利益的前提下，可以使用武力。在人权不属于一国国内专属管辖事项的今天，没有理由将人权排除于公共利益之外。因此，保护人权在一定程度上可以成为安理会使用武力的正当、合法理由。

虽然宪章的设计者并未把促进与保护人权放在与维护国际和平与安全

---

① ［英］詹宁斯、瓦茨修订，王铁崖等译：《奥本海国际法》第九版第一卷第一分册，中国大百科全书出版社 1995 年版，第 319 页。

② 杨泽伟：《人道主义干涉在国际法中的地位》，《法学研究》2000 年第 4 期。

同等重要的位置上，但是随着人权国际保护制度的发展，人权事务在法律上已经不再纯粹属于各国保留的范围，联合国一系列的人权公约及其实践表明，至少严重的侵犯人权会引起联合国有关机构的关切。国际法院在1970年的"巴塞罗那电能公司案"的判决中，明确承认人所具有的某些"基本权利"，明显地把尊重人权作为一项国际法上的普遍责任。联合国国际法委员会2001年通过的《关于国家责任的条文草案》规定，"违反一般国际法某一强制性规范所产生的义务的一国"必须承担国家责任，而战争罪、反人道罪、反人类罪、种族灭绝罪等保障人权的最基本的国际义务已经构成强行法规范。国家责任制度的发展为人道主义干预提供了新的法律依据。

3. 人道主义干涉符合国际法的人本化发展趋势

晚近的国际法理论与实践已经越来越关注原本处于国家管辖范围内的人，国际人权法、国际人道法等受到空前的重视，在全球化的环境中，人本化是现代国际法的发展趋势。[①] 在这种背景下，"作为责任的主权"（sovereignty as responsibility）概念被提出，并且已经越来越广泛地被国际社会所接受，它意味着：（1）国家权力当局对保护国民的安全和增进其福利的工作负有责任；（2）国家政治当局对内向国民负责，并且通过联合国向国际社会负责；（3）国家要对自己的授权和疏忽负责。[②] 总而言之，"尊重人权正在成为国家主权的要义"。[③] 这一概念在一定程度上辨明了主权与人权的关系，指出了主权已经不再是国际法唯一的保护对象。

国际法的人本价值取向使"人类安全（human security）——即人民的安全——逐渐成为全球安全的一个全新的衡量标准和全球性国际行动的一个刺激因素"。[④] 在大规模的人道主义灾难中，人们不再集中注意主权政府的豁免权，而注意它们对本国人民和国际社会的责任，将之视为对国际安全的威胁，由安理会对之采取干涉行动。[⑤] 国际社会越来越普遍地认为："促进基本人权和国际秩序的其他基本价值的实现，重要一点在于，

---

① 曾令良：《现代国际法的人本化发展趋势》，《中国社会科学》2007年第1期。

② 干预和国家主权委员会报告：《保护的责任》，（http://www.iciss.ca/pdf/commission.pdf）。

③ 王逸舟：《王逸舟谈伊拉克危机（之三）》，《世界知识》2003年第13期。

④ 张春：《人类安全观：内涵及国际政治意义》，《现代国际关系》2004年第4期。

⑤ 《威胁、挑战和改革问题高级别小组的报告》第201段。

要动态地理解世界和平安全，扩大安理会的职能……据此，一国内部冲突的大规模侵犯人权或危害人类生命的行为也构成世界和平之威胁，可成为安理会采取行动的理由。"①

四　人道主义干涉的制度化构想

人道主义干涉的再度复兴已经构成了对联合国集体安全武力使用制度的一种挑战，可以预见，随着人类社会的发展，人道主义干涉将会在国际关系中占有越来越重要的地位，也将会越来越频繁地出现。"尽管有许多国家反对，可如今在发生大规模严重侵犯人权（如种族屠杀）时，进行人道主义干涉已经被认可。这一点也可以从认定基本人权为强制性国际法准则中反映出来。"② 基于人道主义干涉的价值，承认其法律地位已经不可避免。

虽然，安理会的实践事实上已经将人道主义干涉纳入集体安全制度的范畴，但是，国际法上人权与主权两套不同的规范系统，导致了在法律层面上的人权保护与尊重主权之间的长期冲突。这在实践上给联合国的集体安全行动带来了困难：面对巨大的人道主义灾难，要么因为制度设计上的"画地为牢"而行动迟缓，致使灾难扩大；要么迫于西方大国的压力，对灾难发生国进行人道主义干预，结果其合法性受到广泛质疑。③ 由此造成几乎每一次联合国的人道主义干涉都伴随着质疑，甚至抵制，严重影响了行动的效果，只有通过立法解决人道主义干涉的合法性困境，进行规范化和制度化的管理，才能使之真正发挥保障人权、促进和平的作用。

在目前的国际关系中，以宪章第七章为依据采取干涉行动是唯一能以武力保护基本人权的可行性手段和可接受方式。当前，联合国集体人道主义干涉虽然获得了安理会的授权，在程序上具有了合法性，但在宪章的规定中找不到任何的实体规定作为依据，因此，应允许联合国集体人道主义干涉构成《联合国宪章》第二（4）条的例外，明确赋予联合国人道主义干涉的合法性地位。从而使依《联合国宪章》建立起来的集体安全体制在作为保护国家主权（国家安全）体制的同时，也成为一种保护基本人

---

① ［德］马蒂亚斯·海尔德根：《联合国与国际法的未来——现代国际法体系基本价值及其有效保障》，《世界经济与政治》2004年第5期。

② 同上。

③ 古祖雪：《从伊拉克战争看国际法面临的冲击与命运》，《法律科学》2004年第3期。

权（人类安全）的体制，使调整国家之间关系的国际法同时也具有协调国家权利与人民权利的宪法功能。① 联合国大会可以就此提出一项原则性的草案提交各国讨论通过，形成决议，或者由安理会和国际法院通过对宪章有关条款的重新解释来实现。

赋予人道主义干涉完全的合法性地位，其中最难解决的是人权与主权之间的冲突问题。在这一点上，广大发展中国家有必辨明理想与现实之间的矛盾，因为，无论如何义愤填膺地谴责单方面的人道主义干涉对主权的侵犯，也无损于西方大国的我行我素。承认国际关系人本化的发展趋势，承担主权保护人权的责任，思考怎样合理地、恰当地运用人道主义干涉才是务实的、理性的态度。把人道主义干涉制度化，纳入国际法治轨道，无论如何都要比任由大国推行其独断意志好得多。而联合国在对人道主义干涉立法规制的过程中，也必须注意人权的国际保护与国家主权之间的矛盾，应重申国家主权原则和不干涉原则，明确人道主义干涉是不干涉内政原则的一个例外。因为，在人权与主权相互制衡的关系上，主权仍是第一性的，人权的国内管辖、国际保护和国际合作都不可能脱离主权原则这一基石来进行。人道主义干涉只是非常情况下的非常措施，并非普遍性行为，仅仅只能作为主权原则的例外而必须予以严格的限制。

虽然，在法律上允许外力以人道的理由对一国内部事务进行武力干涉，但仅仅只能接受集体方式的干涉。在复杂的国际政治中，单方面人道主义干涉往往发生在伦理价值和强权政治利益交织的情况之下。② 因此，"不管《联合国宪章》文字上是怎样措词的，其精神实质就是：如果需要进行人道主义干涉，就不应由某一国单方面来进行，而应由联合国代表国际社会来进行"。③ 未经安理会授权而直接动用武力采取干涉行动，将危及建立在《联合国宪章》基础上的国际安全体系的核心。但法律地位的不明确使单方面人道主义干涉处在是与非之间的灰色地带，大大增加了滥用的危险性。为了杜绝种种辩解，联合国应明确宣告单方人道主义干涉属非法行为，任何绕过安理会的干涉行动都应承担相应的国家责任。

---

① 古祖雪：《联合国改革与国际法的发展》，《武大国际法评论》第五卷，武汉大学出版社2006年版，第19页。

② Aoi Chiyuki, Conditions for Change in the Norms Governing Humanritarian Intervention：National interest, Human Rights, and Justifiability of intervention, Columbia University, 2002, p. 1.

③ ［加］约翰·汉弗莱：《国际人权法》，世界知识出版社1992年版，第92页。

综合人道主义干涉的历史和国际关系的现实，将人道主义干涉实现制度化，下列建议是值得考虑的：①

第一，一国如向安理会提出干涉请求，或安理会动议实施人道主义干涉，必须有充分的证据表明，确实存在已构成国际罪行的大规模侵害基本人权的行为，应明确"基本人权"仅限于"生命权、人身安全权"，"大规模"指侵害对象是某一广泛群体，"国际罪行"仅指处于国际刑法体系最高层次的严重危害人类和平安全的犯罪（如反人类罪、灭绝种族罪和种族隔离罪），并以相关公约的标准衡量之。

第二，干涉的对象只能指向实施、纵容侵害人权行为的政府或者是无力制止侵害行为的"失能政府"。内战不能成为人道主义干预的理由，只有发生交战方对平民、俘虏进行大规模屠杀、奴役等情形才可适用人道主义干涉，应区分内战与大规模侵犯基本人权的行为。

第三，除紧急情况外，须遵循"救济耗尽"原则，只有和平手段均告失败后，才能诉诸武力。武力使用应与情势的严重程度相称，应采取使被干涉国损失最小的方式。

第四，干涉前须进行预期评估，而且预期结果必须是有益的，起码是无害的，才可以实施行动，不得违反国际人道法。干涉权限仅限于制止人道主义灾难，不能扩大为重组国内政治机构。一旦干涉行动达到了预期效果，干涉方的武装力量应迅速从被干涉国撤出。

欲使人道主义干涉能够在联合国集体安全的轨道上进行，仅靠上述实体性规定还不够，还必须在程序规则上做相应的改革，并建立相应的配套机制。

第一，改革调查程序。对人道主义危机情势进行公正的调查，是保证干涉行动正义的前提。如果对事实没有一个统一而权威的认定，每一方都会根据自己的利益需要来描述情势，人道主义干涉的合法性就会陷入争执不休的困境。现行国际法缺乏对相应程序的明确规定，致使单边调查

---

① Michael Doyle, Ways of Peace and War: Realism, Liberalism and Socialism, Now York, 1997, pp. 396—402. Jonathan I. Charny, Anticipatory Humanitarian Intervention in Kosovo, The American Journal of international law, Vol. 93, 1999, pp. 834、839—840. 杨泽伟：《人道主义干涉在国际法中的地位》，《法学研究》2000 年第 4 期。时殷弘、沈志雄：《论人道主义干涉及其严格限制——一种侧重于伦理和法律的阐析》，《现代国际关系》2001 年第 1 期。伍艳：《浅议人道主义干预的立法规制》，《现代国际关系》2002 年第 10 期。

（即个别国家的自行取证）有机可乘，个别国家出于私利歪曲事实误导国际舆论，北约在科索沃的单边调查就是一个明证。为保证调查的公正性，应明确宣布单边调查是无效的，规定安理会或联合国大会是调查人道主义危机的唯一有权机构。依据《联合国宪章》第三十四条的规定，安全理事会享有调查任何国际安全情势的权力，应以此为法理依据，在安理会设立"人道主义危机调查委员会"，或者根据具体情势需要设立临时的、特别的调查机构。鉴于以往的经验，还应规定调查委员会组成人员的资格和条件，加强广泛性和代表性，规定利益相关国家回避制度，杜绝大国把持调查权的情况出现。

第二，构建紧急程序。对于人道主义危机的紧急情况，集体安全机制应有能力作出迅速的应对，因此，设计紧急程序殊为必要。当紧急发生人道主义灾难时，联合国大会、成员国和意欲进行干涉的国家可以向安理会申请启动紧急程序，提交初始证据，申请实施武力，以阻止人道主义灾难的蔓延。安理会在接到申请后应立即成立调查委员会，并通知干涉目标国。鉴于安理会决策效率低下的现实，紧急程序应规定期限，要求安理会对是否立即使用武力作出初审决定，初审中安理会不适用"大国一致原则"，由安理会多数票通过，干涉目标国在此期间亦有权提供反证进行抗辩。初审决定做出前只可启动宪章第四十条的临时措施，禁止使用任何武力。若初审认为应予立即干涉，动议的干涉方因此获得初步授权。但初审决定不影响安理会最终决定确认权，安理会有权对初审进行审议，初审决议及依其作出的干涉行动应该无条件服从安理会终审。

其三，完善监督和报告制度。为防止大国及其控制的区域组织借联合国之名谋取自己私利之实，完善监督和报告制度是保证干涉公正性的必要条件，其程序设计可包括三个层面：一是安理会设立专门监督团对被授权国的军事行动进行实时、实地的监控，确保武力不被滥用，监督团直接对安理会负责，其成员组成应排除被授权国的代表。二是充分发挥联合国大会和秘书长在人道主义干涉中的监督和协调作用，对干涉行动的全过程（包括调查、决策、出兵等）进行监督，由其接受被干涉国和国际舆论的投诉，展开调查并提请安理会予以注意和纠正。三是对被授权的国家和区域组织向安理会的报告规定严格的格式、内容要求，杜绝以往被授权方报告含糊其辞、虚与委蛇的情况。

其四，建立评估制度和援助程序。人道主义干涉的初衷在于保护被侵犯者的基本人权，达到恢复人权、保护弱者、促进人权发展的人道主义目的。这必定要求干涉结果必须有益于至少是无害于被干涉国的人权。然而，良好的动机并不必然导致良好的结果，战争难免殃及无辜者，甚至可能引发更大的人道主义灾难。因此，联合国对每一次人道主义干涉的效果进行评估殊为必要。依照《联合国宪章》，大会具有审议机构的职能。安理会干涉行动结束后的一定期限内，必须将有关该次干涉的调查报告、所有决议、实施情况等作成汇报，提交联大审议，由大会组成专门机构进行评估并最终由大会多数票通过决议。对于干涉方滥用武力，违反国际人道法，情节严重构成国际罪行的应提交国际刑事法院审理。对干涉行动造成的不良性后果（如环境污染、饥荒、难民等），应作区别处理：若因干涉国过错所致，应责令其对被干涉国实施经济赔偿或采取其他补救措施；若并非干涉国责任，联合国则应对被干涉国进行援助或给予适当的经济补偿，甚至进行战后重建。

第三节　武力打击国际恐怖主义的法律控制

一　武力打击国际恐怖主义的法律困境

在国际关系史上，以武力打击国际恐怖主义的行为屡有发生，但阿富汗战争则具有标志性意义——首开大规模武力打击国际恐怖主义之先河，并获得安理会的承认与支持。2001 年"9·11"事件发生后，美国宣布基地组织头目本·拉登为恐怖袭击的主要嫌疑犯，要求为其提供庇护的阿富汗塔利班政权交出本·拉登，遭到拒绝后，于 10 月 7 日至 12 月 16 日，联合英国，以自卫权为法律依据，对阿富汗进行了军事打击，摧垮了阿富汗塔利班政权——是为阿富汗战争。阿富汗战争给联合国集体安全机制的武力制度提出了新的问题：如何规范在打击国际恐怖主义中的武力使用？

国际恐怖主义的产生有其深刻的政治、经济根源，武力打击并不能使问题从根本上得到解决，但是，完全排除一国使用武力措施反击恐怖主义袭击也是不合理的：恐怖主义以平民、非战斗员和设施为目标，采取极端的暴力行为，这种行为首先侵犯了人所具有的不可剥夺的权利，而现代恐怖主义活动中使用大规模杀伤性武器的可能性又使这种对人权的侵害有可能成为一种大规模的伤害，构成对相关国家的安全和人类和平的巨大威胁。① 随着国际恐怖主义的愈演愈烈，对之使用武力将越来越必要，越来越普遍。然而，现行的反恐怖主义法律体系侧重于对个人刑事责任的追究，它与调整国家间关系的现行国际法体系是两个不同的法律领域。② 也就是说，在现行的国际法体系下，难以找到适用于武力打击国际恐怖主义的法律依据，武力反恐实际上处于无法可依的状态，联合国因此陷入集体行动的困境：一方面，恐怖主义的肆虐需要对之采取武力措施，另一方面却找不到相应的法律依据。

国际立法一直跟不上恐怖主义的发展步伐，"9·11"事件中急剧升级的恐怖袭击更是令联合国措手不及，由于恐怖主义的滋生和蔓延与国际政治、经济、文化有着密切的关联，而国际政治、经济旧秩序却不可能在短时期内得以改变，打击恐怖主义任重道远，对其中的武力使用进行规范殊为必要。

阿富汗战争已经过去数年，虽然，当时对阿富汗战争的合法性问题进行质疑的声音并不多，国际社会基于对美国的同情，默认甚至支持了美国的武力行动，但是，道义不能代替法律，美国此次军事行动中涉及的法律问题需要进行认真的反思。时至今日，阿富汗战争所提出的如何加强武力打击恐怖主义的合法性、提高其有效性的问题，并没有得到解决。实现对武力打击国际恐怖主义的法律控制，仍是国际社会必须努力的目标，"联合国必须对非国家使用武力问题和国家使用武力问题实现同等力度的规范"。③

显然，由联合国主持，制定一个专门性的关于武力打击国际恐怖主义的规范性公约，或者制定一个综合性的遏制国际恐怖主义的公约，其中包含着规范武力打击恐怖主义的内容，是对武力打击国际恐怖主义进行法律控制的最为理想的途径和形式。这种专门立法的方式将填补武力打击国际恐怖主义的法律空白，是联合国集体安全制度适应新的安全形势的发展。

事实上，自70年代以来，联合国就试图建立一个普遍性的反恐怖主

---

① 余敏友、孙立文等：《武力打击国际恐怖主义的合法性问题》，《法学研究》2003年第6期。

② 古祖雪：《联合国改革与国际法的发展》，《武大国际法评论》第五卷，武汉大学出版社2006年版，第12页。

③ 《威胁、挑战和改革高级别小组的报告》第159段。

义的国际公约，1972 年成立了一个"国际恐怖主义特设委员会"。从 1970 年到 1983 年，联合国大会 6 次呼吁国际社会对恐怖主义采取有效措施，1985 年联大第 40 届会议通过了第 4016 号决议，首次宣布恐怖主义活动是犯罪行为。其后，1990 年联合国预防犯罪和罪犯待遇大会通过了《打击国际恐怖主义的措施》，1998 年联合国开始将《制止恐怖爆炸公约》提交各个成员国签字，但未能生效。

　　国际社会就恐怖主义的定义达成共识，是制定一个普遍性的反恐怖主义国际公约的前提。在新一轮的联合国改革中，高级别小组报告建议将恐怖主义表述为"现有有关恐怖主义各方面的公约、日内瓦四公约和安全理事会 1566（2004）号决议所列明的各种行动，以及任何有意造成平民或非战斗员死亡或严重身体伤害的行动，如果此种行动的目的就其性质和背景而言，在于恐吓人口或强迫一国或一个国际组织实施或不实施任何行为"。① 这个"西化"色彩浓厚的定义得到了《秘书长报告》的支持，但甫一问世就立即遭到绝大多数阿拉伯国家和其他许多发展中国家的抵制，它们反对的理由是，该定义没有把反对外国占领的斗争与恐怖主义区别开来，没有提及国家恐怖主义，也没有反对反恐中的双重标准。② 可是，美国明确反对在定义中提及国家恐怖主义。

　　由于国际社会对恐怖主义定义的分歧太大，将恐怖主义非政治化，建立一个武力打击恐怖主义袭击的法律制度，在短时期内的确是很难实现。尽管如此，联合国仍然应将之作为一个长期的奋斗目标，并在目前即采取相应的行动：第一，"大会应当迅速完成就一项关于恐怖主义的全面公约而进行的谈判"，③ 促进分歧各方实现相互妥协；第二，大会仍继续就恐怖主义某些方面的问题，制定针对性的专门公约，先期规范局部领域的反恐行动，为全面性公约的缔结做好准备。

---

　　① 《威胁、挑战和改革高级别小组的报告》第 164（d）段。

　　② 在联大辩论中，印度尼西亚代表说："任何一个无视殖民主义和外国占领下的人民的合法斗争的恐怖主义定义都是不能成立的。"埃及代表强调，反恐应包括保护被外国占领下的人民！反对占领国对他们采用恐怖主义和镇压措施。叙利亚代表说："恐怖主义定义必须包括国家恐怖主义，《报告》提出的定义不可能导致对恐怖主义采取有效的战略性的行动。"埃及代表认为恐怖主义定义中所说的平民不应包括那些镇压和占领他国的武装人员。恐怖主义的根源应包括外国占领、剥夺民族自决权以及政治和经济的不公正。See UN Press Release. www. un. org。

　　③ 《威胁、挑战和改革高级别小组的报告》第 163 段。

　　由于专门立法难以实现，现阶段，对武力打击国际恐怖主义进行法律控制的唯一途径是通过《联合国宪章》第七章来实现：或是依据第五十一条的规定由国家采取自卫行为，或是由安理会采取或授权采取武力执行行动。而这两种方式，其中存在着很多问题值得我们深入研究。

二　自卫权对武力打击国际恐怖主义的不适用性

　　安理会在"9·11"事件后第二天通过的 1368 号决议申明："愿意采取一切必要手段应对恐怖行为对国际和平与安全带来的威胁，确认依宪章所享有的单独或集体自卫的固有权利"，随后的第 1373 号决议再次申明、确认了上述观点。这两个决议是含糊和矛盾的，一方面，决议承认各国在遭受国际恐怖主义袭击时享有单独或集体的自卫权；另外一方面，决议将"9·11"事件定性为"对和平之威胁"的恐怖攻击，而非"对和平之破坏"的武力攻击，据此就无法适用《联合国宪章》第五十一条的自卫权。这一决议表明安理会既试图通过授权将它纳入安理会的职权范围内，又试图为美国以自卫的方式独自使用武力铺垫基础，安理会在这两者之间左右不定。① 正是由于这一决议很大的含糊性，才使美国以自卫权为法律依据对阿富汗采取了军事行动，而未寻求安理会的授权程序。②

　　依据《联合国宪章》第五十一条，国家（集团）行使单独的或者集体的自卫权必须符合以下条件：（1）自卫权行使的前提是受到外来的"武力攻击"；（2）自卫权行使的时间应是安理会"采取必要办法以维持国际和平与安全之前"；（3）会员国行使自卫权所采取的行动应及时向安理会报告，并不得影响安理会行使维持国际和平与安全的职权；（4）在习惯国际法上，自卫权的行使还必须遵循"必要性"和"相称性"原则。对此，国际法院在 1986 年的"尼加拉瓜军事和准军事行动案"中予以了确认。③ 依据以上几点，将自卫权法适用到反恐上存在着很多疑问。

---

　　① 李薇薇：《国际恐怖主义与国际法上的武力使用》，《华东政法学院学报》2003 年第5 期。

　　② Antonic Casses, Terrorism is also Disrupting Some Crucial Legal Categories of International Law, EJIL（2001），Vol. 12, p. 996.

　　③ Military and Paramilitary Activities in and against Nicaragua case, Nicaragua v. United State, ICJ Rrports, 1986.

1. 自卫的法律前提如何满足?

受到外来的"武力攻击"是国家行使自卫权的必要且充分性条件,但"武力攻击"却是一个从法律上没有界定的概念。《联合国宪章》第五十一条及其他条款都没有就"武力攻击"进行定义,旧金山制宪会议的记录上也没有关于这一用语的讨论。虽然如此,从《联合国宪章》起草的历史背景可以推知,"武力攻击"概念来源于人类历史上的历次战争特别第二次世界大战,制宪者们对"武力攻击"的认识是一国对另外一国的大规模武装进犯,并不包括恐怖袭击。安理会第1368号、第1373号决议的用语也是"恐怖袭击"而不是"武力攻击"。那么,恐怖分子对美国的袭击是否属于武力攻击?

从后来的事态发展来看,国际社会已经将恐怖袭击接受为"武力攻击"。北大西洋公约组织认定,"9月11日对美国的攻击是直接来自国外的,因此应视为《华盛顿条约》第5条内的行动"。美洲国家组织宣布,对美国的这些恐怖主义攻击是对所有美洲国家的攻击。[1] 几乎没有国家质疑美国对"9·11"恐怖主义袭击的军事行动,相当多的国家甚至提供了各种各样的帮助。阿富汗战争开始后通过的1377号决议对美国的军事行动也没有表示异议,只是要求打击国际恐怖主义需按照《联合国宪章》和国际法行事。

学者们也主张不能僵化地局限于历史来认识"武力攻击"概念,认为不能够要求制宪者们预见到21世纪恐怖主义对人类的威胁。在法理上,学者们认为,第五十一条没有出现将武力攻击者唯一地局限于国家的措辞,国家自卫行动针对的是外来的武力攻击,而不必考虑攻击者的身份。"无论是《联合国宪章》还是国家实践都没有对国家自卫反击的侵略者的身份施加任何限制,因为私人行为者和政府都可能成为侵略行动的来源。"[2] 恐怖组织的非国家身份不是判断恐怖袭击是否构成武力攻击的一个不可缺少的要素。武力攻击的定性取决于使用武力的严重性,国际法院在"威胁使用或使用核武器的合法性"案的咨询意见中指出,第五十一

---

① Sean D. Murphy, Terroris and the Concept of "armed attack" in article 51 of the U. N. Charter, 43 HILJ 48, 2002.

② Ruth Wedgwood, Responding to terrorism: the strikes against bin Laden, *Yale Journal of International Law*, Vol. 24, 1999, p. 564.

条没有提到特定类型的武器，它适用于武力，而不管所使用的武器。① 据此，恐怖分子劫持民航飞机发动的"9·11"袭击所产生的严重后果，与1941 年日本偷袭美国珍珠港并没有任何实质上的不同。因此，大规模的、持续性的跨越边界的恐怖主义袭击可以认定为武力攻击。在对安理会的决议分析中，学者们也认为，安理会第 1368 号、第 1373 号决议实际上暗含了承认"9·11"事件恐怖袭击可以视为武力攻击，否则不可能启动第七章，宣示采取"一切手段打击恐怖主义行为"，并确认第五十一条之自卫权。"既然恐怖主义攻击能够成为安理会根据第三十九条行动的法律基础，那么同一行为不能成为受害国自卫行动的法律基础，这是不可想象的。"②

不可否认，恐怖主义袭击被接受为"武力攻击"是符合"9·11"事件的实际情况的，也是符合当前安全形势的变化和需要的。但是，无论是作为习惯国际法还是作为协定国际法的《联合国宪章》，都是以国家间关系为调整对象的。将"9·11"事件的法律性质认定为"武力攻击"，并不符合宪章的本意，而是通过对第五十一条的扩张性解释而得来的。即便恐怖主义袭击能够被接受为"武力攻击"，但如何判断这种武力攻击是"外来的"？根据相关的法律文件规定，"外来的"武力攻击主要是指来自于外国的武装军事进攻，其目的在于破坏本国的领土完整和政治独立。而全球化时代的恐怖主义也已经全球化了，判断恐怖主义袭击是"外来的"还是"内来的"并不能如判断侵略般的简单明了。即使人们根据国际恐怖主义组织的"驻在地"来判断，也没有形成习惯法，③ 更何况未必准确、可靠，有很大的盲目性。再者，恐怖主义袭击的目的也迥异于"外来的武力攻击"，并不以破坏国家主权为目标。

2. 自卫的对象该指向谁？

第五十一条暗含着自卫权行使的先决条件是存在着一个或数个"侵略国"（攻击国）和一个或数个"受害国"，即自卫只能是为反击一个或数个国家的武装攻击才能行使，而恐怖主义组织是一个非国家团体，恐怖袭击不具备攻击国，那么，在认定恐怖主义袭击为一种新的"武力攻击"形式之后，问题也就随之产生了：针对恐怖主义攻击的自卫反击的对象该

---

① Legality of the The Threat or Use of Nuclear Weapons, Paras, 39, 41, ICJ, July 8, 1996.

② 余民才：《"武力攻击"的法律定性》，《法学评论》2004 年第 1 期。

③ 李雪平：《从国际法上国家的自卫权看美国自卫性反恐军事行动》，人大复印资料《国际法学》2004 年第 2 期。

指向谁？非国家行为者的恐怖行动该如何归责于与之有联系的国家？

国家有义务避免资助、鼓动、容忍或庇护在其境内从事以他国为目标的恐怖主义活动，《危害人类和平及安全治罪法草案》将这些行为规定为国际法上的犯罪。但恐怖主义袭击是否可以因之归责于国家？激进的观点认为，庇护或支持恐怖主义即构成第五十一条意义内的武力攻击。① 谨慎的观点则认为，只有支持达到足够的规模，才可以构成武力攻击。② "当某一政府以相当的规模为恐怖主义分子提供武器、技术指导、运输、援助和鼓动时，没有理由不将武力攻击归因于该政府。"③ 但是，反对者认为，只有国家对恐怖主义团体行使实际的控制，才为恐怖主义袭击承担国家责任。④

国际法院在 1986 年"尼加拉瓜军事和准军事行动案"中对"武力攻击"的概念进行讨论后认为，武力攻击不包括向反对派提供武器或后勤、财政或其他支持的援助行为（虽然这种行为可能构成非法的使用武力或武力威胁，或对一国内部或外部事务的干涉）。⑤ 据此，一个国家对恐怖主义的支持不应构成武力攻击，联合国在其实践中也支持这一观点，美国和以色列都曾经反复声称恐怖主义行为构成支持国家的武力攻击，但联合国一再拒绝了这种主张。支持国或一国事实上的政府只有对恐怖主义组织行使了实际控制或实际卷入他们的活动，恐怖主义袭击才可以归责于该国。

联合国国际法委员会在 2001 年 8 月 3 日通过的《关于国家责任的条文草案》第八条中，将可归因于国家而成为该国的国家行为的情况，扩展到包括一国给予指示或指令或控制而由个人或个人集团所实施的行为。但是，恐怖主义活动具有隐蔽性的特点，要证明恐怖主义袭击与国家具有这种联系殊为艰难。美国至今也没有提供证据证明"9·11"事件是恐怖

---

① Gregory M. Travalio, Terrorism, International Law and the Use of Force, *Wisconsin International-al Law Journal*, Vol. 18, 2000, p. 175.

② Rosalyn Higgins, *Problem and Process: International Law and How We Use It*, 1994, p. 250.

③ Oscar Schachter, The Lawful Use of Force by a State against *Terrorism in another country*, in Henry H. Han, *Terrorism and Political Violence*, 1993, p. 288.

④ Francis A. Boyle, Military Responses to Terrorism: Remarks of Francis A. Boyle, *Proceedings of the American Society of International Law*. Vol. 81, 1987, p. 288.

⑤ WOLFRUM, Rudiger, United Nations: Law, Policies and Practice: 2. Dordrecht: Martinus Nijhoff Publishers, 1995, p. 1164.

分子（组织）在执行阿富汗塔利班政府的指令或是在阿富汗政府的控制下实施的。安理会关于"9·11"恐怖袭击的第1368号、第1373号决议也没有提及此次恐怖袭击的发动者，没有将之归因于阿富汗塔利班政权。即使是阿富汗战争开始后通过的安理会第1378号决议，也只是谴责、认定了阿富汗为恐怖主义组织的庇护行为，这不足以认定塔利班政权应对"9·11"袭击负责。故此，美国将"9·11"恐怖攻击归责于阿富汗塔利班政权并对其实施军事打击，并不符合《联合国宪章》第五十一条的规定。

3. 自卫权的"必要性"和"相称性"原则如何满足？

必要性原则要求自卫权的实施必须是"刻不容缓的、压倒一切的、没有选择余地的、没有考虑时间的"。① 在该原则下，自卫权的实施：第一，必须是"即时性"的。由于恐怖分子的隐蔽性，被攻击的国家必须花费时间去调查取证，以确定自卫权指向的对象。如此一来，被延缓实施的自卫行动，是对上一次恐怖袭击的报复还是对下一次恐怖袭击的预先性自卫？第二，必须用尽和平手段。和平解决国际争端作为国际法的基本原则理应适用于一切国际争端，即使国家受到外来的武力攻击，也应先用尽和平手段，再实施武力自卫。对恐怖主义袭击实施自卫是否也必须遵循该原则？被攻击国家、相关的国际组织该如何跟隐蔽在暗处的恐怖分子开展外交谈判？

相称性原则要求"以自卫的必要为理由的行动必须为该行为所限制并明显地限于该必要的范围之内"，② 国际法院在"尼加拉瓜军事和准军事行动案"的结论中指出，如果自卫行动要成为合法，必须"遵循必要的标准和因自卫而采取的措施的比例"。超越"必要的范围"，自卫即演变成为非法的武力报复。针对侵略的自卫以击退侵略者为限，必要时可进入侵略国境内消除威胁，其"比例"相对来说易于判断。那么，对恐怖主义袭击实施自卫的法律限度是什么？是捉拿恐怖主义组织头目、铲除恐怖主义势力，还是推翻支持恐怖主义的国家政权？显然，这个限度难以确定。"因此，自卫权的相称性原则在打击国际恐怖主义的问题上似乎是不能适用。"③

---

① ［英］詹宁斯、瓦茨修订，王铁崖等译：《奥本海国际法》第一卷第一分册，中国大百科全书出版社1995年版，第309页。

② 同上。

③ 李雪平：《从国际法上国家的自卫权看美国自卫性反恐军事行动》，人大复印资料《国际法学》2004年第2期。

　　阿富汗战争仅因少数的恐怖主义者的行为而将整个国家作为打击对象，美军基本上将阿富汗境内的所有大城市夷为平地，致使大批平民丧生或沦落为难民，① 制造了大规模的人道主义灾难。而且，美军在阿富汗使用杀伤力较大的"集束弹"，将阿富汗作为新式武器的试验场。美国自卫的规模、程度都已经突破了自卫权的相称性原则，有非法报复之嫌。

　　由上述分析可知，美国以自卫为由对阿富汗使用武力，是以扩大解释的自卫权而不是以严格的《联合国宪章》第五十一条为法律依据的。而安理会在阿富汗战争开始后通过的第 1378 号决议没有要求美国终止武力行动，国际社会缺乏质疑的声音，似乎证明了对自卫权的扩大适用已经被接受。据此，有人认为阿富汗战争开创了自卫权的例外，国家在对恐怖主义袭击实行自卫时，不需要遵守必要性和相称性原则，② 其理由在于：第一，国际恐怖主义活动错综复杂，给人类造成的威胁是传统的武力攻击所无法比拟的，有效打击国际恐怖主义客观上需要突破自卫权的必要性和相称性原则。第二，恐怖袭击使受害国很难遵循传统自卫权的要求，恐怖组织的身份、驻在地、受哪个国家的指挥和控制都很难确定。由此，这种观点得出结论，阿富汗战争已经发展了国际法上的自卫权，将会形成一种新的习惯国际法。

　　将自卫权扩大适用到武力反恐是相当危险的。包括《联合国宪章》在内的现代国际法体系并没有实现对自卫权理论的完全规制，"自卫权在很大程度上依然属于习惯国际法"。③《联合国宪章》虽然规定了自卫权行使的条件，但没有定义什么是自卫权。在构成合法自卫的要件中，缺乏对外来武力攻击判断的相关规定④是第五十一条最严重的缺陷：首先是判断者，第五十一条强调了自卫权是国家的自然权利，却并没有规定国家行使自卫权时应承担的举证责任，这实际上承认了国家享有对外来武力攻击的

---

　　① 美国在 2001 年 10 月 7 日至 12 月 10 日对阿富汗空袭期间，阿富汗共有 3767 名平民丧生，这一数字已经超过了"9·11"事件伤亡的 3234 人。参见黄瑶《美国在阿富汗反恐军事行动的合法性问题探析》，《武汉大学学报》(社会科学版)，2002 年 9 月号。

　　② Michael C. Bonafed：US Use of Force in Response to Terrorisim After the Sept. 11 Attacks, *Comell Law Review* 2002, November.

　　③ Ian Brownlie, International Law and the Use of Force by State, 1963；Bruno Simma ed.，*The Charter of United Nations：A Commentary*，1994, p. 678.

　　④ 李雪平：《从国际法上国家的自卫权看美国自卫性反恐军事行动》，人大复印资料《国际法学》2004 年第 2 期。

完全判断权。其次是判断标准，受到外来的武力攻击是国家行使自卫权的唯一合法理由，但什么是武力攻击？是不是所有的武力攻击都构成自卫的合法理由？何种程度的武力攻击才能构成国家合法行使自卫权的理由？这些关键性的问题都没有相应的法律标准。

"如是，则所谓自卫战的判定，既然不用客观标准，而只凭当事者的主观见解，那么，这个权利滥用的危险便很大了。"[1] 每一个国家都可以借口受到恐怖主义袭击，对他国实施"自卫"，而不需要承担国际责任。如此一来，单边武力将重新盛行于国际关系，禁止使用武力或武力威胁原则将会被葬送。事实上，美国从阿富汗战争走向伊拉克战争，正是"恰到好处"地运用了不健全的自卫权理论。

在阿富汗战争和伊拉克战争都已经尘埃落定的今天，我们再回首安理会"暗示"美国可以对恐怖主义袭击行使自卫权的第 1368 号、第 1373 号决议，不得不认为，这既是在不健全的联合国集体安全机制下的无奈之举，也是对自卫权法的一次错误适用。阿富汗战争始终只能够作为一个"特例"存在，对武力打击国际恐怖主义不足以具有法律先例意义，从习惯国际法构成的"物质因素"和"心理因素"来看，阿富汗战争都不足以形成一种新的习惯国际法。自卫权作为禁止使用武力或武力威胁原则的例外，只能持限制性解释，否则会破坏原则本身。

三　安理会授权武力打击国际恐怖主义的法律问题

在当前自卫权法不完善，专门立法又不可能实现的情况下，由安理会对武力打击恐怖主义袭击以逐案的形式授权处理，在未来相当长一段时期是最为妥善的方案。集体安全制度是实现对武力打击国际恐怖主义法律控制的唯一可行途径，"大国一致原则"是防止别有用心的国家利用遭到恐怖主义袭击为借口对他国"大打出手"的有力遏制。

以安理会授权执行的方式武力打击国际恐怖主义，必然需要安理会对《联合国宪章》第三十九条采取扩大性解释。就第三十九条的立法本意来看，所表述的"和平之威胁、和平之破坏或侵略"三种安全情势显然并不包括国际恐怖主义袭击，这就需要从实体上将之纳入联合国集体安全制度的范畴，解决武力行动的合法性问题；而即使国际社会接受了对国际恐

---

[1]　王铁崖、周忠海编：《周鲠生国际法论文选》，海天出版社 1999 年版，第 130 页。

怖主义适用第三十九条，后面仍然存在一系列的问题需要谨慎处理：

第一，安理会以何种标准判定一种行为属于恐怖主义袭击？虽然第一部反恐怖主义公约《防止和惩治恐怖主义公约》早在 1937 年就签订了，但近一个世纪以来，国际社会对恐怖主义还没有形成一个权威的法律定义，南北国家对此分歧很大，① 政治上的恐怖主义和法律上的恐怖主义并没有区别开来。安理会面对种类繁多的恐怖主义袭击，适用政治标准还是法律标准？维护南方国家的利益还是北方国家的利益？

第二，恐怖主义袭击的严重性达到何种程度才可以对其进行武力反击？对于侵略，安理会很容易做出判断，因为侵略至少有越过国界的武力行为，但对于恐怖主义袭击该如何判断？须知不是每一次恐怖主义袭击都能够达到如"9·11"事件般为国际社会所普遍接受为"武力攻击"的严重程度的。那么，多大规模、多深程度的恐怖主义袭击构成"武力攻击"，从而可以被视为对"和平之威胁、和平之破坏"？

第三，安理会如何保证武力打击恐怖主义的有效性？在制度缺失的情况下，武力打击恐怖主义的有效性标准如对恐怖主义袭击行使自卫权的法律限度一样难以把握。武力打击国际恐怖主义是为了救济人权，如何保证不制造新的人道主义灾难？更为重要的是，授权会员国使用武力来执行安理会的决议，实质上是在第四十三条所设想的"联合国军"没有建立的情况下的一种变通方式，从冷战后的授权实践来看，出现了授权决议不明确、滥用武力、缺乏监督机制等一系列问题。在此情形下，如何保证授权使用武力的有效性和公正性，而不被异化为大国推行其国家政策的工具？

欲要有效地实现对武力打击国际恐怖主义的法律控制，这些问题必须予以通盘考虑。安理会在面对恐怖主义袭击进行决策时，必须就具体个案进行审慎的分析，做出准确的判断，保证武力使用的合理性、公正性和有效性。

由于国际恐怖主义袭击是一种与国家相联系的非国家武力，实践中，

---

① 以美国为代表的西方发达国家认为，恐怖主义是个人或个人集团为变更特定政策或中止特定状态而攻击国际重要人物、破坏特定设施以及对普通民众施加暴力的行为。而一些激进的发展中国家认为，恐怖主义最重要的是国家恐怖主义，凡镇压反种族歧视、反殖民主义斗争、反对实现民族自决、独立及其他基本权利的帝国主义政策，都是恐怖主义；个人恐怖主义是国家恐怖主义的结果，国家恐怖主义是个人恐怖主义的元凶。双方的立场和认知，一从个体出发，一从国家出发，差异极大。

受害国总是将报复措施指向国家而不仅仅是恐怖组织及其个人，因此，安理会授权对恐怖主义使用武力，最为重要、最为困难的是清晰地区分恐怖主义袭击和国家之间的关联程度，这是确定武力打击对象的前提。不适当地将恐怖主义袭击归责于国家，将会导致武力的滥用。

按照国家责任法的原理，如果恐怖主义活动属于个人违法或刑事犯罪行为，则与国家没有联系，不构成恐怖分子的联系国或国籍国对受害国的武力攻击。因此，如果有证据表明国家没有支持或庇护、控制或指示恐怖主义袭击，如果国家是因为内政原因客观上无法有效遏制恐怖主义分子及其活动，安理会的武力措施只能够指向恐怖主义组织及其成员，而不应将该国作为打击对象。

如果有证据表明恐怖主义袭击是由一国政府控制和指示的，那么，根据国家责任制度，袭击可归于该国的国家行为。安理会的武力措施既可以指向恐怖主义组织及其成员，也可以指向该国。

如果国家只是对恐怖主义行为采取支持与鼓励、容忍与庇护的态度，那么该恐怖分子实施的袭击是否可以归责于该国？安理会是否可以对该国实施武力措施？这将是在武力反恐中最容易引起争议、最难以处理的情形。

联合国将侵略定义为"派遣或代表一国派遣武装集团、非正规军或雇佣军对另一国进行武装进攻"，不包括对另外一国反对派的支持与鼓励行为。在"尼加拉瓜诉美国案"中，美国向尼加拉瓜反政府武装提供了武器和装备，反政府武装的行为可否归责于美国？国际法院判决指出，只有当尼加拉瓜举证证明美国实际上在所有方面完全控制了反政府武装时，才能够将之认定为美国的国家行为。在"伊朗人质案"中，国际法院认为，占领美国大使馆并扣押外交人员作为人质的学生，受伊朗政府的控制和指挥，伊朗为此须承担国家责任。司法实践证明，"国家只是放任或者鼓励恐怖活动，该恐怖活动与该国的联系是不够充分的，不能构成《联合国宪章》第五十一条下的武力攻击"。[1] 虽然，该国必须承担相应的国家责任，安理会可以依据相关国际法对其实施制裁，但这种"窝藏或支持"恐怖主义的行为毕竟不同于可归于国家的恐怖主义行为。在国际法

---

① Richard Erichson, Ligitimate Use of Force Against State Sponsored Terrorism, 1998, pp. 100—103.

上，还不能成为安理会对其实施武力打击的理由，更不能成为恐怖主义受害国对之行使自卫权的理由。①

从现实看，由于恐怖主义还没有一个法律上的明确定义，将武力攻击的概念扩大到包括一个国家对恐怖主义的支持和庇护，将会扩大打击范围，导致武力的滥用，从而破坏了禁止使用武力或武力威胁原则，进而损害联合国集体安全制度。

第四节　预先性自卫的法律管制

一　预先性自卫权在理论上的分歧

预先性自卫是指"对尚未实际开始但可以合理地认为已迫在眼前的武力攻击"② 采取先发制人的军事打击的主张。在国际法史上，"加罗林号"事件使国际法第一次承认了以自保形式进行预先自卫在极为有限的必要情况下可以使干涉行为合法化，该学说于是成为国际法的一部分。③只要满足"加罗林原则"（必要性原则和相称性原则），"预先性自卫中使用武力是合法的，这样一国可先使用武力攻击排除对其安全立即的、潜在的威胁的敌对行为。"④ 在"加罗林号"事件之后至 20 世纪上半叶的相当长时间里，预先性自卫权毫无疑义地为国家所主张，甚至在东京国际军事法庭上，日本也以预先性自卫权为由为自己攻击荷属东印度群岛进行合法性辩护，虽然被拒绝，但是东京法庭的确考虑了有关预先性自卫的主张。⑤

国际法的发展是有阶段性的，到 20 世纪中期，随着联合国的成立，《联合国宪章》是否承认了预先性自卫权是一个需要研究的问题。

---

① 古祖雪：《从伊拉克战争看国际法面临的冲击与命运》，《法律科学》2004 年第 3 期。

② ［英］詹宁斯、瓦茨修订，王铁崖等译：《奥本海国际法》第一卷第一分册，中国大百科全书出版社 1995 年版，第 310 页。

③ ［德］马克斯·普郎克比较公法及国际法研究所主编：《国际公法百科全书》第三专辑，中山大学出版社 1992 年版，第 295 页。

④ ［英］蒂莫西·希利尔（Timothy Hillier）著，曲波译：《国际公法原理》（第二版），中国人民大学出版社 2006 年版，第 241 页。

⑤ Jackson Nyamuya Maogoto, New Frontiers, Old Problem: The War On Terror And The Nation Of Anticipating the Enemy, Vol. Ⅱ, NILR 2004. p. 21.

根据《联合国宪章》第五十一条规定，自卫权行使的前提条件是"会员国受武力攻击时"。应该说，此规定的措辞是明确的——受到实际已经发生的武力攻击是联合国会员国行使自卫权的首要条件和唯一合法理由，依据该条的明示措辞也就并不存在对所谓的"紧迫性威胁"进行预先自卫的权利，但我们却并不能据此就断定预先性自卫权已经被否定。

从立法意图来看，第五十一条从一开始就没有打算作为自卫权的结论性陈述。事实上，在旧金山制宪会议的准备性文件中指出，订立第五十一条是为了澄清区域组织与安理会的关系，而不是要界定自卫。这样，如果是自卫问题而不是执行行动问题，那么区域组织就可以在没有安全理事会的授权的情况下采取武力行动。① 作为"副产品"，这种立法意图只是给自卫权的行使施加了限制：在安理会采取必要办法以前，且不得影响安理会的维护国际和平与安全的一般职权。而对于自卫权本身，第五十一条并没有就其构成要件作出明确的规定，只是简单地表述为国家的"自然权利"。

第五十一条的规定不但不具备法律上的精确含义，而且是矛盾的。它一方面将武力攻击限定在实际的武装进攻，另一方面又重申自卫权是国家的一项自然权利，其侧重点到底是承认习惯国际法上的自卫权还是要对之进行限制？而且，结合《联合国宪章》第二（4）条，既然武力和武力威胁都一般性地被禁止，这是否意味着国家不但可以对实际的武力攻击而且可以对尚未演变成为实际攻击的武力威胁进行自卫？令人遗憾的是，也没有其他权威性的国际法文件对"加罗林原则"的继承和保留问题做出明确的规定，因此，人们只能认为现代国际法上的自卫权"是宪章所承认为自然的而且是以与宪章所确立的法律同时存在的国际习惯法为依据的"。② 也就是说，自卫权的法律规制实际上处于《联合国宪章》和习惯国际法共同作用的状态。由此，关于预先性自卫是否依然是自卫权的合法形式问题，就出现了分歧。各种观点都有自己的拥趸，进行了长期的争论，但始终未能得出一致的意见。

非法论者认为，《联合国宪章》已经对联合国成立之前的习惯法上所

---

① ［英］蒂莫西·希利尔（Timothy Hillier）著，曲波译：《国际公法原理》（第二版），中国人民大学出版社2006年版，第242页。

② ［英］詹宁斯、瓦茨修订，王铁崖等译：《奥本海国际法》第一卷第一分册，中国大百科全书出版社1995年版，第308页。

允许的自卫权做出了重大限制，第五十一条所强调的"自然权利"并不影响这种限制，它非常明确地限制了国家根据传统法所拥有的行动自由。根据传统法，国家可以对伤害性威胁之进攻尚未发生时进行自卫，而根据宪章，对一个军事邻国的值得警惕的军事准备可以合理地提交安理会，认为自己受到威胁的国家不能正当地诉诸武力。① 这种观点得到绝大多数国家和研究者的支持，我国学者普遍赞同这一看法。

合法论者认为，应对"受到武力攻击时"做扩大性解释，武力攻击不仅是指实际已经发生的攻击，还应该包括迫近的武力攻击或威胁。其理由是：预先性自卫权是得到国际习惯法承认的，而《联合国宪章》是以保留习惯国际法的形式存在的，因此，第五十一条没有取消传统权利，就自卫权行使的要件而言，只要存在武力攻击的极大可能性，即迫近的武力攻击威胁就足够了。② 国际法院斯魏伯（Schwebel）法官是1986年"关于在尼加拉瓜境内和针对尼加拉瓜的军事和准军事行动案"判决的异见者，他的意见为："我不认为第五十一条的措辞或意旨排除了习惯国际法下的自卫权，或将其全部范围限于第五十一条的明示措辞。"③

折中论者采取审慎的态度，认为："虽然预先性自卫行动通常是非法的，但它不是在一切情况下都必然是非法的，此问题取决于事实的具体情况，尤其包括威胁的严重性，以及在何种程度上先发制人的行动是真正必要并且是避免严重威胁的唯一办法。"④ 面对明显即将发生的来自他国的武力攻击，在所有可利用的外交手段皆已用尽之后，作为一种严格限制的例外，预防性自卫是存在的。⑤ 只要能证明有明确意图对一个受害成员国发动武力攻击的侵略国已经扣动扳机，因此采取了对实施武力攻击的违法行为所必要的最后直接行动，那么第五十一条的条件就可以说已经满足，

① P. C. Jessup, A Modern Law of Nation, 1968, pp. 165—166.

② C. H. M. Waldock, The Regulation of the use of force by individual states in international law, Recueil des Cours, 1952—II, pp. 496—497、500.

③ Dissenting Opinion of Judge Schwebel, Case concerning Military and Paramilitary Activities in and Against Nicaragua, Nicaragua v. United States of America, here in after the Nicaragua case, ICJ Rrports, 1986, Para. 173.

④ ［英］詹宁斯、瓦茨修订，王铁崖等译：《奥本海国际法》第一卷第一分册，中国大百科全书出版社1995年版，第310页。

⑤ M. Spinedi and B. Simma, des., United Nation Codification of State Responsibility, 1987, pp. 246—251、277—278.

即使还尚未发生武装部队侵犯领土。①

二 预先性自卫权在实践上的争议

与学理上的争论相对应，国际实践也出现了分野。在《联合国宪章》生效后，第五十一条没能遏制住一些国家实施预先性自卫，援引预先性自卫权对外实施武力的行为屡次发生，国际社会对此反应不一，联合国也未能借助这些案例来澄清预先性自卫权在现代国际法上的地位。

1962年古巴导弹危机期间，对于美国采取的隔离措施的合法性问题，安理会的讨论没有明确反对或认可预先性自卫这一概念，而是主要集中在苏联部署导弹是进攻性的还是防御性的争论上。这是不是说明，如果导弹是进攻性的，那么美国所采取的预防性的隔离措施即是合法的？有学者据此就认为："安理会尤其是那些反对美国的行动的国家没有谴责这一理论，这表明在一定程度上国际社会是承认这一概念的。"②

1967年以色列于亚喀巴湾被封锁期间，对阿拉伯邻国采取了先发制人的军事行动，安理会通过的决议并没有对以色列行为的合法性明确表态，只是要求以色列从占领的阿拉伯领土撤军，尊重有关国家的领土完整和政治独立。这使人猜测是否"联合国含蓄地认可了以色列实施预先性自卫的合法性"。③ 1980年伊拉克援引预防性自卫权先发制人对伊朗发动攻击，也未受到联合国的谴责。

1981年，以色列以预先性自卫为由轰炸了伊拉克境内的一座核反应堆，安理会虽然拒绝了以色列的辩护理由，谴责以色列的武力攻击并要求以色列给予适当赔偿。④ 但大会和安理会通过的决议也没有对预先性自卫权的合法性问题表明立场，在安理会的辩论中各国也未能取得一致意见。美国谴责以色列并不是否定预先性自卫权，而是认为以色列没有穷尽和平的方法解决争端；英国谴责以色列"严重违反了国际法"是认为以色列未能满足预先性自卫所需要的条件，并不是反对预先性自卫的合法性。

---

① M. N. Singh, The right of self—defence in relation to the use of unclear weapons, Indian Yearbook of International Affairs 1956, pp. 25—26.

② Jackson Nyamuya Maogoto, New Frontiers, Old Problem: The War On Terror And The Nation Of Anticipating the Enemy, Vol. Ⅱ, NILR 2004. pp. 75—76.

③ Ibid. , p. 31.

④ UN SC Res. 488 of 19 June, 1981.

　　2003 年美、英发动的伊拉克战争将预先性自卫权的合法性争论推广到了全球范围，虽然国际社会普遍性地认定美国发动的是一场非法战争，但论证的理论依据基本上是美国超越了预先性自卫权的范畴，走向了预防性战争。① 假如美国搜寻到了萨达姆具有大规模杀伤性武器和支持恐怖主义的证据，是不是就可以认定美、英的武力行动是合法的？ 这场战争掀起了大规模的讨论，但对于习惯国际法上的预先性自卫权是否仍为国家在现代国际法上的一项合法权利问题，却并没有得出一个为国际社会所共同接受的结论。值得忧虑的是，美国的先发制人战略引发连锁效应，为不少国家所仿效。②

　　综合以上几个典型案例可以看出，在联合国成立后，"可以说没有令人信服的诉诸预防性自卫的案例"。③ 虽然绝大多数国家认为《联合国宪章》是禁止进行预先性自卫的，主张的仅是少数几个国家，联合国也对其辩护理由没有明确地给予承认，但是"鉴于这些国家在国际社会的重要性及其所扮演的角色，目前不能确定地认为各国都同意认为预防性自卫在《联合国宪章》项下是非法的"。④

　　令人遗憾的是国际司法实践也没有澄清这一问题，在 1986 年"关于在尼加拉瓜境内和针对尼加拉瓜的军事和准军事行动案"中，国际法院在界定"武力攻击"概念时，鉴于当事方并未提出"对将要发生的武力攻击之威胁所做的回应的合法性问题"，它无意在此问题上发表任何见解，未对还未发生的、刻不容缓的威胁可否视为武力攻击问题发表意见，因而也就未能说明《联合国宪章》第五十一条所指的习惯国际法的内容，尤其没有说明这些习惯国际法是否包括那些规定预先性自卫的旧规则。

　　联合国及其机构的审慎态度有其深刻的政治、法律原因，这体现了预先性自卫在国际法、国际政治上的复杂性。无论如何，国际实践的结论是

---

　　① Antony Anghie, The Bush Administration Preemption Doctrine and The United Nations. ASIL Proceedings, 2004, p. 326; Michael Byers, Letting the Exception Prove the Rule, Ethics and International Affairs, Vol. 17, No. 1, Spring, 2003. 预防性战争，早在第二次世界大战后的纽伦堡国际军事法庭判决书中，就已经被明确宣布为是现代国际法所禁止的构成破坏和平罪的侵略行为。

　　② 继美国之后，英国、法国、澳大利亚、日本、俄罗斯、印度、巴基斯坦、以色列和朝鲜等国也纷纷宣布将在必要时候对有关势力采取先发制人的打击。

　　③ Christine Gray: International Law and Use of Force, Oxford University Press, 2000, p. 112.

　　④ ［意］安东尼奥·卡塞斯著，蔡从燕等译：《国际法》，法律出版社 2009 年版，第478 页。

明显的：预先性自卫权并没有进入《联合国宪章》的轨道。"在预先性自卫权的合法性问题上存在的争议是如此之大，以至于联合国大会的决议，如《侵略的定义》和《友好关系宣言》都没有能够列入自卫的规定。"①

三　预先性自卫权在法律上的两难困境

综上分析可知，理论争论、国际条约和国际实践都没有对预先性自卫权的合法性问题给出一个统一的、明确的结论。虽然"加罗林原则"中的必要性和相称性为现代国际法上的自卫权理论所接受，但它所支持的预先性自卫权在现代国际法上的地位仍处于"悬而未决"的状态。

预先性自卫权难以取得现代国际法的明确承认，与其特征有密切的关联性。预先性自卫是基于主观预测而实施的武力行为，这就决定了其在实践中具有难以把握性的特点。首先是证据问题，"在绝大多数情况下，仅仅依靠一些无法证实的证据来说明攻击已经迫近，而使一国（从想象中的冲突）卷入一场真正的冲突，这将导致对相称性要求毫无顾忌地行动。允许采取预先性行动很可能就是承认一项比自卫权更广泛而类似于自保权的权利"。② 其次是安全情势的认定问题，由于自卫权是国家的"自然权利"，不需要任何其他国际法主体的授予即可行使，在实践中，判断一项攻击究竟是否紧迫的问题，不可避免地是一个看法与程度的问题，因而任何以这样一种标准为依据的规则，都必然是主观的，而且很可能被滥用。③ 更何况"越过预先性自卫权的界限走向预防性战争的诱惑是强烈的，因为这条界限是模糊的"。④ 因此我们在国际关系史上常常可以看到强国对弱国以预先性自卫权之名行侵略之实。正是这种在实践中的难以把握性，使预先性自卫权未被国际条约所肯定，尤其未被《联合国宪章》所采纳。

承认预先性自卫权却是相当危险的。如前所述，现代国际法并没有

---

① Malcolm Evans, International Law, 1st Edition, p. 601.

② Jackson Nyamuya Maogoto, New Frontiers, Old Problem: The War On Terror And The Nation Of Anticipating the Enemy, Vol. LI, NILR 2004. p. 33.

③ Peter Malanczuk, Akehurse's Introduction to International Law, Seventh Edition, Poutledge 1997. pp. 312—313.

④ Neta C. Crawford, The Slippery Slop To Preventive Law, Ethics and International Affairs, Vol. 17, No. 1, Spring, 2003.

实现对自卫权理论的完全规制，"自卫权在很大程度上依然属于习惯国际法"。①《联合国宪章》虽然规定了自卫权行使的条件，但没有定义什么是自卫权。在构成合法自卫的要件中，缺乏对外来武力攻击的判断的相关规定②是第五十一条最严重的缺陷：首先是判断者。第五十一条强调了自卫权是国家的自然权利，却并没有规定国家行使自卫权时应承担的举证责任，这实际上承认了国家享有对外来武力攻击的完全判断权。其次是判断标准。受到外来的武力攻击是国家行使自卫权的唯一合法理由，但什么是武力攻击？是不是所有的武力攻击都构成自卫的合法理由？何种程度的武力攻击才能够构成国家合法行使自卫权的理由？这些关键性的问题都没有相应的法律标准，"如是，则所谓自卫战的判定，既然不用客观标准，而只凭当事者的主观见解，那么，这个权利滥用的危险便很大了"。③ 如果各国都有权在"敌人攻击的时间和地点仍不确定"情况下，实施预先自卫权，许多有野心的国家将滥用"先发制人"来满足自身需要，借口安全受到威胁，为自保而随意对他国发动攻击。如此一来，单边武力将重新盛行于国际关系，禁止使用武力或武力威胁原则将会被葬送，自威斯特伐利亚和约以来所逐步形成的现代国际法体系也将被严重破坏，国际秩序将失控，国际社会将重回弱肉强食的"丛林法则"。事实上，2003 年的伊拉克战争，美、英正是"恰到好处"地运用了不健全的自卫权理论。

但是，一味否定预先性自卫权却也是难以让人接受的。当战争是以较缓慢的节奏和较小的杀伤力进行时，外来的武力攻击不足以威胁到一个国家的生死存亡，把自卫权限制在实际受到武力攻击时才能行使，会有一个优点，就是精确；因为武力攻击的发生是一个事实问题，通常是可以客观地证明的。④ 要求国家必须等到潜在威胁演变成为现实武力攻击后才开始自卫，既能有效维护国家的"自然权利"，又给自卫权的行使设定了客

---

① Ian Brownlie, International Law and the Use of Force by State, 1963; Bruno Simma ed. , The Charter of United Nations: A Commentary, 1994, p. 678.

② 李雪平：《从国际法上国家的自卫权看美国自卫性反恐军事行动》，《岭南学刊》2003 年第 5 期，人大复印资料《国际法学》2004 年第 2 期。

③ 王铁崖、周忠海编：《周鲠生国际法论文选》，海天出版社 1999 年版，第 130 页。

④ Peter Malanczuk, Akehurse's Introduction to International Law, Seventh Edition, Poutledge, 1997, pp. 312—313.

观、明确的标准，防止了滥用，因而是合理的、客观的。但是，在现代科技条件下，大规模杀伤性武器特别是核武器的存在和泛滥，已经彻底改变了战争形式：攻击和即时攻击的区别甚至可以忽略，第一轮的打击效果就可能是毁灭性的。因此，强调自卫战争过程是"威胁——攻击——反击"的观点已经十分落后，硬性要求国家在遭受实际的武力攻击之后再进行自卫反击，不但代价太大，而且可能导致自卫权在事实上被消灭，因为受害国在遭受毁灭性的打击后，"可能连自卫的机会都没有了"。① 因此，虽然"对于预防性自卫而言，将其视为法律所禁止的行为是较为明智的，但必须承认，由于政治或道德的原因，某些违反这种禁止性规定的情况可能是正当的"。②

正义的国际法应该保障国家充分行使保卫国家安全的权利，而不是遵守、执行法律条文。"当人们对最大限度地减少越界军事行动的期望成为当今世界秩序的重心时，禁止各国对那些严重威胁其根本利益的行为——再或是当国家的基本生存都受到威胁的时候——进行反击的国际原则，注定是难以让人忍受的。"③ 一国政府在面临大规模杀伤性武器的攻击威胁时，首先考虑的是国家的生死存亡，采取有效措施消除威胁，而不是为了遵守国际法而置国家于面临灭绝的险境。如果国际法要求国家承担被核攻击后再反击的义务，实际上是要求国家承受关系生死存亡的风险。此种国际法不应当被认为是公正合理的法律，这种规定在实践中也是根本不可能被国家完全遵循的。

四　预先性自卫权实现管制的法律构想

关于预先性自卫④的合法性问题已经争论持续多年，始终没有得出一个为国际社会所共同接受的结论，可以预见，即使是继续论争下去，也无助于问题的解决，因为问题的症结在于传统国际法上的预先性自卫

---

① 刘海山编：《国际法》，法律出版社1992年版，第112页。

② ［意］安东尼奥·卡塞斯著，蔡从燕等译：《国际法》，法律出版社2009年版，第479页。

③ Murphy S. , Terrorism and the Concept of "armed attack" in Article 51 of U. N. Charters. Harvard International Law Journal, 2002, (43), pp. 50—51.

④ 预先性自卫（anticipatory self-defence）在国际法上通常又称为先发制人的自卫（pre-emptive self-defence）、预防性自卫（prevenptive self-defence）。

权在以《联合国宪章》为核心的现代国际法体系上并没有得到规制。一个令人担忧的事实是，一边是法理上的论争，一边是少数国家依然援引预先性自卫权对外实施武力。而国际安全情势的变化对联合国自卫权理论又提出了新的要求。因此，论争不应该继续停留在预先性自卫权合法与非法的问题上，而应该将之引申到如何对其进行法律管制的层面上，唯有如此，才有可能将自卫权理论的危机转化为转机，实现国际法顺势顺时的发展。

联合国安全体制的核心是对国际关系中的武力使用实行法律管制，但预防性自卫是和《联合国宪章》不相容的。① 联合国的自卫权理论实际上"遗漏"或者说"回避"了预防性自卫权，未对之进行规制，这不能不说是立法上的不足。在国际关系中，国际法主体可以从事任何不被专门禁止的行为，这是在《联合国宪章》生效后，预先性自卫仍然存在于国际关系中的原因。作为禁止使用武力或武力威胁原则的一个例外，自卫权法还亟须在国际法范围内对其实体和程序内容进行有效的补充和完善，从而避免现有规定在操作上的灵活性和随意性，避免造成对该权利的滥用。②

在联合国自卫权法的改革中，我们必须面对国际安全情势的变迁，承认"在现在敌对行动的条件下，一国总是要等到武力攻击已经开始后才采取自卫行动，是不合理的"。③ 法理学启示我们，"当一条规则或一套规则的实效因道德上的抵制而受到威胁时，它的有效性就可能变成一个毫无意义的外壳。只有用服从正义的基本要求来补充法律安排的形式秩序，才能使这个法律制度免于全部或部分崩溃"。④ 国际法的遵守、实施都必须依赖于主权国家，固守第五十一条可能会被很多国家所拒绝，因为"在当今国际关系中，不仅恐怖主义活动，而且国家采取的暴力行为都可能迫

① Peter Malanczuk, Akehurse's Introduction to International Law, Seventh Edition, Poutledge, 1997, pp. 312—313.

② 李雪平：《从国际法上国家的自卫权看美国自卫性反恐军事行动》，人大复印资料《国际法学》2004 年第 2 期。

③ ［英］詹宁斯、瓦茨修订，王铁崖等译：《奥本海国际法》第一卷第一分册，中国大百科全书出版社 1995 年版，第 310 页。

④ ［美］E. 博登海默著，邓正来译：《法理学：法律哲学与法律方法》，中国政法大学出版社 2001 年版，第 340 页。

使一国在受到攻击前动用武力"，① 美国先发制人战略在国际社会上的连锁反应就是明证。

可以预见，2003 年的伊拉克战争绝对不是预先性自卫行动的终点，与其坐视法外武力的泛滥，不如将其纳入法治轨道。否则，长此以往，禁止使用武力或武力相威胁原则将形同虚设。因此，应该承认预先性自卫在特定场所、特定条件下的合理性，并针对这些极端的情形制定法律规则，既把合理的安全需要合法化，又确保对武力行动实施法律控制。

由于《联合国宪章》修改的艰难性，联合国大会可以提出一项决议提交各国通过，或者通过对《联合国宪章》的第五十一条加以解释和规范来实现规制。从法律发展的角度来看，下列内容是在自卫权法改革中必须考虑的要点：

第一，严格规定预先性自卫权的适用范围。预先性自卫权的行使仅仅适用于应付严重性的、迫在眉睫的威胁，不能适用于应付所有的威胁。如果赋予各国广泛实施预先性自卫的权利，极容易导致各国以自卫为借口发动侵略战争。因此，应严格区分预先性自卫与预防性军事行动。布郎教授认为，通过参考"即刻的威胁"这一概念，就可以把预先性自卫和预防性军事行动区分开来；国家没有义务容忍侵略者首先攻击，因而先发制人的权利是自卫权的延伸，它只存在于国家面临的毫无争议的无端进攻的急迫威胁的场合。相反，预防性行动针对的是某些推定的、未来的而不是即刻的威胁，是不合法的。这里假定的一个前提是国家仍然有其他办法应对此类威胁，所反对的是首先使用武力。②

第二，严格规定预先性自卫权的实施程序：

（1）规定安理会为行使预先自卫权的判断机构。必须由安理会对安全情势进行认定，在有法治的国际社会里，如果听凭某些国家（集团）对国际争端事实和某些威胁自行判断，那无异于"自己为自己的法官"，其结论很难为其他国家所接受，其结果也只能是强国对弱国、大国对小国的"自卫"。

（2）主张行使预先性自卫权的国家必须向安理会举证。由于预防性

① ［意］安东尼奥·卡塞斯著，蔡从燕等译：《国际法》，法律出版社 2009 年版，第479 页。

② Chris Brown, Self—Defense in an Imperfect World, Ethics and International Affairs, Vol. 17, No. 1, Spring, 2003.

自卫权是以可能遭受他国武力攻击的预测为前提，这种预测可能是真实的，也可能是受各种主观或客观原因的影响而被歪曲的，所以凡主张预防性自卫权的国家应举证。若证据不足或不被采纳，主张权利的国家即丧失合法行使武力的前提。

（3）安理会应听取争端当事国和利害关系国的控辩，并就威胁的严重性开展调查。根据调查结果做出是否支持主张行使预先性自卫权的决定。鉴于安理会的工作效率和威胁的"迫切性"，安理会做出决定应该是限期的。

（4）预先性自卫权的实施必须得到安理会的明确授权。根据《联合国宪章》规定，自卫权作为国家的一种"自然权利"，并不需要其他国际法主体授权即可行使。但鉴于预先性自卫权的敏感性和特殊性，为保证不被滥用，主张权利的国家应得到安理会的授权，否则即为非法使用武力。

第三，建立对预先性自卫权的监督和报告制度。即使是合法的使用武力，在其随后的阶段，性质也可能变异成违反《联合国宪章》第二（4）条的非法行动。因此，真正的合法使用武力，应当在行动的所有阶段——开始、持续和终结阶段都是合法的。[①] 为防止预先性自卫演变成为主张该权利的国家推行其国家政策的工具，安理会应对自卫权实施的整个过程进行监督，规定行使预先性自卫权的国家负有向安理会报告的义务。自卫国采取的自卫措施并不影响安理会维持和恢复和平的一般责任，安理会如果认定当事国自卫行为是不适当的，可以要求当事国中止该行为。

第四，建立自卫权中的国家责任制度。由于自卫权被认定为国家的一项"自然权利"，其中所涉及的国家责任一直被忽视。为使主张预先性自卫权的国家提高慎重性，也为了保证预先性自卫权的行使不变异为滥用武力，应该建立关于行使自卫权的国家责任制度：

（1）凡防卫过当的国家应被追法律责任。正如《奥本海国际法》（第9版）所指出的，"预先性自卫比其他情形下的自卫可能更加需要符合必要性和相称性的条件"。以消除威胁为限对预先性自卫行使的方式、范围、程度等方面做出严格规定，不能如伊拉克战争般演变成为推翻萨达姆政权的武力行动。凡被断定为超越相称性原则的自卫行动，将追究其国家责任。

---

① SINGH, J. U., Use of Force under International Law. New Delhi: Harnam Publications, 1984, p. 272.

（2）必须对预先性自卫进行事后评估。预先性自卫的主观预测性很大，必须在自卫行动实施完毕后对预测进行验证，一旦预先性自卫行动被证实为"假想防卫"，行使自卫权的国家即应对对象国的损失给予相应的赔偿。

（3）国家责任的认定权授予国际法院。应当赋予国际法院对裁判预先性自卫权的强制性管辖权，国际法院若断定某国滥用预先性自卫权并判决其承担国际责任，该国便应当履行该判决，承担对被害国的赔偿义务或其他责任。"如果有关国家拒绝将这个问题交付公正决定，或不遵守公正决定，这种情形就可能是在自卫行动的伪装下违反国际法的初步证据。"①

五 案例分析：2003 年美国对伊拉克行使预先性自卫权

阿富汗战争之后，美国谋求安理会授权对伊拉克进行军事打击，未果。为在授权之外寻找军事行动的法律依据，2002 年 9 月 20 日美国出台了《国家安全战略报告》，称："国际法学者通常将合法的先发制人行动限定于存在紧迫的（imminent）威胁情况下"，"我们必须使紧迫的威胁这个概念适应今天敌人的能力和目标"，因为"流氓国家和恐怖分子并不寻求使用常规方法"。"美国长久以来坚持采取先发制人行动去应付针对国家安全的威胁，威胁越大，不行动的危险越大——也更使人相信应当采取保卫自己的预先行动，即使敌人攻击的时间和地点仍不确定。为防止敌人采取敌对行动，美国将在必要时先发制人（act preemptively）。"据此，2003 年 3 月 20 日，美国对伊拉克实施了军事打击，推翻了萨达姆政权。

在这份报告中，美国提出了预先性自卫的变种形式"先发制人战略"，从中可以看出三个问题：第一，美国认为先发制人的自卫是一种合法的自卫权利，美国可以据此对伊拉克采取军事行动；第二，在新的安全形势下，先发制人的自卫权应当扩大适用范围，"即使敌人攻击的时间和地点仍不确定"，自卫行动仍然可以实施；第三，先发制人自卫的效力对象既包括国际恐怖主义也包括美国认定的"流氓国家"。

美国对伊拉克行使自卫权的主要理由大致可以归纳为以下两点：第一，伊拉克生产并储备有大规模杀伤性武器（weapons of mass destruction），伊拉克先是拒绝联合国的武器核查，后是对核查"阳奉阴违"，已

---

① ［英］詹宁斯、瓦茨修订，王铁崖等译：《奥本海国际法》第一卷第一分册，中国大百科全书出版社 1195 年版，第 311 页。

"实质性违反"了联合国安理会第 1441 号决议，伊拉克的这些行为对美国的安全构成了严重的威胁。第二，伊拉克支持国际恐怖主义，可能与发动"9·11"事件的拉登恐怖组织有牵连。证据主要有二：（1）在"9·11"事件发生之前伊拉克总统萨达姆就曾叫嚣要给美国一些颜色看看；（2）在伊拉克境内发现了恐怖组织的训练基地。

伊拉克战争①最终以美军推翻萨达姆政权并逮捕萨达姆而结束，但并没有在伊拉克境内发现大规模杀伤性武器，也没有发现证据证明伊拉克与"9·11"事件有直接的联系。而对于在伊拉克境内发现恐怖组织训练基地一事，已有国际调查小组公开澄清，实际上是伊拉克的一个反恐怖活动训练基地而已。以上诸事实已经证明，美国对伊拉克所进行的预先性自卫是一场"假想自卫"。

对于伊拉克战争，首先我们可以确定的是它不符合宪章第五十一条的规定：第一，伊拉克生产并贮备有大量的大规模杀伤性武器（即使有的话），并不构成即时的武力攻击；即使伊拉克与"9·11"袭击有直接的联系，应属于"已经过去了"的行为，美国的军事行动是报复而不是自卫；况且，即使在有明显的证据证明伊拉克与"9·11"恐怖主义袭击有直接的联系后，也应就具体情势来判定伊拉克应承担相应的国家责任，而这个责任不一定就是被给予武力打击。第二，在伊拉克问题上，联合国一直在坚持不懈地努力和行动，虽然对其效果评价不一，但是伊拉克问题已经处于安理会决定采取一定措施的阶段，任何自卫行动均不得随意"启动"，应该耐心等待安理会做出进一步的决定。这是宪章明文规定了的，并且此规定获得了国际社会的广泛支持，1949 年签订之《北大西洋公约》甚至规定，在安理会采取为恢复并维持国际和平与安全的必要措施时，这种措施（即自卫措施）应即终止。②美国先是一再声称，如安理会不做出

---

①　美国发动伊拉克战争的另一个理由是安理会 687 号决议（海湾战争之后，安理会又通过了 687 号决议，要求伊拉克销毁一切大规模杀伤性武器，并接受武器监督）已经提供了必要的法律授权，美国可以依照安理会 678 号决议对伊拉克实施军事打击；这一个理由是明显不能够成立的，1990 年安理会第 678 号决议授权使用武力的唯一目的是将伊拉克军队驱逐出科威特，这个目的在 1991 年就已经完全实现。只要伊拉克没有再次入侵科威特，英美就不能够利用这项决议来证明其战争的合法性。其实美国政府也清楚这一点，否则，它没有必要再次向安理会寻求授权。

②　参见劳特派特修订，王铁崖等译《奥本海国际法》（下卷第一分册），商务印书馆 1972 年版，第 112 页。

对伊拉克动武的决定，美国将自己动手实施自卫行动，后最终绕过安理会对伊拉克进行了军事打击。此举直接侵犯了安理会的职权，损害了集体安全原则和联合国的权威。

为了避开预先性自卫权合法与否的争论，我们可以依据自卫权的必要性和相称性原则对伊拉克战争的合法性问题做进一步的分析。在国家实践中，必要性原则和相互称性原则常常可以成为确定特定行动合法性的"唯一"标准，通过这两个条件可以考查一种武力行动是否构成自卫；这样，在安理会的辩论中，各国可以避免广义、狭义的原则性争论，只需要说明因为这种武力行动不必要或不相称，所以不合法。①

（一）美国的军事行动不符合自卫权的必要性原则

自卫权的必要性是指实施是"刻不容缓的、压倒一切的、没有选择余地、没有考虑时间"，包括时间上的紧迫性（immediacy）、形势上的无其他选择性，即"消除武力攻击的和平手段（1）已经穷尽；（2）缺乏和平手段，或者（3）这种和平手段经证明是无效的，受害国使用武力自卫才是合法的"。②

海湾战争结束后，根据联合国安理会的决议，伊拉克承担了必须接受对其武器核查的国际义务。虽然十多年来，伊拉克在核查问题上与美国等西方国家磕磕碰碰，不那么很好地"配合"，③ 但事实证明，在国际社会的压力下，伊拉克最终还是同意接受核查。2002 年下半年，伊拉克按联合国安理会第 1441 号决议的要求，接纳了联合国监核会及国际原子能委员会联合派出的核查小组，虽然，在核查的过程中伊拉克对是否接受核查小组对伊科学家的单独询问，是否同意美国的 U－2 侦察机对之实施高空侦察，是否向核查小组开放总统府等一些问题上，曾与美国之间存在着一定的分歧，但最终它还是被迫接受这些要求。可见，核查中发生的一些摩擦和纷争完全可以通过协商或施加一定的外交压力予以解决。而且，即使是伊拉克完全拒绝核查，也不能够证明和平手段已经穷尽，国际社会可以通过实施制裁或其他方法来迫使其接受核查，比如，扩大禁运的范围、实

① Christine Gray, International Law and the Use of Force, p. 115.

② 参见余敏友、孙立文、汪自勇、李伯军《武力打击国际恐怖主义的合法性问题》，《法学研究》2003 年第 6 期。

③ 伊拉克要求西方国家取消对它的石油输出限制，作为接受核查的先决条件，而西方国家则要伊无条件地接受核查。

施全面的海陆空的封锁、施加更大的舆论压力或外交压力，甚至可以对其施加一定程度"军事压力"等，并非一定要对其实施所谓的武力自卫。

（二）美国的军事行动不符合自卫权的相称性原则

在 1986 年"尼加拉瓜军事和准军事行动案"的判决中，国际法院对自卫权的相称性原则做了如下解释：（1）除非为了防止侵略国用其他方法继续侵略行为，侵略的受害国不能够侵占侵略国的领土；（2）安理会采取措施后，自卫行动必须尽快停止；（3）自卫行动在达到目的（即制止外来的武力攻击）后应尽快停止。此解释对"加罗林号原则"所主张的相称性原则进行了具体化，从实践的角度得出了权威的解释。

对照以上三点，美国在伊拉克的军事行动已经超出"自卫所需要的范围之内"。根据美国的战前主张，其自卫行动只能以消除威胁——铲除伊拉克境内的国际恐怖主义势力和销毁大规模杀伤性武器为限，但伊拉克战争最终以推翻萨达姆政权而终结。萨达姆政权的好坏姑且不论，以武力推翻一国政权却构成了对一国内政的干涉和对主权的侵犯。在伊拉克战争开始后，联合国极为关注，安理会也积极介入，但美国并没有停止战争行动。在推翻萨达姆政权后，美国"超额"完成了自卫任务，且没有发现证据来证明发动自卫战争的"假想理由"，但美国至今依然在伊拉克驻军，并扶植亲美政权，构成了对一国领土的事实侵占。

综上所述，美国对伊拉克的战争并不符合自卫权的法律规范，美国的先发制人战略虽然形式上以预先性自卫权为其理论依据，但实质上却大大超越了预先自卫权的范畴，走向了预防性战争。[1] 而预防性战争，早在第二次世界大战后的纽伦堡国际军事法庭判决书中，就已经被明确宣布为是现代国际法所禁止的构成破坏和平罪的侵略行为。由此，我们可以认定，美国先发制人战略及其理论指导下的伊拉克战争，在别国实质上并没有威胁到美国安全的情况下，随意对一个主权国家发动武力攻击，不仅是对自卫权的滥用，而且违反了国家主权原则、禁止使用武力或武力威胁原则、和平解决争端原则等国际法基本原则。

伊拉克战争给联合国集体安全制度的权威带来了严重的损害和冲击。

---

[1]　Antony Anghie, The Bush Administration Preemption Doctrine and The United Nations. ASIL Proceedings, 2004, p. 326; Michael Byers, Letting the Exception Prove the Rule, Ethics and International Affairs, Vol. 17, No. 1, Spring, 2003.

集体安全体制的核心是对在国际关系中的武力使用实行法律管制，具体地说，就是通过国际社会的共同约定，确定规章，规定合法使用武力的条件，禁止非法诉诸战争或使用武力。在集体安全体制下，战争权不再是国家的一项一般权利。任何违反集体安全义务而使用武力的行为均属非法，均在禁止之列。美国提出先发制人战略实际上是想踢开和平解决国际争端原则，赋予自己随意使用武力的权利。但是由于美国在国际权力格局中的一超独强地位，国际社会对其滥用武力的行为难以施加有效限制。因此，这一战略的实施是对联合国集体安全体制的公然蔑视，严重损害了集体安全体制的信誉和效力。

先发制人战略的实施势必导致国际秩序的失控。伊拉克战争为国际社会开创了恶劣的先例，[①] 如果，各国都无视国际法，在"敌人攻击的时间和地点仍不确定"的情况下，滥用预先自卫权，实施"先发制人"，许多有野心的国家将滥用"先发制人"来满足自身需要，借口安全受到威胁，为推行其国家政策而随意对他国发动攻击（美国发动伊拉克战争实际上是基于中东地缘政治利益和石油利益需要），那么，国际和平与安全秩序将有崩溃之危险，自《威斯特伐利亚和约》以来所逐步形成的现代国际法体系将被毁坏，国际关系将重回弱肉强食的"丛林法则"时代。

---

① 继美国之后，英国、法国、澳大利亚、日本、俄罗斯、印度、巴基斯坦、以色列和朝鲜等国也纷纷宣布将在必要时候对有关势力采取先发制人的打击。

第六章

联合国集体安全制度改革的中国视角

大国是国际关系的主导性力量，大国崛起历来是国际关系中最为重要的现象，而安全作为崛起的基础和前提，是每一个新崛起的大国需要首先考虑的问题。中国的"和平发展"战略①是大国崛起的一个新课题，需要从理论和实践两个方面来加以研究。中国的和平发展战略是在全球化深入发展的大环境中提出的，一方面需要一个能够对国际安全做出可靠预测并提供有效保障的制度性安排，使中国的建设能够获得相对稳定的国际环境；另一方面则意味着中国意欲通过争取世界和平来获得发展机会，并以日益增强的综合国力和一个建设者的角色来影响国际关系。因此，我们必须对联合国集体安全制度的改革作前瞻性的分析，研究改革对中国实施和平发展战略的影响，进而探讨中国该如何去影响、参与国际安全法律制度的修改与制定，这对中国运用国际安全法律规则维护、捍卫自己的安全权益，顺利实现和平发展的战略目标，具有十分重要的意义。

第一节　中国和平发展对联合国集体安全制度改革的影响

一　中国和平发展战略的法律分析

在国际关系的理论和实践中，一国的崛起可以指该国综合国力的全部或大部分指标迅速大幅度提升，从而形成、具备强大实力和国际影响力，如 20 世纪中后期美国的崛起；也可以指一国综合国力要素中某一两项主

---

① "和平崛起"与"和平发展"的概念哪个更好，国内对此有分歧，"和平崛起"提出后不久，政府层面上开始使用"和平发展"概念来代替，但国外更多地使用"和平崛起"，国内诸多论著把"和平发展"和"和平崛起"在交替使用，本文将其作为同义词。

要指标如经济、军事指标的大幅增长，如二战后日本和西欧的经济重新崛起。我们所讨论的中国崛起，是囊括政治、经济、文化、军事、科技、国际影响力等实体要素的全面性崛起。

自中国实行改革开放以来，综合国力不断增强，国内外即有人把中国的发展称之为"崛起"，中国学者随之有人研究中国崛起的道路、方式及其影响等问题。2003年11月3日，中共中央党校郑必坚教授在博鳌亚洲论坛上发表了题为《中国和平崛起新道路和亚洲的未来》的讲演，首次提出了"中国和平崛起"这一论题，这是中国学界经过长期酝酿所得出的一个必然性的结论，是对中国20余年现代化建设经验的总结。2003年12月10日，温家宝总理在哈佛大学发表了题为《把目光投向中国》的演讲，首次代表中国政府阐述了"中国和平崛起"的思想。温家宝总理明确地把中国选择的发展道路称作"和平崛起的发展道路"，指出今天的中国是一个改革开放与和平崛起的大国。2003年12月26日在纪念毛泽东同志诞辰110周年座谈会上，国家主席胡锦涛说，中国"要坚持走和平崛起的发展道路，坚持在和平共处五项原则的基础上同各国友好相处，在平等互利的基础上积极开展同各国的交流和合作，为人类和平与发展的崇高事业作出贡献"。至此，和平崛起作为一项国策已经被中国政府所正式采纳。

2004年3月14日，温家宝总理在第十届人大二次会议记者会上，全面阐述了中国和平崛起战略的要义：第一，中国的崛起就是要充分利用世界和平的大好时机，努力发展和壮大自己。同时又以自己的发展，维护世界和平。第二，中国的崛起应把基点主要放在自己的力量上，独立自主、自力更生，依靠广阔的国内市场、充足的劳动力资源和雄厚的资金积累，以及改革带来的机制创新。第三，中国的崛起离不开世界。中国必须坚持对外开放的政策，在平等互利的基础上，同世界一切友好国家发展经贸关系。第四，中国的崛起需要很长的时间，恐怕要多少代人的努力奋斗。第五，中国的崛起不会妨碍任何人，也不会威胁任何人。中国现在不称霸，将来即使强大了也永远不会称霸。

"中国的和平崛起"是一种战略，也是一种理论构想。这一理论构想基于对当今世界和平与发展关系的深刻理解和时代脉搏的准确把握，既是对中国改革开放以来国家内政外交大政方针的总结提炼，又是对中国新世纪发展战略的精辟概括。值得注意的是，在全球化的条件下，纯属一个国家主权管辖或单靠一个国家独立自主解决的事项越来越少，而受到国际法律机制管辖和受国际政治、经济影响的事项越来越多。在这样的背景下，各国唯有同舟共济，将本国的发展与全球和平与发展事业结合起来，才能真正实现自我崛起。① 和平崛起既是中国的对内发展战略，也是中国的对外发展战略，因此，和平崛起不是也不能理解为一项单纯的国内政策，必须将其理论基础上升到国际层面上来讨论，从国际法的角度来看，必须使和平崛起成为一项国际法话语，利用法律的稳定性、明确性和预期性，使和平崛起为国际社会所认同，并受到国际法的保障。

　　"和平崛起"这一命题一经提出，即受到了国内外的广泛关注，对其内涵与外延，则产生了多种说法。王义桅认为"和平崛起"包括三重含义：和平的崛起（Rise in peace）、和平地崛起（Rise peacefully）以及为和平而崛起（Rise for peace）。② 潘抱存、徐聪敏的解读为：崛起的根本性质是和平的，不可能产生强权、霸权和对抗；崛起绝不是依靠暴力和战争手段，而是完全依靠和平手段；崛起的目的也是完全为了实现和平。③ 曹刚川则认为"和平崛起"应涵括四个方面的内容：（1）中国有和平崛起的环境；（2）中国决心以和平的手段去完成崛起；（3）中国的和平崛起离不开世界；（4）和平崛起的最终目标是缔造和平。余敏友认为"中国和平崛起"这一命题的内涵是：第一，中国崛起的方式和途径是和平的；第二，中国崛起的价值指向是和平的；第三，"和平崛起"与中国的文化精神是一致和并行不悖的。④

　　以上这些界定实质上大同小异，总结以上观点，笔者认为在国际法层面上，可以将"中国和平崛起"的含义概括为：在现存的国际法律秩序中，中国将充分利用国际法原则、规则等各项制度，和平地崛起，从而达到巩固、发展世界和平，促进中国与世界各国共同发展的目标。中国的和平发展，一方面，是在现有的国际法律秩序中的崛起，中国必将充分利用现有的法律资源；另一方面，为实现崛起的目标，中国必将影响乃至改

---

　　① 曾令良：《论中国和平崛起于国际法的交互影响和作用》，载于武汉大学法学院、武汉大学国际法研究所编写《"中国和平崛起与国际法"学术研讨会论文集》。

　　② 王义桅：《和平崛起的三重内涵》，《环球时报》2004 年 2 月 13 日。

　　③ 潘抱存、徐聪敏：《中国"和平崛起"与当代国际法》，中国国际法学会"中国的和平发展道路与国际法"会议论文。

　　④ http：//www. jurists. cn/viewarticle. php？id = 15.

造、创造相应的国际法律秩序。

1. 中国和平发展的国际法特征

中国的和平发展体现了自然法和实在法的统一。格劳秀斯把国际法分为自然国际法和意志国际法，自然法缔造了国际法的雏形，赋予了国际法崇高的理想与目标。自 19 世纪以来，实在法把国际法归结为国家间的合意，推动了国际法的蓬勃发展，以至于今天实在国际法占据了国际法的统治地位。但是，自然法是超越国家意志和国家利益的、亘古不变的正义、权利、理性、公平的体现，是国际法的终极价值取向，虽然偏颇于自然法是不切实际的理想主义，但片面强调实在法，就会产生国家利益至高无上的观念，从而使国际法失去理性和发展动力，甚至会使国际法发生倒退。因此，在现代国际社会，任何一个国家的发展战略都必须把自然法和实在法结合起来，实现人类社会共同利益和自身利益的统一，才能够取得真正的发展。考察中国和平崛起理论的提出及其实施的道路和指向目标，可以看出：

一方面，中国和平崛起是一种意志国际法。中华民族自 1840 年后，一个曾经有着辉煌历史的文明古国沦落为一个半殖民地、半封建国家，在求独立任务完成之后，重新崛起于世界民族之林，是一个占世界人口 1/4 的大国的意志。这种意志必定影响着国际法的发展，成为实在国际法的一个组成部分。

另一方面，中国和平崛起符合自然国际法的要求。和平历来是人类社会的愿望和理想，近代以降，无论欧洲列强，还是美国和日本，崛起绝大多数都仰赖战争，以穷兵黩武政策来实现狭隘的民族利益，危害国际和平与安全。中国强调和平地崛起，并以发展巩固和平，实现人类的共同发展，是对国际法的重大贡献。

2. 中国和平发展的国际法基础

在国际关系史上，大国依靠武力和掠夺来实现崛起，根本原因是狭隘的国家利益使然，但另外一个重要原因是没有和平崛起的法律基础。在传统的国际法上，以武力推行国家政策是一种合法的手段，这必然导致国家特别是大国通过战争来实现崛起的目标。因此，废弃战争作为推行国家政策的工具一直是国际法的目标，虽然《非战公约》等国际文件对此作出了努力，但直至二战后联合国的成立，确立了禁止使用武力威胁或使用武力原则，这一理想才成为现实。以《联合国宪章》为中心的现代国际法，经过半个多世纪的发展，当代国际法律秩序，已经发展出共存法和合作法两大部分，就其职能而言，前者用于规范主权国家间的平等共存与和平共处，后者用于规范主权国家间的依存合作与协调发展。① 一个日益完备的国际法体系构成了中国和平崛起的法律基础。

首先，国际法基本原则使中国和平崛起战略具有法律保障。国际法的基本原则构成国际法的基础，具有强行法的性质。国家主权平等原则、不干涉内政原则、民族自决原则说明中华民族有权自主地决定把和平崛起作为发展道路，这是中国固有的、合法的权利，只要这种发展模式不损害其他国家的正当权利，即是合法的，任何其他国家（集团）和国际组织都无权干涉。禁止使用武力或武力威胁原则、和平解决国际争端原则与中国和平崛起的主张是相吻合的，它们同时要求其他国家在与中国的关系中必须以和平的手段来解决争端。

其次，国际法的发展使中国以和平手段来实现崛起有了可能性。现代国际法体系中，共存法仍然是基础和主体内容，起着协调国际关系、维持国际法律秩序的根本性作用。合作法则在共存的基础上，为国际间的合作提供制度性安排。无论是共存法还是合作法，在全球化的浪潮中，都越来越趋向于完善、全面，这为中国在实施和平崛起战略中与世界各国和平共处、加强与国际社会的合作提供了制度保障。如：集体安全制度的建立维护了国际社会大体上的和平与稳定，有利于中国的和平建设；各种争端解决机制的建立，有利于中国解决在崛起进程中与其他国家发生的争端；各种经贸、人权、环境等法律制度有利于中国与其他国家加强合作，实现共同发展。

二 中国和平发展与国际法律秩序的互动

当代国际社会已经形成了一个以国际法为基础的法律秩序，② 这个法律秩序已经涵盖政治、经济、社会事务等国际生活的各个领域。虽然这个法律秩序依然有很多缺陷，如缺乏强制执行力、较多地惠顾西方国家的利益、受国际政治的影响与制约等，但它对于整个国际社会的作用仍是不可或缺的。在一个以主权国家为基本构成单位的国际社会里，没有相应的法

---

① 曾令良、饶戈平主编：《国际法》，法律出版社 2005 年版，第 12 页。

② 同上书，第 11 页。

律制度起调整作用，国际交往将无法进行，每一个国家都需要一个共同的法律秩序来保障自己在国际社会的权益和地位，并以此为基础来开展国际合作。毫无疑问，中国的和平崛起战略不可能脱离这个国际法律秩序来进行，在中国和平崛起与现存国际法律秩序之间将会产生一种互动关系。

1. 中国和平发展是一个融入国际法律秩序的过程

中华人民共和国在建国后至改革开放前的相当长的一段时间内，受东西方对抗国际大环境的影响，也由于受自身意识形态的局限，视国际体制为资本主义的产物，采取拒绝的态度，并以挑战者的角色存在，这种做法严重制约了中国的发展。改革开放后，中国顺应国际潮流，扩大国际交往与合作，利用外部力量促进自身的发展，取得了令世界震惊的成就。中国对外开放的过程就是逐步融入国际社会的过程，就是参与和遵从现行国际法律秩序的过程。这可以从中国加入大量国际多边条约和国际组织中得到证明：[①]

国际多边条约是当代国际法的主要渊源，它们形成特定领域、特定事项的国际法律秩序。中国缔结或加入的国际条约，自建国到 1977 年不过 31 个，而从 1978 年到 2004 年已经多达 236 个，广泛涉及政治、经济、文化、社会事务等各个领域。这些条约是中国融入国际体制的法律凭据，标志着中国融入国际社会的速度、广度和深度都在不断发展。

国际组织是国家进行国际合作的组织形态，是组织成员国的法律共同体，集中体现了国际社会的法律秩序和制度体系。中国加入的国际组织，在 1966 年仅有 1 个，到 1998 年已经达到 52 个，对国际组织的参与度相当于美国的 97%，已经接近发达国家的水平。从某种程度上，中国已经近乎是国际机制的全面参与者。

加入多边国际条约的数量和对国际组织的参与程度，是一个主权国家融入国际社会的标志，也是衡量一个主权国家参与国际法律秩序程度的衡量尺度。改革开放的实践证明，中国受益于国际法律秩序并在这一秩序中发展和崛起。和平崛起战略是改革开放道路的延续，和平崛起战略的实施过程必定是更大范围、更深层次地融入现行国际法律秩序的过程，这既是历史经验的总结，也是由国际社会的客观现实决定的。

第一，中国对于现存的国际法律秩序只能采取接受的态度，不能是旁

---

① 饶戈平：《国际法律秩序与中国的和平发展》，《外交评论》2005 年第 6 期。

观者，更不能是挑战者。否则，中国的和平崛起将会遭到国际社会特别是西方国家的联合抵制乃至遏制，国际社会将会普遍担心中国崛起会颠覆现有的国际秩序，带来国际社会的动荡，威胁国际和平与安全。失去国际社会的认同和支持，和平崛起战略将难以为继。

第二，国际法律秩序为中国和平崛起提供了必要的法律保障和手段。[①] 融入并借助这种秩序，中国获得了和平发展的历史机遇，争取到了相对稳定、和睦的周边环境和国际关系，争取到了发展所必需的外部资金、技术、市场和资源，争取到了参与制定国际规则并利用国际规则维护国家利益的权利和机会。正如前所述，当代国际法律秩序为中国和平崛起提供了法律基础。

第三，国际法律秩序为崛起的中国在国际事务中发挥作用提供了舞台。历史的经验证明，崛起的大国总是力求在国际事务中发挥更大的作用，这是进一步维护和发展国家利益的必然性和重要手段。中国的和平崛起同样将遵循这一规律，今日的中国已经谋求在国际事务中发挥更大的作用，而当代国际法律秩序是中国承担国际责任、履行国际义务，提升国际影响力，成为一个负责任的大国的法律依据。

2. 中国和平发展是一个反作用于国际法律秩序的过程

改革开放以来的中国是以认同、遵从、维护现行的国际法律秩序来迈开和平崛起的步伐的，但这并不是说，中国对于国际法律秩序是一个被动的适应过程。中国的和平崛起顺应世界和平与发展的时代潮流，不仅符合中华民族的根本利益，而且也符合世界各国人民的共同利益，具有现实价值和历史意义。因此，中国的和平崛起在制约于现行国际法律秩序的同时，也必将对国际法律秩序的建构和发展产生深刻的影响。

一方面，中国一直主张改革现行的国际制度。对于当前的国际秩序，中国早就认识并深切体验到其不合理之处，指出这种秩序在很大程度上是霸权主义和强权政治的产物，维护的是西方国家的权益，而广大欠发达国家的要求和权益并没有在其中得到应有的体现。因此，中国一直是国际政治经济新秩序建设的拥护者和积极参与者。中国的和平崛起正是以和平协商、国际合作、循序渐进的非暴力方式，去改进、完善现行国际秩序，以达到建立一个公正合理的国际政治经济新秩序的目标。

---

① 饶戈平：《国际法律秩序与中国的和平发展》，《外交评论》2005 年第 6 期。

另一方面，中国力图以崛起的姿态去改造国际秩序。中国在改革与开放的互动中走上了和平崛起的道路，已经并将继续对国际政治、经济产生越来越大的影响：（1）维护和发展了世界和平与安全；（2）推动了国际政治多极化的发展；（3）给世界经济带来了新的活力；（4）维护了世界的多样性。随着中国和平崛起战略的实施，中国的实力将越来越强，对国际事务的参与范围越来越广、程度越来越深，在国际事务中将具有越来越大的话语权，对国际秩序的影响也将越来越大。

国际法律秩序自产生之日起，就一直处于变革之中。中国的和平崛起与国际法律秩序的变革是一个并行发展的过程，一个崛起的中国在国际秩序中的作用是不可或缺的，国际社会在构想未来的国际法律秩序时，必须面对中国崛起的事实。国际法律体系必须"把崛起国吸收入现成机制框架，赋予其所谓'谈判桌边'的地位，与现大国一起构建国际机制和新的国际秩序"。[1] 国际法律秩序的发展将不得不打上"中国烙印"。

第一，中国和平崛起将改变国际法的生态方式。国际法是从战争发迹的，在传统的国际法生态中，战争这个怪魔，一方面使国际法破坏无余，另一方面又为国际法带来新的生机。[2] 回顾国际法史，国际法的生态一直遵循着战争形成国际法、发展国际法的轨迹运行，即使是现行的以联合国法为核心的国际法体系，也是第二次世界大战的结果。人类是否可以不以战争为代价来推动国际法的发展？中国和平崛起理论的提出为之提供了思路，和平崛起意味着抛弃大国崛起与争霸战争相伴相生的旧传统，改变国际法的发展必须使人类"身历惨不堪言之战祸"的旧记录，使大国崛起成为维护世界和平的中坚力量，为国际法的发展开辟出一条崭新的道路。

第二，中国和平崛起将加强国际法的合法性。国际法从一开始就带上了基督教文明的色彩，直到今天，国际法的话语权、国际法规则的主导权依然主要掌控在西方大国的手中。其逻辑后果就是国际法具有强权性政治色彩和不公正性，由此带来国际法的合法性危机。中国是一个有着悠久历史的东方文明古国，是世界上最大、人口最多的发展中国家，作为一个受过列强侵略、欺凌的民族，与有着同样经历和背景的广大发展中国家有更多共同利益。作为安理会常任理事国中唯一的发展中国家，中国是地域、

---

① 杨文静：《大国崛起理论探析》，《现代国际关系》2004 年第 6 期。

② 梁西主编：《国际法》，武汉大学出版社 1993 年版，第 17—21 页。

文化和宗教多样性的代表，是国际政治经济多极化、民主化的代表。中国和平崛起将使国际体制和国际规则的制定更多地体现广大发展中国家的利益，促使国际法体系向着民主、健康和文明的方向发展。

第三，中国和平崛起将提高国际法的实施能力。国际法实施并没有一个自上而下的执行机构，在很大程度上仍然主要依靠主权国家的善意，而大国对于国际法的实施则发挥着至关重要的作用。中国和平崛起将使国际法的实施能力得以提高，以维持和平行动为例，中国自 1982 年 1 月 1 日起对尚未结束任期的两项联合国维持和平行动支付摊款，[①] 自 1990 年正式派员参加联合国维持和平行动至今，中国军人和文职人员参加了 18 项行动，成为常任理事国中派员最多的国家，[②] 同时，中国分担的维和费用份额也越来越高，2000 年联合国第 55 届大会会费制度修改后，中国分摊的维和费用占总额的 1.541％，美国则从原来的 25％下降为 22％。[③] 中国对维持和平行动的贡献越来越多，提高了安理会决议得以执行的能力，同时，中国关于维和的主张也越来越影响维和的实践与改革。

三　中国和平发展对联合国集体安全制度改革的作用

当代国际政治（安全）法律秩序集中体现于联合国集体安全制度，中国和平崛起与之同样是一个作用与反作用的互动关系。联合国集体安全制度的改革实质上是未来国际安全法律秩序的构建，其法律规范的制定直接牵涉到世界各国的国家利益。一个普通的常识是，谁是规则的制定者，谁就是规则的受益者。因此，世界各种政治力量都对改革提出了自己的主张和要求，形成发展中国家和发达国家两种分歧性的派别。发达国家试图继续维持甚至要求强化联合国集体安全制度的"西方特征"，而发展中国家则要求加强民主性、平等性，双方在一些问题上立场差异很大。在这其中，中国作为一个崛起中的大国，立场、态度和主张将是至关重要的。

1. 中国关于联合国集体安全制度改革的基本主张

关于联合国及其集体安全制度的改革，中国领导人在各种外交场合都发表过讲话和意见。在联合国成立 60 周年之际，联合国改革三大报告的

---

① 梁西：《国际组织法》，武汉大学出版社 1993 年版，第 199 页。

② 盛红生：《联合国维持和平行动的法律问题研究》，时事出版社 2006 年版，第 25 页。

③ 《联合国会费怎么分摊》，《财务与会计》2001 年第 4 期。

出台，将联合国改革推向了一个阶段性高潮，中华人民共和国外交部于2005年6月7日发布《中国关于联合国改革问题的立场文件》，① 全面、集中、系统地阐述了中国对于联合国改革的主张，对于联合国集体安全制度的改革阐明了自己的立场，并提出了诸多建议性的意见。

（1）对于联合国集体安全制度改革的立场与态度

中国支持联合国改革，认为联合国在国际事务中的作用不可或缺。中国认为，作为最具普遍性、代表性和权威性的政府间国际组织，联合国是实践多边主义的最佳场所，是集体应对各种威胁和挑战的有效平台，应该继续成为维护和平的使者，推动发展的先驱。通过改革加强联合国作用，符合全人类的共同利益。

中国认为联合国集体安全制度的改革是符合中国和平发展的安全需要的。主张在"互信、互利、平等、协作"的基础上，建立一个有效力、效率和公平的集体安全机制。主张坚持多边主义，推动实现国际关系民主化和法治化，坚持《联合国宪章》的宗旨和原则，加强联合国的权威与能力，维护安理会作为集体安全体系核心的地位。

（2）关于情势认定的法律依据问题

中国赞成新的综合安全观，反对"重安全、轻发展"的倾向。但中国反对将安全问题盲目地泛化，比如传染病问题，"如何界定传染病是否对国际和平与安全构成威胁，目前没有公认标准。安理会作为主要处理对国际和平与安全构成重大威胁问题的机构，不宜重复其他机构的工作"。

对于反恐问题，中国主张并支持打击一切形式的恐怖主义。主张国际反恐努力要充分发挥联合国的主导与协调作用，注意标本兼治，应避免政治化，不能采取双重标准。中国支持进一步完善现有反恐条约体系和法律框架。各国应考虑尽快签署和批准现有的国际反恐公约，并本着合作和建设性态度，尽快就《关于国际恐怖主义的全面公约》草案达成一致。中国希望在恐怖主义定义的问题上达成共识，主张建立反恐新机制。

对于战争与冲突，中国主张国家间冲突应按照《联合国宪章》和国际法，通过平等协商、和平谈判加以解决。国内冲突情况复杂，是否危及国际和平与安全，应具体问题具体分析。解决国内冲突应主要靠当事国人

---

① 中华人民共和国外交部网站：中国关于联合国改革问题的立场文件（http：//www.fm-prc.gov.cn/chn/zxxx/t205944.htm）。

民努力。外部支持应以《联合国宪章》为基础，以国际法为准绳，采取谨慎和负责的态度，综合应用政治、外交等手段，鼓励和帮助冲突方通过协商和谈判解决问题。

（3）关于强制措施的改革问题

第一，关于制裁，中国一贯主张谨慎使用制裁，必须以用尽和平解决的所有手段为前提。一旦安理会决定实施制裁，各国均有义务严格执行。中国支持改进联合国制裁机制，设立严格标准，加强针对性，设定明确时限，并尽可能减少制裁引发人道主义危机和对第三国的影响。各制裁委员会应定期评估制裁造成的人道主义影响。倡议国际社会应帮助发展中国家加强执行制裁的能力。

第二，关于使用武力，中国坚决维护禁止在国际关系中使用武力或以武力相威胁、和平解决国际争端的国际法基本准则。认为就使用武力形成一个"放之四海皆准"的规则和标准不现实，也容易引起较大争议。导致发生危机的原因和各类危机的情况不尽相同。是否使用武力，应由安理会视冲突实际情况逐案处理。

中国坚持主张使用武力必须得到安理会的授权，安理会是联合国唯一可决定使用武力的机构。区域办法或区域组织采取强制性行动，必须事先得到安理会授权。

对于争议极大的自卫权法问题，中国赞成既不修改也不重新解释《宪章》第五十一条。对是否构成"紧迫威胁"，应由安理会根据《宪章》第七章并视具体情况判定，慎重处理。

关于人道主义干涉问题，中国认为应该尊重主权，谨慎从事，一国内乱往往起因复杂，对判定一国政府是否有能力和意愿保护其国民应慎重，不应动辄加以干预。在出现大规模人道危机时，缓和和制止危机是国际社会的正当关切。有关行动须严格遵守《宪章》的有关规定，尊重有关当事国及其所在地区组织的意见，在联合国框架下由安理会根据具体情况判断和处置，尽可能使用和平方式。在涉及强制性行动时，更应慎重行事，逐案处理。

（4）关于维持和平行动的改革问题

中国主张将维持和平行动制度化，希望秘书处根据联大维和特别委员会的要求，对建议的诸多方面予以细化和澄清。中国主张将中立、当事方同意以及非自卫不得使用武力等确立为维持和平行动的基本原则。中方支持加强联合国维和行动能力，欢迎秘书长关于建立战略储备、成立维和民警待命安排的建议。反对盲目扩大维和机制，指出联合国维和资源有限，应合理有效使用，主张整合资源，量力而行，确保其可行性、有效性。

中国支持加强联合国与区域组织的合作，但区域组织开展的维和行动应规范化，在《联合国宪章》的宗旨和原则内行动。中国支持设立建设和平委员会。委员会的职责应主要是协助制订从冲突过渡到冲突后重建的计划，协调国际社会努力。中国赞同秘书长关于该委员会不具有预警和监测职能、并主要发挥咨询作用的看法。委员会主要向安理会负责，有助于保证其效率和效力。中国也支持经社理事会充分参与委员会的工作。

（5）关于集体安全制度的机构改革问题

中国认为联合国大会是联合国民主决策的重要机构。中国支持通过改革，提高大会的工作效率，并加强其决策能力。中国支持秘书长通过改进管理建立一个精干高效的秘书处的努力。中国希望秘书处增加管理的透明度、公信度，提高效率，加强问责制。中国对取消军参团的建议有严重保留。认为改革不是简单地取消，应通过协商，赋予军参团在维和及安全等方面新的职能。

安理会改革是多方面的，既包括扩大问题，也包括提高工作效率、改进工作方法等重要问题。安理会改革应遵循以下原则：

（1）提高安理会的权威和效率，增强其应对全球性威胁和挑战的能力。

（2）优先增加发展中国家代表性。发展中国家已占联合国会员国总数的2/3以上，但在安理会的代表性严重不足。这个状况必须纠正。应让更多国家，特别是中小国家有更多的机会轮流进入安理会，参与其决策。

（3）坚持地域平衡原则，并兼顾不同文化和文明的代表性。

（4）涉及各地区的改革方案应首先在有关地区组内达成一致。中方认为，一些国家倡导的地区轮任原则值得重视和考虑。

（5）坚持协商一致，这是《宪章》的重要精神，目的是兼顾各方，特别是中小国家利益，只有经过协商一致做出的决定才能赢得最广泛的信任和支持，反对人为设定时限，反对强行表决尚有重大分歧的改革方案。

2. 中国和平发展对联合国集体安全制度改革的影响

第一，中国和平发展对联合国集体安全制度改革起着维护作用。对于联合国的前途和命运，国际社会一直存在着怀疑，一些人主张解散派联合国，认为如果没有联合国这样的组织，世界会更好。他们对集体安全制度采取的是激进的虚无主义态度，他们认为对这个现行的多边组织的改革，必将导致联合国体系的瓦解。[①] 一些人主张将联合国边缘化，让联合国退出安全领域，只负责经济与社会事务。这两种论调实质都是要否定联合国集体安全制度，值得注意的是，它们在西方国家都有很大的市场，一些国家甚至提出以八国集团取代安理会。美国则希望把北约模式扩展至全球，以扩大的北约来逐步代替安理会，执行军事与安全职能。以八国集团来执行类似于联合国的政治经济职能。中国反对将联合国解散或边缘化的观点，强调安理会在维护国际和平与安全的首要责任，反对绕开安理会擅自动武的倾向，反对将安理会视为"橡皮图章"的做法，主张完善联合国集体安全制度，加强联合国在国际安全事务中的作用。

第二，中国和平发展有利于加强集体安全制度改革的合法性。在联合国改革的问题上，发达国家，特别是八国集团认为，安理会的改革应该按照贡献原则，应当用财力和实力作为衡量国家贡献的标准，按照此原则，日本和德国最有资格成为新的安理会常任理事国。可以预见，一旦按此原则改革安理会，西方大国对安理会的控制将进一步增强，联合国集体安全制度将沦落为西方国家干涉发展中国家的工具，其不公正性将进一步增强，合法性将进一步削弱。这种局面的出现，将极其不利于中国和平发展战略目标的实现，因此，中国坚决反对将安理会发展成为"大国俱乐部"，而中国提出的改革原则无疑是更具有民主性和合法性的主张。

第三，中国的和平发展有利于集体安全制度改革方向的正确性。改革的"激进派"认为国际安全困境的核心是国际社会的无政府状态，是国家主权之上的逻辑严重妨碍了人类安全、繁荣、公正和尊严，所以主张将以主权为单位的、没有中央权威的现存世界秩序，进行根本性的改造，而联合国将在其中扮演超越主权之上的中央集权的角色。甚至联合国前秘书长近年来也持这种观点，主张以新型组织取代联合国，他说："今后若干年内，应当有第三代国际组织问世。第一代是国际联盟，第二代是联合国。"[②] 这实际上是要将联合国改造成为"世界政府"。在现阶段乃至未来相当长的一个历史时期，国际法虽然表现出集权的趋势，但分权仍然是其

---

① J. Helms, Saving the U. N: A Challenge for the Next Secretary General, Foreign Affairs, Vol. 75, No. 5 (9/10), 1996.

② Wendll Gordon, The United Nations at the Crossroads of Reform, M. E. Sharpe, Inc. 1994, pp. 216—217.

根本特征。脱离人类社会发展的现实去奢谈改革联合国是不可能的。并且，在当前的现实中，"世界政府"只可能是由发达国家把持的"世界政府"，欠发达国家的权益很难得到保障。中国主张在尊重现实的基础上，在坚持联合国基本原则的基础上进行改革，是联合国集体安全制度发展的正确方向。

第四，中国在和平发展进程中的安全实践对联合国集体安全制度改革具有导向性作用。中国为保证和平发展战略的顺利实施，积极倡导新安全观。"中国提倡国际社会应树立以互信、互利、平等、协作原则为核心的新安全观，努力营造长期稳定、安全可靠的国际环境作为实现中国自身安全的前提和保障。"① 倡导通过多边国际安全制度促进国际安全合作，减少国家之间的安全困境。近些年来，中国参与联合国集体安全行动、维护地区和平稳定的深度和广度都有了实质性的提高，在区域问题上创造了上海合作组织，推动了"10＋3"机制的发展，与周边国家积极实施"以邻为伴、与邻为善"和"睦邻、富邻、安邻"的方针，大力提倡不针对第三方的战略伙伴关系，反对根据单个国家的利益偏好制定歧视性和单边主义的行为规则。这些思想及其实践中表现出的有效性，为联合国集体安全制度改革树立了典范。

第五，中国和平发展对联合国集体安全制度改革的机构改革和具体规则生成将产生重大影响。中国提出的改革构想是一种理性的主张。既尊重当前的国际安全现状，又前瞻性地预见安全情势的发展趋势；既坚持发展中国家的立场，又兼顾发达国家的利益；既有批判主义、理想主义的色彩，又有现实主义的特征。对现成的集体安全机制采取继承与发展的态度，调和了各方的对抗与冲突，具有现实的可行性，必将对集体安全制度改革的具体实施产生重大影响。

第二节　联合国集体安全制度改革对中国和平发展的影响

一　联合国集体安全制度改革的基本走向

联合国集体安全制度的改革将是一个艰难的过程，由于国际社会的分

---

① 江泽民：《论"三个代表"》，中央文献出版社2001年版，第184页。

歧，改革最终能够达到什么程度还难以估计；但毫无疑问的是，改革是联合国集体安全制度面对新的国际安全形势做出的调整和提高，其目的是提高运行能力，加强法律效力，使多边主义真正成为更有效、更充分、更具合法性地维护国家以及人类安全的基本行为准则，使业已抬头的单边主义安全重回多边安全的轨道。联合国三大改革文件虽然有浓厚的西方色彩，但大体上仍然揭示了联合国集体安全制度改革的走向。

1. 联合国集体安全制度的效力范围将扩大

首先，联合国集体安全制度的效力范围将扩大。全球化的发展使现时之世界已不同于联合国建立时的世界，传统安全和非传统安全交织在一起，威胁国际社会稳定和安全的来源、主体、形式、范畴都已经在很大程度上超越了联合国集体安全制度最初设计的容量，联合国必须对安全形势的变化做出反应。但由于各国自身利益的差异和安全价值取向的不同，国际社会达成安全共识尚需时日。在《成果文件》中，各国首脑已经认识到应该"紧急就主要的威胁和挑战达成共识"，可以预见，联合国集体安全制度的改革将从更大的范畴和更深的层次上来理解国际安全，其效力范围将由传统安全扩大到非传统安全，虽然非传统安全领域的哪些威胁形式将进入安理会关注的范畴还有待于国际社会的商榷。

其次，联合国集体安全制度的效力对象将扩大。第一，20世纪下半叶以来，国内冲突大幅度增加，大部分的国内冲突都"溢出"国界，成为国际和平与安全的威胁，联合国必须对此作出有效反应，将国内冲突作为集体安全制度的效力对象。第二，20世纪90年代以来，"前南斯拉夫问题和卢旺达问题两个特设法庭在继续工作，在塞拉里昂已经成立混合法庭，而且希望不久在柬埔寨能成立这种法庭"。① 《名人小组报告》提出"安理会应当随时准备行使《罗马规约》的授权，将案件提交国际刑事法院审理。"实践表明，对于犯有大规模种族灭绝、恐怖主义等危害国际和平安全罪行的个人将会适用国际法予以惩处，这种趋势将使联合国集体安全制度的效力由国家扩大到个人。

2. 联合国集体安全制度的运行能力将得到提高

在集体安全行动的执行问题上，第一，"联合国军"的成立将使联合国集体安全制度的强制执行能力大为加强。虽然激活第四十三条的难度很

---

① 《秘书长报告》第138段。

大，但是"冷战结束之后，尤其是美国'9·11'事件以来，安理会对一系列涉及国际和平与安全的重大决议表明：将宪章第四十三条付诸于实践的时机逐渐成熟起来"。① 第二，在授权执行的问题上，改革也将使之趋向规范化。《名人小组报告》提出安理会在考虑是否批准或同意使用武力的 5 个正当性标准：威胁的严重性、正当的目的、万不得已的办法、相称的手段和权衡后果，并建议把这些授权使用武力的准则列入安理会和大会的宣告性决议。第三，联合国制裁制度将得到完善，实效将得到提高。

在集体安全制度的机构问题上，第一，安理会的合法性将得到加强，效率将会得到提高，否决权有望得到限制，对一些严重的国际罪行，如"在发生灭绝种族和大规模侵犯人权情况时，不使用否决权"。② 第二，大会、秘书长的安全职能将得到加强，经济与社会理事会也将被赋予安全职能，在其下"设立一个安全威胁所涉社会和经济问题委员会"，③ 解决安全与经济和社会的相关联性问题。第三，"建设和平委员会"已经作为一个新的集体安全机构被推出，其职能是援助处于困境的国家，避免其陷入暴力冲突；协助冲突过后的国家建设和平，实现缔造和平的目的。第四，人权委员会将会成为一个重要的机构，虽然目前附属在大会之下，但未来有可能发展成为一个独立的新机构。

在集体安全行动的程序问题上，第一，安理会的决策程序将会规范化，改革将有可能对国际安全情势的对象、断定的原则和标准作出基本性的规定，使安理会行使职权时有法可依。对于安理会工作程序的"暗箱操作"问题，改革将力争使之透明化，以接受国际社会的监督。第二，维和行动和强制措施的实施将规范化。对于司法程序中一些争议很大的宪章条款，如第二（4）条和第五十一条，改革将对其做出较为明确的解释。对第二（4）条的定义、适用和例外做出符合当前国际安全形势的解释，以解决人道主义干涉、武力反恐的合法性问题。对第五十一条，虽然《名人小组报告》建议不做修改，但对自卫的对象、及时性、方式和限度将会作出明确的规定，建立判断标准，确保自卫权的行使不能够妨碍安理会的行动，以达到遏制"先发制人"战略的目的。

---

① 曾令良：《论伊拉克战争的合法性问题与国际法的困惑》，《珞珈法学论坛》第 4 卷，武汉大学出版社 2005 年版，第 236 页。

② 《威胁、挑战和改革高级别小组报告》第 256 段。

③ 《威胁、挑战和改革高级别小组报告》第 276（a）段。

3. "区域办法"将得到规范并强化

联合国成立以来，区域组织勃兴是国际社会的一个重要现象。一些区域性国际组织超越职权，擅自在区域内实施维护国际和平与安全的行动，边缘化联合国。特别是西方国家把它们控制的区域组织置于联合国之上、之外，把自己的意志强加给联合国。如北大西洋公约组织，1999 年在未经安理会授权的情况下，空袭南联盟，严重破坏了联合国的权威。1999 年 4 月 24 日，在纪念北约成立 50 周年的会议上，北约成员国通过了 21 世纪《北约战略新概念》，把对外干涉列入它的主要战略目标，把维护国际和平与安全的责任置于北约军事强权控制之下，这等于篡夺安理会的职权。再如八国集团，已发展成为能对全球性的重大经济、政治、外交、军事以及全球化等问题做出权威性建议或强制性措施的国际组织。2003 年八国集团的埃维昂会议就涉及经济增长、团结互助和国际安全三个主题，这些问题完全可以在联合国框架内进行讨论和解决，八国集团事实上已经在联合国之外"另起炉灶"。

《联合国宪章》第八章规定的维持国际和平与安全的"区域办法"，是联合国集体安全制度的补充，起一种辅助作用。但因其中存在着法律争议，在实践中却走了样。第一，区域组织对宪章条款进行曲解。如区域组织在实践中常常对五十三条所指的执行行动做出狭义解释，认为执行行动不包括宪章第四十一、四十二条所列举的所有行动，而仅仅只是指那些涉及武力使用军事力量的行动，区域组织实施的不涉及武力的措施不应包含其中。[①] 因此，区域组织实施的此类措施不需要安理会的批准，也无需遵守安理会的监督。[②] 第二，对于一些新的区域组织行动，宪章缺乏相应的规定。如区域组织的维和，区域组织一直主张区域性的维和不需要安理会的授权，[③] 避开《联合国宪章》对其行动的限制。此类情况的存在危及了联合国集体安全制度的权威，也带来相当多的负面影响。联合国改革文件都重申安理会对区域办法的"监控"作用，改革将对区域组织在国际安全上的法律权限给出明确的规定，并建立明确的实施、监督和报告制度，防止大国控制区域组织推行自己的利益。

---

① Mohammed Bedjaon General Editor, *International Law: Achievements and Prospects*, Martinvy Nihoff Publishers Unesco, 1998, pp. 725—737.

② Frederic L. Kirgis, *The Security Council's First Fifty Years*, 189 AJIL 1995, p. 539.

③ Malcolm N. Shaw, *International Law (Fourth Edition)*, Cambridge Press, 1997, p. 882.

区域组织参与国际安全行动"不仅能够减轻安理会的负担，而且有助于加深国际事务中的参与感、认同感和民主化"，[①] 联合国发挥区域组织在国际安全中的潜力既是客观需要，也是未来趋势。《秘书长报告》"支持加强联合国与区域组织间的关系"，并提出"确保具备预防冲突或维持和平能力的区域组织考虑将此种能力纳入联合国待命安排系统"。《名人小组报告》也提出"利用联合国拥有的资源，为区域行动提供装备方面的支助"。区域组织将在联合国集体安全行动中发挥越来越大的作用，但区域组织在国际和平与安全领域的行动与联合国的关系必须有清晰、明确的法律规定，否则，区域组织将"掏空"联合国，使世界政治版图呈现出一个又一个新的大国"势力范围"，联合国改革必须对此作出准确、迅速的反应。

4. 联合国集体安全制度的基本原则将会被重新界定

第一，禁止使用武力或武力威胁原则将得到较为明确的解释。宪章第二（4）条在联合国集体安全体制中是占据核心位置的法律规范，违反这一禁止性规定，就可能受到集体安全措施的制裁。然而，由于各自利益和理解不同，对第二（4）条的解释存在着严重的分歧，分歧的焦点是该条禁止使用的方法和手段，即该条英文文本中的"threat or use of force"的解释问题，一种持扩大性解释，认为"force"包括使用武力以外的其他形式的强制在内，包括针对任何国家的政治独立和领土完整而采取政治、经济、文化乃至心理方面的压力与措施。另一种作限制性的解释，不仅将"threat or use of force"解释为"以武力相威胁或使用武力"，而且对"force"作了限制，即只是"侵害任何国家之领土完整，或政治独立的"武力，或"与联合国宗旨不符"的武力。

上述解释从不同的角度和出发点，对联合国集体安全体制下使用武力的法律规定作了说明。由于在国际上对该条的理解各执一词，难以形成一个统一的标准，使断定某一国际行为是否构成对该条的违反难以形成统一的意见，从而影响集体安全措施的实施。第二（4）条与第五十一条允许的国家自卫权、与人道主义干涉及其他单边武力行为密切相关，大国持限制性解释，为自己的强制性国际行动寻找合法借口。联合国集体安全制度的改革将逐渐给出一个精确的法律定义，以解决法律争议。虽然扩大性解

---

① 加利：《和平纲领》。

释在目前的国际形势下往往是不现实的，但却是国际关系发展的普遍性需要和改革的发展趋势。

第二，"不干涉内政原则"将会被重新解释。内政或"国内管辖事项"一般是指国家不受国际法约束而能够独立自主处理的事项，但包括《联合国宪章》在内的国际法文件并未对此提出明确的定义和衡量标准。在实践中，"内政"也包括国家的对外事务，一国在其境内的行为有可能因违反国际法而引起国际社会的正当关注。① 因此，国际常设法院在 1923年的"突尼斯和摩洛哥国籍法令案"的咨询意见中指出："某一事项是否纯属于国家管辖范围之内是一个在本质上相对的问题，其答案决定于国际法的发展。"②

在当前全球化的条件下，"国家不可为自身主权的完整而无视人类整体利益，因为此等无视有可能危及地区甚至整个国际社会的安全。"③ 联合国集体安全制度的改革将会对国家主权的行使施加越来越多的限制。冷战后的事实表明，国内问题国际化是一个普遍的现象，国内冲突是国际和平与安全的重要威胁，联合国集体安全制度的适用范围由国际扩大到国内已成为必要，由联合国授权的集体干涉（collective intervention）、维和行动适用范围和职能的扩大化将会得到改革的承认。但是，在集体安全制度的运作层面上，始终存在着国际干涉和国家主权之间的矛盾，限制了联合国的行动。因此，"不干涉内政原则"将会被重新解释，以解决集体安全行动的合法性困境。

二　联合国集体安全制度改革对中国和平发展的促进作用

和平是中国实施和平发展战略的前提和基础，为实现中国和平发展的目标，中国在安全问题的处理上，必须保证中华民族整体的生存和发展权利不受任何重大损害，保证中国国内的经济建设、社会成长、政治现代化过程不受大的干扰，保证我们国家的领土完整、边界主权及基本尊严不受外部势力的侵犯。④ 为此，中国必须充分运用国际安全法律机制，处理当

---

① 曾令良主编：《国际法学》，武汉大学出版社 2004 年版，第 43 页。

② 转引自王铁崖《国际法》，北京大学出版社 1998 年版，第 222 页。

③ 曾令良：《冷战后时代的国家主权》，《中国法学》1998 年第 1 期。

④ 王逸舟：《和平发展阶段的国家安全》（http://theory. people. com. cn/GB/49150/49152/5163981. html）。

下对中国国家安全的各种主要威胁。联合国集体安全机制在当代国际关系中发挥着服务、制约、规范、示范、惩罚等多重功能,[1] 一个健全、高效的多边安全法律制度将有利于我国减少、缓和、解决现有的和未来的国际冲突,为我国的和平发展提供更多的机会。

1. 改革有助于营造中国和平发展所需要的国际法律秩序

为实现中国和平崛起的战略目标,中国领导人提出了和谐世界的重要思想。毫无疑问,和谐世界是中国和平崛起的重要保证,这是由当前的国际社会发展的特点决定的。"争取和平稳定的国际环境、睦邻友好的周边环境、平等互利的合作环境和客观友善的舆论环境,为全面建设小康社会服务,是当前和今后一个时期我国外交工作的根本任务,也是基本目标。"[2]

在和谐世界的思想中,国际和平与安全是一个前提性条件,一个动荡的世界是不可能达到和谐的境界的。冷战的结束并没有使世界河清海晏,大国的单边主义、区域组织的武力行动、地区热点的持续升温、大规模杀伤性武器的扩散、国际恐怖主义的愈演愈烈,都对国际和平与安全的维护带来极大的威胁。和谐世界的实现,需要国际社会的共同努力。而一个完善的联合国集体安全制度是实现和谐世界的重要保证。

"国际法提供稳定的国际关系,这种稳定反过来是各国追求其国家利益的必要基础。"[3] 联合国集体安全制度的改革,肩负着构建和维护国际安全秩序的重任。改革将加强国际安全在联合国集体安全制度内的合作,避免国家(集团)对抗和大规模军备竞赛局面的出现,从而缓和国际局势,维护世界大体上的和平稳定。改革将完善集体安全制度的原则、规则和决策程序,提高运行能力和执行效力,对单边武力行为和大规模杀伤性武器的扩散实行法律控制,促进地区热点的和平解决,提高应对非传统安全的能力。为中国客观上营造了一个和平发展所需要的一个长期的相对和平稳定的国际环境,使中国能够集中精力专注于经济建设。

---

① 门洪华:《和平的纬度:联合国集体安全机制研究》,上海人民出版社2002年版,第102—105页。

② 胡锦涛在第十次全国驻外使节会议上的讲话,《人民日报》2004年8月30日。

③ Antonio Casses, International Law, Oxford University Press, p. 5. 梁西主编:《国际法》(修订第二版),武汉大学出版社2002年版,第14页。

2. 改革有助于中国在实施和平发展战略中处理国家间的安全关系

从国际关系史上看，大国的崛起与外界的冲突是不可避免的，甚至会带来国际秩序的调整、颠覆，其直接的结果是战争，以新霸权代替旧霸权。中国的和平崛起也将不可避免地对现行的国际秩序带来冲击，虽然中国对国际社会强调崛起的性质是和平的，中国尊重现有的国际秩序，在强大后也不会称霸，但并未取得国际社会的完全信任。"中国威胁论"的盛行，即表明了国际社会对中国崛起的担忧。

首先是美国对中国心存疑虑。苏联解体后，美国成为唯一的超级大国，国际力量的对比明显失衡。美国抓住这一机遇，极力推行单边主义，以实现"美国治下的和平"（Pax Americana）。为此，美国力求现存国际格局中的"多强"，接受其"一超"的领导地位。对于中国，由于中美之间意识形态的分歧和曾经有过的长期的对抗历史，美国一方面保持对华接触，一方面把中国视为潜在的竞争对手。中国在改革开放30余年所取得的巨大成果，中国深厚的发展潜力，都使美国心存疑虑。中国必须处理好与美国的安全关系，假如中美之间陷入新一轮"冷战"，中国和平崛起的进程会受到极大的阻滞，甚至会中断。

其次是周边国家对中国心存戒惧。由于历史的原因，中国与周边国家发生过各种各样的争端，其中包括多次战争，这些国家对中国的日益崛起不免心怀惴惴。在周边的大国中，日本与中国之间存在着历史问题、钓鱼岛问题，甚至台湾问题中也有着日本因素，日本对于中国的崛起保持着高度的警惕。印度则一直宣称中国的崛起即是对其现实的威胁，俄罗斯目前处于复兴时期，长远来看，中俄之间安全问题的变数依然很大。在周边的小国中，不少国家对中国的崛起有疑惧心理。假如中国的周边国家结成反华同盟，将使中国的地缘安全压力陡增，这无疑会延缓中国和平崛起的进程。

法律的一个重要作用就是可以带来预期性。联合国集体安全制度的完善，将对国家的安全政策施加越来越多地限制，国家安全政策的透明度因此越来越高。世界各国将借此认识到，中国的和平崛起只可能在联合国集体安全制度的框架内处理安全问题，解决安全纠纷，从而缓解直至消除对中国崛起的疑惧心理。而中国则可以充分利用运行能力日益提高的联合国集体安全制度，通过积极参与包括联合国集体安全制度在内的国际多边组织及其集体行动，在安全问题上与国际社会增信释疑，加强与西方大国尤其是美国的安全对话与合作，避免与之陷入对抗、遏制和冷战的恶性循环；增强与邻国的相互信任度，在安全问题上加强协调，和平解决争端，增进稳定，减少敌对。使国际社会认识到改革开放以来的中国不是一个国际体系的颠覆者，而基本上是一个满足于现状者。①

3. 改革有助于中国在实施和平发展战略中解决安全争端问题

国家利益的竞争是国际关系永恒的主题，实际上，任何国际争端都起源于国家利益的竞争，竞争的恶化即发展成为国际冲突。在中国和平崛起的进程中，有两类竞争将对目标的实现产生影响：

一类是现实性的竞争。前面所述的领土问题实际上已经由竞争发展成为争端，在局部地区，这类争端曾经演化成为武装冲突，如中苏珍宝岛之战、中越南沙群岛之战、中印边界之战等，目前在钓鱼岛问题上也已经呈现出恶化之势。这类争端已经牵制中国和平发展的步伐。此外，经济竞争也呈现出愈演愈烈之势，如中日的能源竞争、中欧的经贸竞争等，控制经济竞争，不让其演化成为敌对，是中国必须慎重对待的问题。

另一类是潜在性的竞争。国家利益的竞争是动态的而不是静止的，中国和平崛起的过程实质上就是中国参与国际竞争的过程，在这个过程中，国际力量对比将会呈现出此消彼长的态势。所谓"双赢"（win-win）解决的是绝对收益而不是相对收益。历史的经验证明，处于崛起中的大国，其国际竞争全面涉及政治、经济、军事、文化等各个领域。可以预见，中国在崛起的过程中，将不可避免地产生各种国际争端。

国际法制定了促进国家间政治和经济交往、调节国家间争端和平息国家间不满的规范与程序，力图在跨国或全世界的范围内实现和谐与合作。② 联合国集体安全制度的改革将完善国际安全法律规范的实体和程序，能够更加有效地解决安全争端，促进国际安全合作，构建稳定的安全秩序。随着联合国安全制度和平解决争端能力的提高，中国将期望能够在国际安全法律制度的框架内控制、解决现实性纠纷，防止潜在的竞争恶化成为国际争端和国际冲突，保证中国和平发展的战略顺利实施。

---

① Alastair Iain Johnston, *Is China a Status Quo Power?* International Security, No. 4, Spring 2003, pp. 55—56.

② ［美］E. 博登海默著，邓正来译：《法理学：法律哲学与法律方法》，中国政法大学出版社 2001 年版，第 395 页。

4. 改革有助于中国在实施和平发展战略中解决非传统安全问题

随着中国融入全球化的程度加深，非传统安全对中国和平建设的威胁日益严峻，但中国应对非传统安全的能力不强。改革后的集体安全制度将是一个涵盖非传统安全的广义集体安全制度，虽然非传统安全领域的哪些威胁形式将进入安理会关注的范畴还有待于国际社会的商榷，但联合国集体安全制度的效力对象、适用范围将扩大是必然的，这将从多方面有益于中国处理非传统安全问题。

首先，反恐、管制核扩散和其他大规模杀伤性武器等将有望在集体安全制度的法律框架之中进行规范，这将有助于我国解决在和平发展中所必须面对的藏独、东突等恐怖势力问题，缓解周边有核国家四起的紧张局势。

其次，虽然并不是所有的非传统安全都会进入联合国集体安全的范畴，但联合国集体安全制度将可能以个案的形式，处理大规模、严重性的非传统性的安全问题。这将有利于中国在和平发展的进程中处理一些类似于2003年"非典"的突发性非传统安全事件。

其三，联合国集体安全制度的改革将从更大的范畴和更深的层次上来理解国际安全，注重传统安全与非传统安全的相互联系性。中国将可以在集体安全制度的法律框架内，加强与国家、区域性组织在非传统安全问题上的合作，促进中国非传统安全问题的解决。2004年1月10日，《中国—东盟非传统安全领域合作谅解备忘录》在泰国曼谷签署。在联合国集体安全制度改革的推动下，中国有望将这种合作机制法律化。

其四，改革后的集体安全制度，"区域办法"将得到规范、强化，中国可以充分发挥"上海合作组织"的作用，加强与其他区域组织的联系，共同应对恐怖主义、大规模流行性疾病等非传统安全威胁。

三　联合国集体安全制度改革对中国和平发展的制约作用

虽然，从总体看，联合国集体安全制度运行能力的提高，效力的增强，是符合中国利益的；联合国的失败和边缘化不利于中国和平发展的需要。但是，这并不是说中国在这场改革中获百利而无一害。纵使改革获得成功，其运作对中国也有着很多难以预料的因素。更何况，国际制度是基于国际现实的产物，联合国集体安全制度的改革不可能脱离国际社会强权政治的现实，在未来相当长的一段时期内，西方大国主导联合国集体安全制度的局面不会发生彻底的改观。

1. 安理会的改革对中国国际地位的影响有很大的不确定性

安理会是"国际权力"中心，常任理事国的席位是"国际权力"的标志，中国为恢复常任理事国的席位同西方世界进行了长期的斗争。在现有的安理会体制中，中国的经济实力和国际影响力不如美国和其他一些发达国家，常任理事国的身份将中国置于同美国和其他发达国家常任理事国相同的地位，提升了中国在整个国际事务中的地位和影响力，有助于中国伸张正义，维护合法权益，对中国和平发展战略目标的实现起着极为重要的作用。虽然，安理会整体合作的加强以及在未来全球安全事务中威信和地位的提高，是符合中国战略需要，但在具体情况下，安理会地位的加强不一定意味着中国在安理会中地位的提高或国家利益的增加，中国利用安理会扩大甚至维护自己利益的能力将会相对降低。

安理会的扩大、否决权的限制等改革措施对现任常任理事国的地位和权力显然是一种削弱。改革只可能是发达国家和发展中国家相互妥协的结果，无论是何种方案被接受，在短期内也不会改变安理会被以美国为主的西方大国左右的局面，而且会分散中国作为原有常任理事国的权力。尽管美国也面临权力分散的问题，但美国的超级大国地位仍然能使其保持安理会中的"超级理事国"地位。扩大虽然会新增发展中国家的代表，从安理会内部数量和力量对比来看，发展中国家依然处于劣势。所以，安理会的扩大不可能提高中国的地位和作用，相反很可能使中国面临比现在更困难的境地，甚至有使中国被边缘化的危险。这对中国和平发展的消极影响是显而易见的，有些甚至是难以预料的。

2. 强制措施的改革对中国和平发展的手段起制约作用

中国强调以和平的手段崛起，但这并不等于说完全抛弃武力。对于侵犯中国主权和领土完整的外来安全威胁，中国必须以武力来捍卫国家安全，保证和平发展战略的顺利实现。从目前的情势来看，领土争端是中国最可能使用武力的国际因素。改革将对于司法程序中一些争议很大的《联合国宪章》条款做出符合当前国际安全形势的解释，限制了中国和平发展进程中必要的武力使用。

联合国集体安全制度的核心是武力使用，改革将对《联合国宪章》第二（4）条和第五十一条的定义、适用做出较为明确的解释，解决其中存在的法律争议，从而对国家武力的使用施加越来越多的限制，从而也制约中国对外武力的使用。一旦中国对外使用武力出现法律争议，西方国家就会试图操纵安理会对中国实行制裁，使中国的和平发展处于不利的境地。

3. 适用范围的扩大将对中国国内安全秩序发生制约

国际法越来越明显地朝着纵深的方向推进，不断向国家管辖的领域渗透，使国家管辖的空间持续地缩小。① 联合国集体安全制度的改革也充分体现了这种趋势，改革的结果将使国际安全法律规范扩大适用到国内的一些问题上，对国内安全法律制度施加越来越多的限制，并对安全问题的"国内管辖事项"加强干涉。

从目前的中国国内安全秩序来看，存在着恐怖主义、民族分裂主义等诸多不安定的因素，但最为突出的是台湾问题。台湾问题虽然是中国内政问题，但因其牵涉太多的国际因素，实际上已经演化成为一个国际问题。中国《反分裂国家法》通过后，国际社会，尤其是美国和日本，反应强烈，而中国坚决不承诺放弃使用武力。如何在联合国集体安全制度的法律规范内解决统一，是中国不得不慎重对待的问题。一旦台海局势恶化，中国内部安全秩序遭到国际干涉的可能性很大。

---

① 曾令良：《冷战后时代的国家主权》，《中国法学》1998 年第 1 期。

结　语

一　联合国集体安全制度改革的前景探析

国际社会以集体安全代替单独安全是一个巨大的飞跃，但是，建立普遍性的、有效的安全机构来取代强权，强调各国安全共享、风险共担，以国际社会的普遍性安全求得国家安全乃至人类安全之维护，是一种建立在"我为人人、人人为我"原则之上的安全构想，在当前的国际政治现实中，仍然具有浓厚的理想主义色彩：

首先，在主观层面上，集体安全的实现取决于国际关系行为体的认知水平。国际社会的成员必须普遍性地认识到国际和平与安全的维护是相互的、不可分割的，并满足于当前的安全现状。同时，各成员必须一视同仁地对待体系中的其他所有成员，无条件承诺将以集体行动挫败侵略行为。

其次，在客观层面上，集体安全的实施有赖于国际体系结构的发展进程。它要求世界权力呈分散状态，而不是集中在个别大国的手里；体系具有广泛性和普遍性，特别是要囊括主要大国；国际力量必须占据压倒性优势，能够以强力维持现存安全秩序。

主管和客观层面上的要求，成为集体安全能够由理论变为现实的条件，显然，在国际关系发展的现阶段，还不能完全达到这个要求，因此，在国际政治学家和国际政治的实践者们看来，集体安全机制是在无视国际政治的本质和国家利益冲突的现实前提下，为人类规划的一个虚幻的至少是不甚切合实际的制度安排。摩根索曾经毫不客气地指出，无论是作为人群中的个人还是作为国际社会中所属国家的成员，人们一般都不会完全按照集体安全要求的那样去感觉和行动，不可能遵守超国家性质的道德戒律，如果这种行为损害了他们各自国家的话。在国家之上没有强制执行法律的机构，也不存在能够迫使国家服从的压倒性的道德和国际压力。因此，他们必然总是要追求他们自己认定的国家利益。① 简言之，在一个无政府的国际社会里，国家追求的首要是国家个体利益（单独安全），而未必顾及国际社会的共同利益（共同安全），尤其是当国家个体利益与国际社会的共同利益相冲突的时候。

毫无疑问，联合国集体安全机制同样无法摆脱理想主义的色彩，第一，集体安全制度所维护的现存国际秩序是西方主导的，具有很大的不公正性、不合理性，西方集团之外的一些国家"有着推翻现状的强烈动机"。② 第二，在当前的国际政治现实里，要求各国将各自的国家利益完全等同于由世界普遍和平来定义的人类共同利益，过于乐观。③ 第三，集体安全机制还没能具有压倒性的优势力量，来遏止体系内强国及其集团发动的侵略行为。

虽然如此，集体安全制度的意义是显而易见的，集体安全思想"被广泛视为国际无政府状态与世界政府之间的中间站"，④ 表达了人类社会对普遍性和平的向往和追求。二十世纪下半叶以来，人类社会的组织化趋势⑤为集体安全思想提供了实践的可能性，集体安全制度是通过国际组织实现国际和平与安全的里程碑，符合当前全球化中安全整体化的客观需要。

"在国际社会中，国家的政治力量是控制力量、支配力量。"⑥ 国际法是国家权力相妥协的产物，反映着国家间的权力关系和国际体系的权力结构。摩根索在其名著《国家间政治》（Politics Among Nations）中指出："国际政治的铁的法则是法律义务必须让位于国家利益。"这种观点虽然有些偏激，但却指出了国际法从属于国际政治的事实。随着国际关系的发展，国际法的约束力也越来越强，虽然现在人们已经不再怀疑国际法的法律性质，但国际法仍然不能脱离国际政治的拘囿，国内社会中政治与法律相平衡的理想状态，在现阶段乃至未来相当长的时期，都不可能出现在国

---

① ［美］汉斯·摩根索：《国家间政治》，中国公安大学出版社1990年版，第534页。

② 时殷弘：《新趋势新格局新规范》，法律出版社2000年版，第129页。

③ 陈东晓：《联合国集体安全机制与中国安全环境》，《现代国际关系》2004年第9期。

④ Inis L. Claude, Jr., Collective Security as an Approach, in Philmilliams, Donald M. Goldstein and Jay M. Shafritz, eds.: Classic Readings of International Relations, p. 255.

⑤ 梁西：《国际组织法（总论）》（修订第五版），武汉大学出版社2001年版，第179页。

⑥ 王铁崖著：《国际法引论》，北京大学出版社2000年版，第1页。

际社会中。安理会不能够制止北约轰炸南联盟，不能够制止美国发动伊拉克战争，即是最明显的佐证。因此，法律构想中的联合国集体安全制度改革，更多是一种片面的理想状态。真正要把握联合国集体安全制度的改革走向，预测改革所能够达到的效果，还必须从国际政治学的角度来加以分析。法律理想状态与政治现实路线相结合的折中，才是联合国集体安全制度改革的最可能性结果。

第一，改革受制于国际社会的结构现实。国际行为体多元化是全球化时代国际政治的重要特征，虽然国际组织、跨国公司等活跃于国际舞台，但国际社会以民族国家为基本构成单位的特征并没有得到根本性改变，国家利益仍然是各国争取、维护和追求的首要目标。民族国家在进行国际合作时，关注的是得益如何分配，如果得益分配不均，得益少的国家总想削弱对方以改变自己在利益分配中的不利地位，这是因为彼此都害怕对方实力增强，对自己有威胁，所以合作起来也就不能成功。[①] 国家对相对收益的追求超过对绝对收益的考虑，这种价值取向势必会有损于集体安全的目标，使改革难以达到理想的效果。

第二，改革受制于大国主导的国际政治格局。联合国集体安全机制当然倾向于独立发挥作用，但任何国际机制都不能够超越国际格局而存在。在可以预见的未来，"一超多强"的国际政治格局仍将持续下去，"一超"的地位无人能撼动，这已被美国频频的单边行动所证明；"多强"当然也不会轰然坍塌，也会各自以自己的实力为依托来谋求本国利益。大国主导联合国集体安全机制的局面不可能得到根本性的改观，这必然会影响到改革的实施与结局。新型集体安全机制的原则、规则仍将是大国之间讨价还价、相互妥协的结果。

第三，改革受制于体系内的霸权国家。国际制度和霸权国是一种对立统一关系。一方面，霸权国需要国际制度来维持霸权秩序，巩固霸权地位，因而是集体安全制度的创立和运行的主要推动力量，如果没有霸权国的领导、推动，承担主要费用，许多集体安全行动就会因集体公共物品的短缺而夭折。[②] 另一方面，国际制度一经成立就具有独立性，就会与霸权

---

① 倪世雄：《当代西方国际关系理论》，复旦大学出版社2001年版，第133页。

② Inis L. Claude, Jr. , The tension between principle and pragmatism in International Relations, Review of International Affairs, Vol. 19, No. 3, July 1993, p. 225.

国狭隘的国家利益发生冲突，导致霸权国的单边主义和集体安全制度的多边主义的紧张关系，影响集体安全制度的效能。① 在未来相当长的一段时期，联合国不得不面对美国独霸世界的局面，集体安全制度的改革不得不顾及美国的利益和需要，甚至在很大程度上须屈从于美国的意志。

综上所述，我们要认清联合国集体安全制度的内在缺陷和外在制约，认清国际社会的无政府性质和联合国的本质，不能持法律万能主义的观点，对集体安全制度的改革抱有过高的期望。国际政治和国际法发生在一个不存在超国家权威机构的国际系统内，联合国的产生和存在并没有改变国际社会的无政府状态，也没有改变"国际法对政治的从属性。通过政治，国际法的发展被划定了狭隘的界限"，② 集体安全制度作为一种法律规范，在国际社会中的作用始终是有限的，其改革不可能达到自然法的理想高度，只会依然是体现主权国家意志的实在法。据此，笔者认为：

第一，联合国集体安全制度不可能被抛弃，改革、调整、提高是必然。这是因为，全球化的迅猛发展加强了安全的普遍联系性，即使是体系内的最强国家也不可能脱离普遍安全求得单独安全。联合国集体安全制度的价值基础因之越来越雄厚，不会重演人类第一次集体安全思想实践的命运。

第二，联合国集体安全制度改革在短时期内难以达到国际社会所期望的效果。这是因为，国际安全情势虽然发生了很大的变化，但国际政治的本质仍然与联合国成立时期大体一致，改革只可能是一种相对性的提高，一时还难以达到质的飞跃。

第三，联合国集体安全制度改革不可能毕其功于一役，将会是多次、反复的改革，呈螺旋式的提高。原因有四，一是国家间的相互妥协不可能立即达成，将会有一个反复交锋的拉锯过程；二是全球化会继续加强安全联系的紧密性，迫使国家不得不依赖于集体安全；二是国际社会的结构形式、国际格局会不断地演进，使改革呈现出新变数；三是人类社会的组织化趋势继续发展，为改革提供更好的社会基础与制度保证。这些变化将会对集体安全制度提出更新、更高的要求，推动改革迈向更高、更深的

---

① Bruce Cronin, The Paradox of Hegemony: America's Ambiguous Relationship with the United Nations, European Journal of International Relations, Vol. 7 (1), 2001, p. 130.

② ［奥］费德罗斯等著，李浩培译：《国际法》，商务印书馆 1981 年版，第 133 页。

层次。

二　联合国集体安全制度改革的中国考量

联合国对于中国的重要性是不言而喻的，"迄今为止，在所有的机制性力量中，只有联合国赋予了中国巨大的荣耀，使中国与一些世界大国至少可以在表面上平起平坐；使中国在涉及全球性的重大问题上与他们拥有相同的发言权。而在联合国以外的任何一个组织机构中，中国都没有达到联合国所赋予的地位"。① 然而，实事求是地说，中国对于联合国在重大问题的决策上，影响并不大。中国的立场虽然一向明确，但在一些具体的、实质性的问题上，却又比较含糊和消极，以至于一些西方学者认为，中国在联合国大会和安理会上很少提出建设性的解决办法，只是在强调原则性的东西，很少有具体的或实用性的解决措施。② 例如，中国"投弃权票成为其经常选择的方式，1990—1996 年的七年间，中国共投了 29 次弃权票，占安理会五个常任理事国 45 个弃权票的 64%"。③ 国外学者将中国在安理会决策中的作用描述为"相机行事的最低参与"。④ 中国被认为对联合国和安理会"没有积极作用"，与其他大国的一致率较低。

这些描述和评论较为客观地评析了中国在联合国的现状，笔者认为，造成这种状况的原因有二：

第一，是中国实力不够雄厚所致。从历史和现实状况看，中国在安理会的地位和其他常任理事国相比处于劣势，中国在安理会中的地位是代表性大于实际作用和影响力。中国"作为一个发展中国家，又是一个与西方制度和价值观大相径庭的社会主义国家，在动议及决策方面多采取以静待动、以守待攻的策略，自然也没有打算与美国等国一争高低"，"这种实力和态度上的差别决定了决策权（包括动议权）方面的差别"。⑤

第二，与中国外交的哲学理念有关。中国外交哲学深受中国传统文化

①　王杰主编：《国际机制论》，新华出版社 2002 年版，第 459 页。

②　江忆恩：《美国学者关于中国与国际组织关系研究概述》，《世界经济与政治》2001 年第 8 期。

③　[美] 伊丽莎白·埃克诺米、米歇尔·奥克森伯格主编：《中国参与世界》，新华出版社 2001 年版，第 64 页。

④　同上书，第 68 页。

⑤　王逸舟：《当代国际政治析论》，上海人民出版社 1995 年版，第 404 页。

的影响，"仁"、"礼"、"忍让"、"中庸"等思想在中国外交实践中均有着明显的体现。同时，中国外交哲学带有浓厚的理想主义色彩，人类利益、持久和平、普遍繁荣、共同安全等等观念在中国的外交文献中频频被强调。

可以说，中国在联合国改革问题上仍然受到以上主客观方面的限制和约束。中国关于联合国改革问题的表述依然是微言大义，只强调一些原则性的东西，并无一个具体的方案。中国对于联合国集体安全制度改革的参与，在很大程度上是被"推着走"，没有表现出积极主动的精神。联合国集体安全制度的改革涉及"和谐世界"的构建，对于中国和平发展战略的实施极为重要。改革形势是严峻的，中国反对设立改革的时间表，固然有利于改革稳妥地进行，但中国也无切实可行的方案能为国际社会所接受。应防止改革议而不决，西方国家不耐久等，另起炉灶，目前八国集团和北大西洋公约组织已经呈现出这种苗头。即使西方国家不另起炉灶，但为了应对安全威胁，实施越来越多的法外行动，也将使集体安全制度名存实亡。这两种情形，无论出现哪一种，都对中国的和平发展极为不利。因此，中国修正对于联合国改革的态度至为重要。

在第一个层面上，虽然目前中国国力依然难以与西方大国抗衡，但这并不是说中国对联合国的改革只能观望，实际上，中国在这场改革中也具有自己特殊的优势：（1）中国经过30多年的"韬光养晦"，综合国力已经大幅度提高，在国际事务中的话语权越来越大，在一定程度上已经可以"有所作为"。虽然，以中国目前的国力和在国际事务中的影响力，还很难抗衡西方大国。但是，"实力较弱但有一定影响力的国家可创造话语机会（voice opportunity），确保在规则的制定中能够阐述观点、主张利益，阻止、改善被强国控制的局面"[1]；（2）中国在这场改革中处于一个独特的有利位置——中国是最大的发展中国家，又是常任理事国，可以利用这个独特的身份在对立的东西、南北方之间开展外交活动，推动改革的早日实现。比如说，在分歧最大的"安全共识"问题上，中国可以在各方之间进行"调停"、"斡旋"，促使双方相互妥协，达成一定程度的"安全共识"，尽快形成情势认定的新型法律依据。

---

① Joseph M. Grieco, *The Maastricht Treaty*, *Economic and Monetary Union and the Neo-Realist Research Programme*, Review of International Studies, Vol. 21. No. 1, January 1995, p. 34.

　　在第二个层面上，虽然中国外交在外交哲学思想的指引下取得了斐然成绩，但其中不是没有弊端存在。一些问题已经为越来越多的学者们所察觉，下面的批评具有代表性：（1）中国外交哲学中的理想主义成分脱离了当前的国际现实，也违背了主流国际关系理论（尤其是现实主义）早已确立的一些基本规律，引起国人对国际政治抱有不切实际的幻想乃至滋生和平麻痹思想，造成国家安全隐患；（2）对和平、合作的过分强调导致中国外交实践在一些问题上一再退让，不能理直气壮地为维护国家利益和主持国际正义而斗争，导致中国的国家利益和国际声望受损；（3）中国外交宣传说辞（diplomatic rhetoric）对一些完全脱离现实的理想主义信念的强调，使自己处于言行不一、自相矛盾的窘境，反而引起别国的猜疑。[①] 我们应该认识到，强权政治是国际关系的现实，在联合国改革问题上，忍让、中庸、理想主义都只会损害中国的国家利益，使中国在新一轮的国际权力分配中"吃亏"。

　　笔者在此并不是宣扬"鹰派"外交，只是认为，中国经过长期的积累，和平发展取得了长足的进步，已经能够对联合国改革采取更加积极、进取的姿态，进行有更大的作为。中国不能坐等改革的自动生成，不能采取"救火"似的外交方式，被动应付，在紧急时刻抛出一些原则性的表态；而应从和平发展的战略需要出发，提出自己合理的、有利的具体改革方案，并切实采取行动。而且，应将改革的最终目标定位在"促进几个世纪以来西方强国占支配地位的国际社会转变成为（并且是大体和平地转变）西方和非西方新兴强国在其中互相协调、持久共处的国际社会，并且由此促使全球国际关系体系和国际政治经济规范朝公正、合理的方向取得历史性的巨大进步"。[②]

---

　　① 张睿壮：《中国外交哲学的理想主义倾向》，《二十一世纪》2007 年 2 月号。
　　② 时殷弘：《国际政治——理论探究、历史概观、战略思考》，当代世界出版社 2002 年版，第 633 页。

参 考 文 献

一 中文版著作

1. 黄惠康：《国际法上的集体安全制度》，武汉大学出版社 1990 年版。

2. ［美］陈世材：《国际组织——联合国体系的研究》，中国友谊出版社 1986 年版。

3. 曾令良、余敏友主编：《全球化时代的国际法——基础＼结构与挑战》，武汉大学出版社 2005 年版。

4. ［苏］克里洛夫：《联合国史料》，中国人民大学出版社 1955 年版。

5. 梁西：《国际组织法》（修订第五版），武汉大学出版社 2001 年版。

6. 李铁成：《联合国五十年》，中国书籍出版社 1995 年版。

7. 门洪华：《和平的纬度：联合国集体安全机制研究》，上海人民出版社 2002 年版。

8. 饶戈平主编：《国际组织法》，北京大学出版社 2000 年版。

9. 许光建主编：《联合国宪章诠释》，山西教育出版社 1998 年版。

10. 曾令良、饶戈平主编：《国际法》，法律出版社 2005 年版。

11. 盛红生：《联合国维持和平行动法律问题研究》，时事出版社 2006 年版。

12. 王铁崖：《国际法引论》，北京大学出版社 1998 年版。

13. ［英］詹宁斯、瓦茨修订，王铁崖等译：《奥本海国际法》第 9 版，中国大百科全书出版社 1995 年版。

14. ［美］路易斯·亨金·等著，胡炜、徐敏等译，《强权与真理——国际法与武力的使用》，武汉大学出版社 2004 年 7 月第 1 版。

15. 李浩培：《条约法概论》，法律出版社 2003 年版。

16. ［英］斯塔克：《国际法导论》（中文版），法律出版社 1977 年版。

17. ［德］沃尔夫刚·格拉夫·魏智通主编，吴越、毛晓飞译：《国际法》，法律出版社 2002 年版。

18. ［美］伊处莎白·埃克诺米、米歇尔·奥克森伯格主编：《中国参与世界》，新华出版社 2001 年版。

19. ［美］汉斯·凯尔森著，王铁崖译：《国际法原理》，华夏出版社 1989 年版。

20. 陈东晓等著：《联合国：新议程和新挑战》，时事出版社 2005 年版。

二 中文版论文

1. 《安理会有关伊拉克问题决议一览表》，《国际资料信息》2003 年第 3 期。

2. ［法］A. 诺沃斯洛夫：《伊拉克危机之后的联合国》，《国外社会科学》2004 年第 6 期。

3. 曾令良：《论伊拉克战争的合法性问题与国际法的困惑》，《珞珈法学论坛》第四卷，武汉大学出版社 2005 年。

4. 曾令良：《冷战后时代的国家主权》，《中国法学》1998 年第 1 期。

5. 资中筠：《大国保证和平的原则与大小国家平等的信念——论联合国的初始构想》，《太平洋学报》1995 年第 2 期。

6. 黄瑶：《论预先性自卫的合法性问题》，《法学杂志》2003 年第 3 期。

7. 陈鲁直：《美国与冷战后的联合国维和行动》，《国际问题研究》2000 年第 2 期。

8. 黄惠康：《联合国宪章下的集体安全保障》，《国际法年刊》（1996）。

9. ［美］江忆恩：《美国学者关于中国与国际组织关系研究概述》，《世界经济与政治》2001 年第 8 期。

10. 古祖雪：《联合国改革与国际法的发展——对联合国"威胁、挑战和改革问题高级别小组"报告的一种解读》，《武大国际法评论》第五卷，武汉大学出版社 2006 年版。

11. 龚向前：《联合国与国际法律秩序的发展》，《政治与法律》2004年第 1 期。

12. ［埃及］加利：《联合国的改革》，《外交学院学报》2004 年第 3 期。

13. 刘大群：《论联合国改革的几个问题》，《中国国际法年刊》（1995）。

14. 黄瑶：《联合国宪章的解释权问题》，《法学研究》2003 年第 2 期。

15. 汉斯·科其勒：《现代强权政治背景下的人道主义干涉》，《现代国际关系》2001 年第 9 期。

16. 简基松：《联合国制裁之定性问题研究》，《法律科学》2005 年第 6 期。

17. 李莉：《冷战后预防性外交的发展及其影响》，《现代国际关系》2001 年第 10 期。

18. ［德］卡尔·海因茨·卡姆普：《预防性军事行动———一种新的安全政治现实?》，《世界经济与政治》2005 年第 2 期。

19. 饶戈平：《国际法律秩序与中国和平发展》，《外交评论》2005 年第 6 期。

20. 余敏友：《武力打击国际恐怖主义的合法性问题》，《法学研究》2003 年第 6 期。

21. 刘大群：《论联合国安理会的表决程序》，《法学研究》1993 年第 2 期。

22. 李传宏：《联合国安全理事会的制裁措施初探》，《法学评论》1996 年第 3 期。

23. 李红云：《人道主义干涉的发展与联合国》，《北大国际法与比较法评论》第一卷。

24. 李鸣：《联合国安理会授权使用武力问题探究》，《法学评论》2002 年第 3 期。

25. 门洪华：《联合国集体安全机制的困境》，《国际政治》2002 年第

9 期。

26. 梁西：《联合国——奔向 21 世纪》，《中国国际法年刊》，中国对外翻译公司出版社 1996 年版。

27. 梁西：《国际法的危机》，《法学评论》2004 年第 1 期。

28. 李东燕：《中国与安理会改革》，《世界经济与政治》2002 年第 4 期。

29. 钱文荣：《从安南秘书长的改革方案看联合国改革前景》，《国际问题研究》1998 年第 1 期。

30. 邱桂荣：《"名人小组"与联合国改革》，《现代国际关系》2003 年第 12 期。

31. 杨文静：《大国崛起理论探析》，《现代国际关系》2004 年第 6 期。

32. 时殷弘：《国际安全的基本哲理范式》，《中国社会科学》2000 年第 5 期。

33. ［美］乔伊·戈登，朱雅文译：《经济制裁是大规模杀伤性武器》，《国外社会科学文摘》2003 年第 1 期。

34. 陈东晓：《联合国集体安全机制与中国安全环境》，《现代国际关系》2004 年第 9 期。

35. 戴轶：《联合国集体安全制度的改革与中国和平发展的交互影响》，《武汉大学学报》（哲学与社会科学版）2006 年第 6 期。

三　英文版著作

1. A. Le Rey Bennett, International Organization, 5th ed., New Jersey: Prentice-Hall, Inc., 1991.

2. Alan Boyle, International Law and Sustainable Development: Past Achievements and Future Challenges, Oxford University Press, 1999.

3. Bennett D. W., The Law of International Institutions, Stevens and Sons, London, 1982.

4. Bennett, A. Le Roy, International Organizations: Principles and Issues, 3rd edition. Prentice-Hall.

5. Christine Gray, International Law and the Use of Force. Oxford University Press, 2000.

6. D. W. Bowett, Self-Defence in International Law, Manchester University Press, 1958.

7. Dixon, Martin. Textbook on International Law (3rd ed.,) London: Blackstone Press Limited, 1996.

8. Michael Walzer. Just and Un just War: A Moral Argument with Historical Illustrations, New York: Basic Books, 1992.

9. Michael Byers, The Role of Law in International Politics—Essays in International Relations and International Law, Oxford University Press, 2000.

10. Nicholas J. Wheeler, Saving Stranger, Humanitarian Intervention in International Society, Oxford University Press, 2000.

四　英文版论文

1. Aaron Schwabach, Security Council Resolution and the Law of Humanitarian Intervention, Journal of International Law and Commerce, Winter, 2000.

2. Adam Roberts, Humanitarian War, Military Intervention and Human Rights, International Affairs, Vol. 69, No. 3, 1993.

3. Andrea K. Talentino, Intervention as Nation-Building: Illusion or Possibility? Security Dialogue, Vol. 33, No. 1, 2002.

4. Barbara Crossette, "US Ready for Much Larger Security Council", New York Times, April 3, 2000.

5. Bennett, A. Le Rey, International Organizations: Principles and Issues, 3rd edition. Prentice-Hall, Inc., Englewood Cliffs, New Jersey, 1984.

6. Boutros Bortros-Ghali, The Future of the United Nations, Financial Times, April 3, 2003.

7. Bruce Cronin, The Paradox of Hegemony: America's Ambiguous Relationship with the United Nations, European Journal of International Relations, Vol. 7 (1), 2001.

8. Bruno Simma, NATO, the UN and the Use of Force, Legal Aspects, European Journal of International Law, No. 1, Vol. 10, 1999.

9. Chantal De Jonge Oudraat, Humanitarian Intervention: The Lessons Learned, Current History, Dec. 1999.

10. Donald J. Puchala, Outsiders, Insiders, and UN Reform, The Washington Quarterly, Autumn, 1994.

11. E. Stein, The United Nations and the Enforcement of Peace, Michigan Journal of International Law, Vol. 10, 1989.

12. Editorial Comments: NATO's Kosovo Intervention, American Journal of International Law, Vol. 93, No. 4, 1999.

13. Francis Kofi Abiew, Assessing Humanitarian Intervention in the Postcold War Period: Sources of Consensus, International Relations, Vol. 14, No. 2, 1998.

14. Gregory M. Travalio, Terrorism International Law and Use of Force, Wisconsin International Law Journal, 2000, Winter.

15. J. PL. Fonteyne, The Customary International Law Doctrine of Humanitarian Intervention, California Western International Law Journal, Vol. 4, 1974.

16. Jervis Robert, Security Regimes, International Organization, Vol. 36, 1982.

17. Kupchan Charles A. , and Kupchan Clifford A. , Concerts, Collective Security, and the Future of Europe, International Security, Vol. 16, No. 1, Summer 1991.

18. Leonard Meeker Defensive Quarantine and Law, American Journal of International Law, Vol. 57, 1963.

19. Louis Henkin, Kosovo and the Law of "humanitarian Intervention", American Journal of International Law, Vol. 93, No. 4 October 1999.

20. M. Elaine Bunn, Preemptive Action: When, How and to What Effect, Strategic Forum, No. 200, July 2003.

21. M. Akehurst, The Use of Force to Protect Nationals Abroad, International Relations, Vol. 5, 1977.

22. N. S. Rodley, Human Rights and Humanitarian Intervention: the Case Law of the World Court, International and Comparative Law Quarterly, Vol. 38, 1989.

23. Oscar Schachter, The Right of States to Use Armed Force, 82 Mich. L. Rev. 1984.

24. Paul Diehl et al, United Nations Intervention and Recurring Conflict, International Organization Vol. 50, 1997.

25. Richard A. Falk, Kosovo, World Order, and the Future of International Law, American Journal of International Law, Vol. 93, 1999.

26. Shashi Tharoor, Why America Still Needs the United Nations, Foreign Affairs, Sept. /Oct. , 2003.

27. T. Friedman, Allies Tell Baker Use of Force Needs U. N. Backing, New York Times, November 8, 1990.

28. Ulman Richard, Redefining Security, International Security, Vol. 8, Summer 1983.

29. W. D. Verwey, Humanitarian Intervention under International Law, Netherlands International Law Review, Vol. 32, Issue 3, 1985.

30. William Durch, Building on Sand：UN Peacekeeping in the Western Sahara, International Security, Vol. 17, No. 4, 1993.

五　联合国文件

1. 《联合国宪章》。

2. 《德黑兰、雅尔塔、波茨坦会议文件集》，三联书店 1978 年版。

3. 《联合国手册》（第九版与第十版），中国对外翻译出版公司 1980、1988 年版。

4. 《联合国翻译论文集》，中国对外翻译出版公司 1993 年版。

5. 联合国新闻处编，北京大学法律系编译组译：《联合国手册》（第 8 版），商务印书馆 1974 年版。

6. 王铁崖、田如萱、夏德富编：《联合国基本文件集》，中国政法大学出版社 1991 年版。

7. 安南：《革新联合国：改革方案》，联合国文件 A/51/950，1997 年 7 月 14 日。

8. 安南：《秘书长千年报告：21 世纪联合国的角色与作用》，2000 年联合国文件中文版。

9. 加利：《秘书长关于联合国工作的报告》，联合国文件中文版 1992 年。

10. 加利：《和平纲领》，联合国新闻部出版 1992 年版。

11.《一个更安全的世界：我们的共同责任》(《威胁、挑战和改革高级别小组的报告》)。

12.《大自由：实现人人共享的发展、安全和人权》。

13.《2005 年 9 月大会高级别全体会议成果文件》。

后　记

　　十年前，我在国际法名家曾令良教授的指导下开始研习国际组织法，并将联合国集体安全制度的改革问题作为自己的博士论文选题。在研究的过程中，一些心得陆续在《武汉大学学报》、《现代国际关系》、《法学评论》、《社会主义研究》、《国际资料信息》、《教学与研究》等名刊载出，并被人大复印资料及其他一些重要的学术文摘、文集所转载或收录。论文结篇后一搁数年，今日终于全文付梓，总算了却一桩心愿。

　　联合国集体安全制度改革在本世纪初曾是全世界关注的一个热点问题，在安南卸任秘书长后，这一议题似乎已经由轰轰烈烈转向寂然无声。但实际上，缓慢的变革一直在进行着。人类对普遍和平与安全的向往和追求必然会进一步完善集体安全的理论和机制，而不是让联合国去重蹈国际联盟的覆辙，这是改革生生不息的动力。尤其是在当前日趋复杂的国际安全形势下，完善联合国集体安全制度依然是国际社会面临的当务之急，这关系着整个人类的生存与发展。对中国而言，联合国集体安全制度改革牵涉到中国和平发展的外部环境，不改革和不当的改革都会使中国的国家利益蒙受重大损失。因此，学界对此进行持续研究是必要的，这也是本书出版的意义所在。期待专家、读者的批评和指正！

　　倏忽十年，我从珞珈山快乐而单纯的日子走进了中年岁月，虽然当年的梦想都已经遗落在光阴的缝隙里，但岁月静好，妻子快乐的笑容总是让我感到生活的美满，女儿稚嫩的呼唤也让我找到了新的人生价值。感谢一直扶持、陪伴着我的朋友们。感谢曾令良老师讲我带上了学术之路。感谢夏安凌老师十年来对我的期许和指引，转眼间，她就要告别讲台，而我对她的印象却依然停留初次拜见时她那清越、爽亮的笑声里，因而不愿意相信这位良师益友真的要退隐而去。感谢华中师范大学的同事们对我的关照。感谢中国社会科学出版社任明先生，他为本书的出版付出了心血和烦劳！